LE ROBERT & NATHAN

Orthographe

NATHAN

Ont contribué à cet ouvrage :

Dominique DUCARD

Daniel DUPREZ

Sylvie BLANCHARD

Dominique KORACH

Jean PENCREAC'H

Mèriem VARONE

ISBN 2.09.180329-4

AVANT-PROPOS

Vue rapidement et superficiellement, l'orthographe du français peut paraître difficile sinon incohérente.
Pourtant, elle obéit bien souvent à des principes dont la pertinence et la clarté apparaissent progressivement au fil de l'analyse telle qu'elle est menée ici.

L'objectif de cet ouvrage est donc de recenser systématiquement les problèmes orthographiques, tout en offrant à l'utilisateur les moyens de résoudre ces derniers en en comprenant les formes.

■ Ainsi, chaque chapitre de **L'ORTHOGRAPHE LEXICALE** propose des critères qui deviendront, par une pratique répétée, des repères et des habitudes de raisonnement.

Ces moyens sont les suivants :

- ***Distinguer les homophones***
Sont recensées les différentes graphies adoptées par un même son :
un *cadran* d'horloge, le ***qu**adrant* d'une circonférence.
- ***Observer la position***
La position d'un son dans un mot peut être déterminante pour la graphie :
Ronfler ne prend qu'un seul *f* parce qu'on ne double pas une consonne qui en suit une autre.
- ***Identifier le genre***
Selon leur genre, de nombreux mots ne peuvent prendre qu'un type de graphie :
À la finale d'un nom féminin, on écrit *-oire et non -oir (une armoire).*
- ***Identifier la classe du mot***
Certaines graphies ne se rencontrent que dans une classe de mots donnée :
*Trav**ail*** est un nom; *trav**aille*** est un verbe.
- ***Chercher les dérivés***
En recourant à des mots de la même famille, on peut deviner une graphie :
Le *d* de *fécond* se retrouve dans *fécon**d**ité.*
- ***Utiliser sa mémoire***
Sont présentés les quelques cas échappant à tout procédé de justification.
Ces cas pourront être confiés à la mémoire.

N.B. : À la fin de quelques chapitres sont mentionnés des extraits du «Rapport du Conseil supérieur de la langue française» préconisant des rectifications orthographiques. Ces extraits sont donnés à titre indicatif.

■ **L'ORTHOGRAPHE GRAMMATICALE**, elle aussi, propose des indications et des procédés de résolution pour chacun des problèmes orthographiques.

■ **LES LISTES UTILITAIRES** donnent lieu à des sortes de lexiques orthographiques spécialisés, précieux pour la consultation ou la mémorisation des formes.

■ **LE RÉPERTOIRE ORTHOGRAPHIQUE** permet de vérifier rapidement l'orthographe d'un mot.

■ **L'INDEX** permet de trouver dans l'ouvrage la réponse à une difficulté ponctuelle.

PARCOURS D'UTILISATION

Pour savoir comment s'écrit un mot
mais aussi pour comprendre pourquoi il s'écrit ainsi

1. Connaître l'orthographe d'un mot

Comment vérifier l'orthographe de paroxysme ?

Il suffit de consulter le **RÉPERTOIRE ORTHOGRAPHIQUE**.

2. Comprendre les principes orthographiques

Comment obtenir des explications sur le -e muet final de toupie ?

Consultez l'INDEX.

Le numéro indiqué renvoie au paragraphe correspondant.

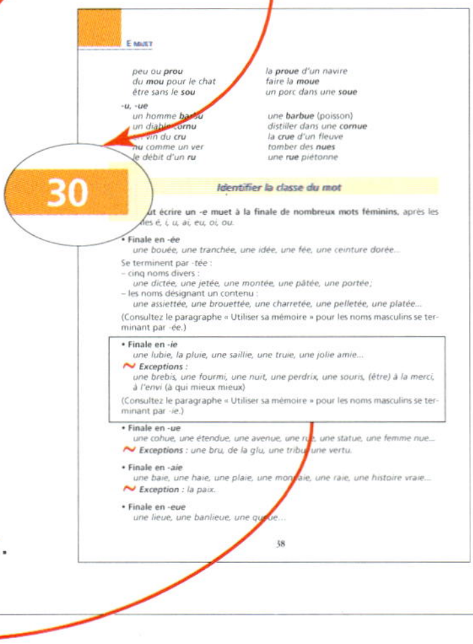
E MUET

peu ou **prou** — la **proue** d'un navire
du **mou** pour le chat — faire la **moue**
être sans le **sou** — un porc dans une **soue**

-u, -ue
un homme barbu — une **barbue** (poisson)
un diable cornu — distiller dans une **cornue**
un vin du **cru** — la **crue** d'un fleuve
nu comme un ver — tomber des **nues**
le débit d'un **ru** — une **rue** piétonne

30 Identifier la classe du mot

... écrire un -e muet à la finale de nombreux mots féminins, après les ... é, i, u, ai, eu, oi, ou.

• **Finale en -ée**
une bouée, une tranchée, une idée, une fée, une ceinture dorée...
Se terminent par -tée :
– cinq noms divers :
une dictée, une jetée, une montée, une pâtée, une portée ;
– les noms désignant un contenu :
une assiettée, une brouettée, une charretée, une pelletée, une platée...
(Consultez le paragraphe « Utiliser sa mémoire » pour les noms masculins se terminant par -ée.)

• **Finale en -ie**
une lubie, la pluie, une saillie, une truie, une jolie amie...
Exceptions :
une brebis, une fourmi, une nuit, une perdrix, une souris, (être) à la merci, à l'envi (à qui mieux mieux)
(Consultez le paragraphe « Utiliser sa mémoire » pour les noms masculins se terminant par -ie.)

• **Finale en -ue**
une cohue, une étendue, une avenue, une rue, une statue, une femme nue...
Exceptions : *une bru, de la glu, une tribu, une vertu.*

• **Finale en -aie**
une baie, une haie, une plaie, une monnaie, une raie, une histoire vraie...
Exception : *la paix.*

• **Finale en -eue**
une lieue, une banlieue, une queue...

38

Le mot *toupie* étant féminin,
il suit la règle générale et prend un -e muet.

• **Finale en *-ie***
une lubie, la pluie, une saillie, une truie, une jolie amie...
Exceptions :
une brebis, une fourmi, une nuit, une perdrix, une souris, (être) à la merci, à l'envi (à qui mieux mieux)

3. Distinguer des graphies

En cas d'hésitation entre quoi que et quoique :

Consultez l'INDEX.

quoi que, quoique, **192** → Le numéro indiqué renvoie au paragraphe correspondant.

192 ***Distinguer* quoi que *de* quoique**

■ La **conjonction *quoique***, élidée devant *il(s), elle(s), on, un(e)*, introduit une proposition circonstancielle d'opposition ou de concession.

On remplacera *quoique* par *bien que* ou par *encore que*, de sens équivalent.
Je partirais bien en mer, quoique le temps ne le permette pas.
(= bien que le temps ne le permette pas; malgré le temps)

Des explications et des procédés sont donnés pour choisir la bonne graphie.

4. Vérifier une règle d'accord

Faut-il accorder les adjectifs de couleur et comment ?

Consultez l'INDEX ou Consultez le SOMMAIRE

Adjectifs de couleur, **143**

Couleur, accord de l'adj., **143**

Accord : adj. de couleur, **143**

Pluriel des adjectifs de couleur **118**

Le numéro et la page indiqués renvoient au paragraphe correspondant.

143 ***Le pluriel des adjectifs de couleur***

■ Certains noms adjectivés indiquant la couleur, **lorsque la couleur se rapporte à une matière ou à un objet précis, conservent toujours leur forme de singulier :**
des étoffes indigo (de la couleur de l'indigo : teinture exotique)
des chemises marron (de la couleur du marron)
des foulards orange (de la couleur de l'orange)...

Les règles d'accord sont exposées, ainsi que les exceptions à connaître.

Alphabet phonétique international et valeur des signes

VOYELLES

[i] **fil**, **cy**cle, **î**le
[e] tram**é**, ôt**er**, dict**ée**, n**ez**
[ɛ] l**ai**t, p**e**rle, th**è**me, b**ê**te
[a] n**a**tte, pl**a**t
[ɑ] m**â**le, b**a**s
[ɔ] f**o**rt, gr**o**tte, alb**u**m
[o] m**o**t, p**eau**, t**ô**t, ch**au**d
[u] cl**ou**, **où**, r**ou**x, g**oû**t
[y] **u**nité, br**û**ler
[ø] nev**eu**, pn**eu**, d**eu**x
[œ] s**eu**l, c**œu**r
[ə] r**e**tard, n**e**

CONSONNES

[p] o**p**éra, a**pp**el
[b] ca**b**ri, a**bb**é
[t] **t**ri, pa**tt**e, lu**th**
[d] **d**ate, ja**d**e
[k] la**c**, a**cc**ord, **ch**lore, **qu**i, **k**épi, ti**ck**et
[g] **g**are, da**gu**e, a**gg**raver
[s] **s**ol, **c**ire, re**ç**u, pa**ss**ion, men**t**ion
[z] ba**s**e, a**z**ur
[ʃ] po**ch**e, **sch**éma
[ʒ] **j**eu, **g**ifle, **ge**ai
[f] **f**in, e**ff**ort, **ph**rase
[v] **v**ous, **w**agon
[l] **l**oin, bo**l**, co**ll**e
[ʀ] **r**at, ba**rr**e, **rh**ume
[h] **h**op !
['] **h**éros (aspiré, pas de liaison)

Voyelles nasales

[ɛ̃] p**in**, m**ain**, pl**ein**
[œ̃] l**un**di, parf**um**
[ɑ̃] fl**an**, **en**vers
[ɔ̃] m**on**, p**om**pe

Consonnes nasales

[m] **m**iel, co**mm**e
[n] **n**une, bo**nn**e
[ŋ] campi**ng**, ri**ng**
[ɲ] li**gn**e, a**gn**eau

Semi-voyelles ou semi-consonnes

[j] p**i**ed, **y**aourt, **i**ode, rou**ill**e, port**i**on
[w] **ou**i, j**ou**et, **w**att
[ɥ] p**u**is, s**u**ite, n**u**age, onct**u**eux

SOMMAIRE

ORTHOGRAPHE GRAMMATICALE 111

ORTHOGRAPHE LEXICALE

LES SIGNES ADJOINTS

Les signes dits diacritiques – que nous appelons ici adjoints – sont, en français, **les accents aigu, grave, circonflexe, le tréma et la cédille.**
Ce sont des signes ajoutés au code des lettres de l'alphabet et modifiant la valeur phonétique de certaines lettres.
À noter : on utilise parfois le « tilde » pour certains mots empruntés à l'espagnol (ex. : *cañon,* variante graphique de *canyon*).

Les accents sur E

1 *E prononcé* [e] *ou* [ɛ] *avec ou sans accent ?*

*t**é**m**é**raire, **é**l**é**gant, **é**t**é**, t**é**l**é**vision, r**é**cr**é**ation*
*cr**è**che, pi**è**ce, parenth**è**se, c**é**l**è**bre*
***e**spoir, pr**e**sque, gal**e**tte, int**e**rne, **e**xemple, nouv**e**lle, p**e**rsonnel, pr**e**sse, ci**e**l*

■ L'accent aigu (ʹ) note le timbre fermé de la voyelle E : *un pré.*
L'accent grave (`) note le timbre ouvert de cette voyelle : *une pièce.*
Cette différence de prononciation n'est pas toujours perçue à l'oral et se réalise différemment selon les régions.

■ **En règle générale, le E n'est accentué que s'il termine la syllabe graphique.**
é - las - ti - ci - té *é - ter - nel* *es - pa - cer*

• Autrement dit, l'accent aigu ou grave sur E n'apparaît qu'en **syllabe graphique ouverte,** c'est-à-dire terminée par la voyelle.
L'accent disparaît en **syllabe graphique fermée,** c'est-à-dire terminée par la consonne.

• Pour appliquer la règle, il suffit donc de découper le mot en syllabes graphiques. On commencera par la fin du mot.
Chaque consonne qui précède une voyelle (ou un groupe vocalique) forme avec celle-ci une unité syllabique, une seule voyelle peut constituer une syllabe et on coupe entre deux consonnes successives sauf pour les groupes consonantiques du type consonne + L ou R :

sen - si- bi- li- té *suc - ces - si - ve -ment* *ir - ré - pa - ra - ble*
fra - gi - li- té *cé - lé - bri - té* *en - flé*

Ainsi, suivant la règle donnée, E (ouvert ou fermé) sera accentué dans les mots suivants :

égalité *é-ga-li-té* *fidélité* *fi-dé-li-té* *spécialité* *spé-cia-li-té*
célèbre *cé-lè-bre* *sèche* *sè-che* *théorème* *thé-o-rè-me*
arrivée *ar-ri-vée* (avec un e final muet)

E (ouvert ou fermé) ne sera pas accentué dans les mots suivants, puisqu'il ne termine pas la syllabe graphique (voir paragraphe 49) :

destin *des-tin* *justesse* *jus-tes-se* *accepter* *ac-cep-ter*
robinet *ro-bi-net* *dernier* *der-nier* *complet* *com-plet*

Attention !

Dans certains mots dérivés, la coupe se fait à la limite du préfixe et du radical et l'on ne suit donc pas la règle de la syllabation graphique :

télé-spec-ta-teur (préfixe *télé-*, radical *-spect-*) et non pas *té-les-pec-ta-teur,* alors que l'on a *té-les-co-pe, pré-sco-lai-re* (mais *pres-cri-re*), *dé-sta-bi-li-ser* (mais *des-ti-tuer*), etc.

Accent aigu ou grave sur E ?

2

étrange, présent, révélation, végétal, défi, capacité
prière, complètement, règne, règlement, obèse

On peut observer que le E, en position finale dans la syllabe, est surmonté d'un
ient un E dit muet.
es mots :
secrètement : se-crè-te-ment
t ou le changement d'accent dans

ètement (dis-crè-te-ment),

),
ter (com-plé-ter)
labe du radical d'un verbe à l'infi-
llabe en -è- aux trois formes en -e,
ctif et de l'impératif :

pèrent
nière syllabe du radical d'un verbe
tte syllabe devient une syllabe en
futur et au conditionnel :
hèterais...

le E ouvert est noté par le redou-
nt grave :
e) jettera...
ppellent, (j')appellerai...

verbales telles que *aimé-je, dussé-*
ujet).

• **En syllabe initiale, l'accent aigu peut être conservé dans certains cas :**

– verbes du type *céder,* au futur et conditionnel : *je céderai(s);*

– dans certains mots dont la syllabe initiale est en é ou qui sont formés avec les préfixes *é-, dé-, pré-* :

échelon, éperon, élever, épeler...
déceler, décevoir...
prévenir, prélever...

– dans les mots suivants :

abrégement, allégement, empiétement, hébétement, afféterie, céleri, crémerie, créneler, crételer, féverole, médecin, sénevé, téterelle, vénerie.

– dans les séries suivantes, où s'opposent les deux graphies é ou è :

pièce, empiècement, rapiècement mais *piécette, rapiécé, rapiéçage;*
règle, règlement, dérèglement mais *réglementer, réglementaire, réglementation;*
sèche, sèchement, assèchement, dessèchement mais *sécheresse.*

Attention !

Nous trouvons la graphie -ès en fin de mot.

Autrement dit, on met toujours l'accent grave sur e prononcé [ɛ] devant *-s* en position finale, pour les mots suivants :

abcès, accès, décès, excès, procès, succès (formés sur le latin *cessus*);
les mots *grès, agrès, congrès, progrès ;*
les mots *près, après, auprès, exprès;*
les mots *dès* et *très* ainsi que le mot *cyprès.*

Rectifications orthographiques

(cf. Listes D, E, G et Règles n° 3 et 5 du *Rapport du Conseil supérieur de la langue française)*

Conformément à la règle d'accentuation du E devant une syllabe à e muet, é devient è pour les cas suivants :

– dans les mots :
abrègement, affèterie, allègement, allègrement, assèchement, cèleri, complètement (nom), *crèmerie, crèneler* et ses dérivés, *crèteler, empiètement, évènement, fèverole, hébètement, règlement* et ses dérivés, *sècheresse, sècherie, sènevé, vènerie, sèneçon, condottière;*

– dans les futurs et conditionnels des verbes du type *céder : je cèderai, je cèderais, j'allègerai, je considèrerai...*

– dans les verbes qui se terminent par **-eler** et **-eter,** sur le modèle de *peler* et *acheter : elle ruissèle, j'étiquète, il amoncèlera,* etc., sauf pour les verbes *appeler, jeter* et les verbes de leur famille, qui redoublent toujours le *l* ou le *t.*

Les noms en **-ement** dérivés des verbes en *-eler* et *-eter* suivront la même règle : *amoncèlement, chancèlement, craquèlement, dénivèlement, ensorcèlement, étincèlement, martèlement, nivèlement, ruissèlement...*

– dans les formes interrogatives avec inversion du pronom *je : aimè-je, puissè-je...*

On met un accent aigu sur e dans les mots suivants, où il avait été omis ou dont la prononciation a changé :
assener, bélitre, bésicles, démiurge, géli-

notte, québécois, recéler, recépage, recépée, recéper, réclusionnaire, réfréner, sénescence, sénestre.

On met également un accent aigu sur les mots empruntés au latin ou à d'autres langues étrangères :
artéfact, critérium, déléatur, délirium trémens, désidérata, duodénum, exéat, exéquatur, fac-similé, jéjunum, linoléum, média, mémento, mémorandum, placébo, proscénium, référendum, satisfécit, sénior, sérapéum, spéculum, tépidarium, vadémécum, vélarium, vélum, véto ;
allégretto, allégro, braséro, candéla, chébec, chéchia, cicérone, décrescendo, diésel, édelweiss, imprésario, kakémono, méhalla, pédigrée, pérestroïka, péséta, péso, piéta, révolver, séquoia, sombréro, téocalli, trémolo, zarzuéla.

L'accent grave sur A

Distinguer a de à — 3

*J'aimerais partir **à** l'aventure.*
*Ne perds pas ton temps **à** rêver…*
*Il **a** retrouvé tous ses amis.*
*N'**a**-t-elle rien oublié ?*

L'accent grave sur la voyelle **a** permet de ne pas confondre la préposition **à** et la forme verbale **a** (du verbe *avoir*).
On se reportera, pour avoir des indications plus précises, au chapitre sur les homophones grammaticaux, page 138.

Distinguer ça de çà et la de là — 4

Il a pris ses renseignements ***çà*** et ***là***.
Est-il passé par ***là*** *?*
Alors ***là***, *vous exagérez !*
En fait, ***ça*** *n'a pas d'importance.*
Qui sème le vent, récolte ***la*** *tempête.*
L'amie de Paul ? Mais je ***la*** *rencontre souvent.*

■ L'accent permet de distinguer les adverbes **çà** et **là** (indiquant le lieu et parfois le moment) du pronom **ça** *(=* ***cela****)* et de l'article défini ***la*** ou du pronom personnel ***la***.
(Voir le chapitre « Homophones grammaticaux », page 145.)

■ On retrouve l'accent grave dans les démonstratifs *celui-là*, *celle-là*, *ceux-là* et *celles-là* ainsi que dans les dérivés ou composés formés sur çà ou *là* :
voilà, revoilà, holà, là-bas, là-haut, en deçà, au-delà, par-delà.

Retenons également l'accent grave de *déjà*.

L'accent grave sur U

5 *Distinguer ou de où*

Il retourne régulièrement dans le pays ***où*** *il est né.* (= le pays dans lequel...)
J'irai ***où*** *tu iras.* (= là où, à l'endroit où...)
*D'****où*** *viens-tu?* ***Où*** *vas-tu?* (= de quel endroit... à quel endroit...)
Souviens-toi du jour ***où*** *nous nous sommes quittés.* (indication de temps)
C'est à prendre ***ou*** *à laisser.* (= ... ou bien...)

On rencontre l'accent grave sur *u* seulement dans *où* (pronom relatif ou interrogatif), pour le distinguer de la conjonction de coordination ***ou*** (= ou bien). On se reportera, pour plus de précisions, à la partie concernant les homophones grammaticaux, page 139.

L'accent circonflexe

âcre, être, dîner, cône, flûte, paraître, reître, croître, voûte, poêle...

L'accent circonflexe peut s'employer sur toutes les voyelles, simples ou complexes, sauf sur *y* et *au, eau.*

6 *L'accent circonflexe rappelle une lettre disparue*

Il a pu ainsi être nommé l'accent « du souvenir » (Brunot).

■ **Il remplace le plus souvent la consonne *s* d'une ancienne graphie** *(chêne,* anciennement *chesne)* ou, dans quelques mots, une consonne autre que *s* :
âme, ancien français *anme* (à côté de *alme, arme, ame,* du latin *animus*);
rêne, du latin populaire *retina,* écrit *resne* dans la *Chanson de Roland* ou *renne* par la suite;
Rhône, du latin *Rhodanus.*

■ Il peut également être le résultat de la réduction d'un hiatus par l'effacement d'une voyelle qui a entraîné l'allongement de la voyelle suivante, comme dans *âge* (anciennement *aage*) ou *rôle* (anciennement *roole*) :

â	ê	û
bâbord anc. *bas-bord*	*dépêcher* anc. *despeecher*	*brûler* anc. *brusler*
câble anc. *chaable*	*empêcher* anc. *empeechier*	*mûr* anc. *meür*
tâche anc. *tasche*	*bêler* anc. *beeler*	*sûr* anc. *seür*
âge anc. *aage*	*fêler* anc. *faieler*	*piqûre* anc. *piqeüre*
bâiller anc. *baailler*	*blêmir* anc. *blesmir*	*flûte* anc. *fleüte*
râle anc. *raslâge*	*même* anc. *meesme*	*jeûner* anc. *jeüner*
châtaigne anc. *chastaigne*	*guêpe* anc. *guespe*	*soûl* anc. *saoul*
		août anc. *aost*

ô
rôle anc. *roole* *rôtir* anc. *rostir*
tôt anc. *tost*

î
abîme anc. *abisme*
chaîne anc. *chaeine*

Attention !

On trouve l'accent à la place du e disparu dans des adverbes en *-(e)ment* :
assidûment, crûment, dûment, goulûment, continûment, incongrûment.

Mais le principe du remplacement de la voyelle par l'accent circonflexe n'a pas été appliqué régulièrement et **l'on a également des adverbes sans accent :**
absolument, résolument, éperdument, étourdiment, hardiment, indéfiniment, infiniment, joliment, poliment, vraiment, gaiement ou *gaîment.*

■ Comment se rappeler la présence d'un accent circonflexe ?
L'emploi de cet accent peut se justifier en référence à trois procédés :
1. **indiquer une différence de prononciation :** *un dôme / un majordome* (voir n° 7) ;
2. **rappeler un *s* que l'on retrouve dans certains dérivés de la famille de mots :** *arrêt, arrêter → arrestation* (voir n° 8) ;
3. **distinguer des mots homonymes :** *mûr / mur* (voir n° 9).

Ces trois explications peuvent se combiner pour un même mot :
la côte (voir *costal, accoster*) / *la cote.*

Différencier la prononciation 7

L'effacement d'une consonne ou d'une voyelle a entraîné un allongement et une modification du timbre de la voyelle précédente :

• le timbre du A s'est modifié :
grâce, bâcler, âcre, câlin, pâle, théâtre...

• le O s'est fermé :
drôle, frôler, pôle, tôle, dôme, arôme, chômer, diplôme, cône, pylône...
mais on trouve *zone, cyclone* sans accent avec un O de même qualité sonore ;

• le E s'est ouvert : *guêtre, salpêtre...*

L'accent circonflexe note donc ces valeurs phonétiques.
Précisons qu'il existe des variations régionales et individuelles et que ces valeurs de timbre ne sont pas toujours perçues et réalisées à l'oral.

Remarque :
L'accent circonflexe disparaît dans certains dérivés d'une même famille de mots lorsque la syllabe qui portait cet accent n'est plus la syllabe tonique du mot *(grâce, gracier, gracieux...).*

Retenons donc ces séries irrégulières :

â	**a**
âcre, âcreté	*acrimonie, acrimonieux*
câble, câbler, câblage, câblerie, câblier	*encablure*
grâce, disgrâce	*gracier, gracieux, gracieusement, disgracier, disgracié, disgracieux*
infâme	*infamie, infamant, fameux, mal famé, diffamant, diffamatoire, etc.*
pâtir	*compatir, compatissant, compassion*
râteau	*ratisser*
tâter, tâtonner, tâtonnement, (à) tâtons	*tatillon*
ê	**é**
bête	*bétail, bétaillière*
crêper (les cheveux), crêpage, crêpelé	*crépu*
extrême, extrêmement	*extrémiste, extrémisme, extrémité*
mêler, mêlé	*mélange, mélanger, mélangeur, méli-mélo*
suprême, suprêmement	*suprématie*
tempête, tempêter	*tempétueux*
vêler, vêlement, vêlage	*vélin*
ô	**o**
arôme	*aromate, aromatiser*
cône	*conique, conifère*
côte	*coteau*
diplôme, diplômé	*diplomate, diplomatie, diplomatique*
drôle, drôlement, drôlerie	*drolatique*
fantôme	*fantomatique*
icône	*iconographie, iconoclaste*
pôle	*polaire, polariser, polarisation*
symptôme	*symptomatique*
trône, trôner, détrôner	*introniser, intronisation*
û	**u**
fût (tronc d'un arbre)	*futaie* (forêt de grands arbres)
fût (tonneau)	*futaille* (récipient en forme de tonneau)
jeûne, jeûner	*déjeuner, (à) jeun*
sûr, sûrement, sûreté	*assurer, assurance, rassurer*

8 Chercher les dérivés

Dans certains cas, la consonne *s* reparaît dans des mots de la même famille. En rappelant les mots de la même famille, on peut ainsi vérifier la présence d'un accent circonflexe.

â	**as**
bâtir (anc. bastir)	*bastion*
bâton (anc. baston)	*bastonnade*
château (anc. chastel)	*castel*

ê	**es**
ancêtre (anc. *ancestre)*	*ancestral*
arrêt (anc. *arrest)*	*arrestation*
bête (anc. *beste)*	*bestial*
fenêtre (anc. *fenestre)*	*défenestration*
fête (anc. *feste)*	*festival, festoyer*
forêt (anc. *forest)*	*forestier*
intérêt (anc. *interest)*	*intéresser*
prêt (anc. *prest)*	*prestation*
vêtement (anc. *vestemente)*	*veste, vestimentaire, vestiaire*
î	**is**
fraîche (anc. *fraische)*	*frais*
île (anc. *isle)*	*insulaire*
ô	**os**
clôture (anc. *closture)*	*clos(e)*
hôpital (anc. *hospital)*	*hospitaliser*
hôtel (anc. *hostel, hospitale)*	*hospitalité*
û	**us**
croûte (anc. *croste)*	*croustillant*
goût (anc. *gost)*	*déguster*

Distinguer les homonymes 9

L'accent circonflexe sert de signe de distinction entre des homonymes.
Cette distinction peut par ailleurs être marquée dans la prononciation, notamment sur les voyelles ***a*** et ***o***.

âcre (adj., irritant)	*acre* (n., mesure agraire)
bâiller (de sommeil)	*bailler* (vx., donner)
boîte (n., récipient)	*boite (il)* (v. boiter)
châsse (coffre)	*chasse* (des animaux)
côte (os; pente; rivage)	*cote* (montant d'une taxe; estimation; marque de classement d'un livre)
crâner (prendre un air supérieur)	*craner* (faire des crans)
hâler (rendre brun)	*haler* (remorquer)
jeûne (n., privation de nourriture)	*jeune* (adj.)
mâter (monter un mât)	*mater* (rendre docile)
mâtin (gros chien)	*matin* (début du jour)
mûr (adj., à maturité)	*mur* (n., de pierres)
le nôtre, le vôtre (pronoms)	*notre, votre* (adjectifs)
pâle (adj., clair)	*pale* (d'une hélice)
pêcher (du poisson)	*pécher* (commettre un péché)
rôder (errer)	*roder* (mettre au point)

rôt (rôti) — *rot* (renvoi, éructation)
sûr (adj., certain) — *sur* (prép.; adj., aigre)
tâche (travail) — *tache (de peinture)*

10 *Accent circonflexe et catégories grammaticales*

Suffixes *-âtre* et *-être*

• On retiendra la présence de l'accent circonflexe dans le suffixe *-âtre,* élément servant à former des adjectifs et des noms :

blanchâtre, bleuâtre, folâtre, saumâtre, albâtre...
bellâtre, marâtre...

• On retiendra également l'accent du suffixe *-être* de *champêtre* (il est une variante de *-estre* : *alpestre, équestre, terrestre...*).

Accent circonflexe dans les formes verbales :

• Aux première et deuxième personnes du pluriel du **passé simple** *-âmes, -âtes; -îmes, îtes; -ûmes, -ûtes; -înmes, -întes* :

nous chantâmes, vous chantâtes — *nous eûmes, vous eûtes*
nous fîmes, vous fîtes — *nous vînmes, vous vîntes*

Exceptions :
Les formes suivantes des verbes *haïr* et *ouïr*, où le tréma indique la séparation des voyelles :

nous haïmes, vous haïtes, nous ouïmes, vous ouïtes

• À la troisième personne du singulier de **l'imparfait du subjonctif,** où l'accent remplace la consonne *s* présente aux autres personnes : *- ât, -ît, -ût* :

qu'il chantât, fît, eût, vînt.

Exceptions : qu'il haït, qu'il ouït.

• Dans l'infinitif des verbes ***naître*** et ***connaître, paître, paraître, croître*** et leurs dérivés devant *-t* :

à l'indicatif présent : *il connaît, il croît...*
au futur et au conditionnel : *il naîtra, il accroîtra, il paraîtrait...*

Dans ces formes, où *ai* et *oi* sont suivis de *-t*, l'accent représente un ancien *s.*

• Dans les formes du verbe ***croître,*** pour les distinguer des formes homophones du verbe *croire* :

au présent de l'indicatif : *je croîs...;* à l'impératif présent : *croîs...;*
au passé simple : *je crûs...;* à l'imparfait du subjonctif : *que je crûsse...*

• À la troisième personne du singulier des verbes ***plaire*** et ses dérivés *(complaire, déplaire),* ***clore, gésir*** où l'accent remplace un *s* disparu :

il plaît, il clôt, ci-gît.

• Au participe passé des verbes ***croître, devoir, mouvoir*** : *crû, dû, mû.*
Dans *crû* et *dû,* l'accent est distinctif et permet de différencier ces formes de *cru* (participe passé de *croire*) et *du* (déterminant).
Pour *mû,* l'accent rappelle un ancien *e (meu).*
L'accent disparaît ainsi au féminin ou au pluriel :
crue(s), crus, due(s), dus, mue(s), mu(s).

Attention !
On écrit :
redû (redevoir) et *recrû* (de *recroître*), homophone de *recru (de fatigue).*

Rectifications orthographiques
(cf. Règle n° 4 du *Rapport du Conseil supérieur de la langue française)*

L'accent circonflexe sur les voyelles A, O et E est conservé mais il n'est plus obligatoire sur I et U sauf quand il a une fonction distinctive (voir ci-dessus).
On pourra donc écrire *abime, voute, cout, connaitre, traitre, assidument,* etc.

Le tréma

Le tréma est un signe de division 11

égoïste, laïque, ambiguïté, glaïeul, faïence

Le tréma, mot emprunté du grec *trêma,* « trou », « point sur un dé », est **un signe de division** qui surmonte la voyelle *i* et parfois les voyelles *u* et *e* pour indiquer que ces voyelles se prononcent indépendamment de la voyelle précédente :

ai [e] - ***aï*** [ai] — *au* [o] - ***aü*** [ay]
oi [wa] - ***oï*** [oi] — *œ* [e] - ***oë*** [oe]

• sur ***i*** prononcé [i] :
archaïsme, caïd, caïman, caraïbe, celluloïde, égoïste, haïr, hébraïque, héroïque, inouï, laïque, maïs, mosaïque, naïf, ouïe, sinusoïdal...

Remarque :
On trouve le tréma dans les mots *ambiguïté, contiguïté* et *exiguïté* mais pas dans les autres mots finissant par *-uité (acuité, assiduité, perpétuité...).*

• sur ***i*** prononcé [j] :
aïeul, baïonnette, camaïeu, faïence, glaïeul, païen, paranoïa...

• sur ***i*** dans la graphie ***-in-*** :
coïncider, coïncident (-ente), coïncidence, coïnculpé.

• sur ***u*** prononcé [y] dans *Esaü* et *Saül.*

• sur ***e*** prononcé [e] dans *canoë,* [ɛ] dans *Noël* et *Israël.*

12 *Le -ë- ne se prononce pas*

Le tréma s'emploie aussi sur **e** pour indiquer que celui-ci ne se prononce pas :

- dans le mot *ciguë* et le féminin des adjectifs *aigu, ambigu, contigu, exigu* : *aiguë, ambiguë, contiguë, exiguë;*
- dans les noms propres *Saint-Saëns* et *Madame de Staël.*

Rectifications orthographiques
(cf. Graphies particulières fixées ou modifiées, 5, du *Rapport du Conseil supérieur de la langue française)*

Conformément au rôle normal du tréma, on place celui-ci sur la voyelle qui doit être prononcée dans les mots *aigüe* (et les dérivés comme *suraigüe,* etc.), *ambigüe, exigüe, contigüe, ambigüité, exigüité, contigüité, cigüe.*

Pour la même raison, et pour éviter les prononciations défectueuses, on écrit : *il argüe* (et les formes conjuguées du verbe *argüer*), *gageüre, mangeüre, rongeüre, vergeüre.*

La cédille

13 *Emplois de la cédille*

ça va, ça et là, une façade, un cri perçant, un air menaçant...
un hameçon, une balançoire, une façon, nous avançons...
une gerçure, il a reçu, il est déçu, un aperçu...

La cédille est le signe graphique qui, placé sous le *c*, permet de le prononcer [s] devant *a, o, u.*

Remarque :
L'adjectif *douceâtre* est formé à partir de la base *douce.*
Il garde donc son -e qui rend la cédille inutile.

L'apostrophe et l'élision

L'hirondelle s'envole à tire d'aile vers l'île d'où vient l'appel.

L'apostrophe est un signe graphique qui marque l'élision d'une voyelle, le plus souvent e, devant un mot commençant par une voyelle ou un *h* muet, afin d'éviter un hiatus, c'est-à-dire la rencontre de deux voyelles prononcées.

L'élision devant le H 14

On peut hésiter avec les mots commençant par H pour décider de l'élision ou non. L'usage oppose le H (ou l'H) aspiré, qui maintient le hiatus en empêchant la liaison et l'élision, et le H muet qui provoque l'élision :

H muet	H aspiré
l'habit	*la hache*
l'harmonie	*la haine*
l'hebdomadaire	*le hérisson*
l'herbe	*le héros*
l'hirondelle	*le hibou*
l'honneur	*la honte*
l'humour	*le hurlement*

L'élision des mots grammaticaux 15

L'apostrophe s'emploie essentiellement à la fin des mots grammaticaux.

- articles ***le*** et ***la*** :
  l'aventure, l'enfant, l'instant, l'oubli, l'univers, l'humour...

Attention !

Certains mots échappent à la règle :
la ouate, le oui, le onzième, le onze (le numéro onze), *le un* (le numéro un), *la une* (première page), *la unième* (fois), *la énième (fois)* (graphie abusive de n[ième]), *le ululement* (variante graphique de *hululement*), *le uhlan* (cavalier)...

- préposition ***de*** :
  le temps d'arriver, une vue d'ensemble, quelque chose d'inefficace, une histoire d'ours, un plan d'urgence, un jour d'hiver...

- ***que*** (pronom, conjonction ou adverbe) :
  C'est l'histoire qu'elle préfère. *Qu'as-tu ? Qu'en pensez-vous ?*
  Penses-tu qu'ils viendront ? *Qu'il fait chaud !...*

- les pronoms ***je, me, te, se, moi, toi, le, la, ce*** et la négation ***ne*** devant un verbe ou les pronoms adverbes *en* et *y* :
  j'accuse, ne m'oublie pas, ne t'en fais pas, je l'ai vu, c'est vrai, il s'y rendra, je n'en reviens pas, n'y pense plus, donne-m'en, va-t'en, ce n'est pas sûr...

- les conjonctions ***puisque, quoique, lorsque*** devant des pronoms personnels et l'article *un (une)* :
  puisqu'il en est ainsi...
  lorsqu'on imagine... lorsqu'un jour...
  quoiqu'un peu fragile...

• la conjonction ***parce que*** devant *il(s), elle(s), on, un(e), à* :
parce qu'il le faut, parce qu'on le dit, parce qu'une fois, parce qu'à la fin...

• ***jusque*** (préposition, adverbe ou conjonction) dans les locutions suivantes :
jusqu'à ce jour, jusqu'au jour où, jusqu'en Amérique, jusqu'ici, jusqu'où ira-t-on, jusqu'alors, jusqu'aujourd'hui, jusqu'après son retour, jusqu'à ce que nous sachions, jusqu'à tant que vous acceptiez...

À noter : les noms *jusqu'au-boutisme* (conduite extrémiste) et *jusqu'au-boutiste* (extrémiste) ainsi que la forme *jusques et y compris.*

• ***quelque*** seulement dans le pronom *quelqu'un, quelqu'une,* alors qu'on a au pluriel *quelques-uns, quelques-unes.*

• la conjonction ***si*** devant le pronom **il (ils) :** *s'il savait...*

16 *L'apostrophe dans les mots composés*

■ On utilise également l'apostrophe dans quelques mots composés :
*aujourd'hui, presqu'île (*unique exemple d'élision du *e* de *presque),* *prud'homme.*

■ Dans les mots composés avec le préfixe ***entre***-, on trouve :
s'entr'admirer ou *s'entradmirer, s'entr'aimer* ou *s'entraimer,* *entr'apercevoir* ou *entrapercevoir, s'entr'égorger* ou *s'entrégorger*

Mais on a uniquement :
s'entraccorder, s'entraccuser, un entracte, une entraide, s'entraider.

Attention !

La préposition *entre* ne s'élide pas dans :
entre eux, entre autres,

ainsi que *contre*- préfixe dans les composés :
une contre-attaque, une contre-enquête, le contre-espionnage...

Le trait d'union

Que voulez-vous ? Unissons-nous et allons-y ! Jouons le va-tout.

Le trait d'union est, comme son nom l'indique, un signe graphique qui sert à réunir des mots formant une seule unité.

17 *Emplois réguliers du trait d'union*

■ **Entre le verbe et les pronoms qui le suivent** lorsqu'il y a inversion du pronom sujet ou lorsque le pronom est complément du verbe.

Dans tous ces cas, le pronom est dit « conjoint ».

Inversion du pronom sujet	Pronom complément
Que faites-vous ?	*Garde-le.*
Où vas-tu ?	*Suivons-les.*
Pourquoi n'irions-nous pas ?	*Essayez-la.*
Comment le saurais-je ?	*Dites-le-lui.*
Ne fût-ce qu'un moment ?	*Prenez-en.*
Sait-on jamais ?	*Allons-y.*
Le prend-il ?	*Allez-vous-en.*
Donnes-en (avec un *s* dit euphonique)	*Donne-m'en.*

La règle s'applique, dans les cas d'inversion, en présence d'un *t* « euphonique », c'est-à-dire qui évite la rencontre de deux voyelles :

Où va-t-on ? Qu'y a-t-il ?...

- **Devant les adverbes *ci* et *là*** avec les formes de démonstratif suivantes :
  celui-ci, celle-ci, ceux-ci, ces jours-ci, à ce moment-là. .
  de-ci de-là, par-ci par-là, ci-dessus, ci-dessous, ci-contre, ci-après
  là-bas, là-dedans, là-haut, là-dessus, là-dessous
  ci-joint, ci-inclus, ci-gît.

- **Entre un pronom personnel et *même*,** avec lequel il forme alors un pronom composé :
  moi-même, toi-même, lui-même, elle-même, soi-même, nous-même(s), vous-même(s), eux-mêmes, elles-mêmes.

- **Dans les noms de nombre composés,** seulement entre les noms de nombre inférieurs à *cent* et juxtaposés :
  cent quatre-vingt-deux, mille quatre cent cinquante-cinq, soixante-dix-huit...

Pour l'écriture des nombres, on pourra consulter le chapitre correspondant, page 199.

Emplois du trait d'union dans les mots composés 18

Dans les mots composés, le trait d'union est irrégulièrement utilisé pour réunir dans une seule unité des éléments pouvant être par ailleurs indépendants.

On a ainsi *porte-documents, porte-drapeau, porte-fenêtre, porte-malheur,* etc., mais *portefeuille, portemanteau, portemine* ou *porte-mine.*
On comparera *un tête-à-tête, un vis-à-vis, un face-à-face* avec *un corps à corps.*

On peut dégager certaines tendances dans les mots composés ou dérivés par préfixation.

- Avec ***contre*** on trouvera :
  contre-jour, contre-allée, contre-filet, contre-amiral, contre-expertise, contre-attaque, etc.

~ Mais :
contrechamp, contretype, contrepoids, contrebalancer, contrefaçon, contremarque, contrepoint, contresens, etc.

■ Avec ***demi, mi* et *semi*,** on utilise toujours le trait d'union :
demi-cercle, demi-journée, demi-pension, demi-tour...
(à) mi-chemin, (à) mi-voix, mi-figue mi-raisin...
semi-circulaire, semi-conducteur, semi-remorque...

■ Avec ***entre*,** la soudure est plutôt la règle :
entrecouper, entremêler, entrepont, entresol, entracte, entraide, etc.

~ Mais :
s'entre-déchirer, s'entre-tuer, entre-jambes ou *entrejambes, entre-temps* ou *entretemps...*

■ Avec ***ex*** dans le sens d'« antérieurement », on met le trait d'union :
ex-femme, ex-directeur...

■ Avec ***extra*,** la tendance est d'utiliser le trait d'union.
Dans le sens de « plus que, mieux que, tout à fait », on a :
extra-fin, extra-fort, extra-lucide, etc.
Dans le sens de « en dehors de, au-delà de, vers l'extérieur », on trouve :
extraordinaire, extrapoler, extravagant...

~ Mais *extra-terrestre* ou *extraterrestre, extra-galactique* ou *extragalactique.*

■ Avec ***intra*** on utilise le trait d'union devant une voyelle :
intra-oculaire, intra-utérin...
Mais pas devant une consonne : *intramusculaire, intraveineux...*

À noter, l'expression latine *intra-muros.*

■ Avec ***intro*,** il y a toujours soudure :
introduction, introverti, introspection...

■ Avec ***non*,** il est recommandé de mettre un trait d'union lorsque le second élément est un nom :
un pacte de non-agression, le non-alignement, un non-sens, la non-intervention, un non-conformiste, la non-violence...
Mais on n'utilise pas le trait d'union lorsqu'il s'agit d'un adjectif :
une copie non conforme, une attitude non violente...

■ Avec ***outre*,** dans les mots composés, il y a soudure :
bleu outremer, outrepasser...
Mais il y a trait d'union dans les expressions adverbiales :
les territoires d'outre-mer, une voix d'outre-tombe...

■ Avec ***post*,** les deux termes sont normalement soudés :
postdater, postopératoire, postposer...

Exceptions :
post-traumatique, post-expiratoire, post-glaciaire, post-scriptum.

■ Avec ***pro,*** dans le sens de « pour, partisan de, favorable à », on met un trait d'union devant un mot commençant par une voyelle :
pro-américain, pro-européen...
Devant un mot commençant par une consonne, on trouve les deux graphies :
pro-cubain, progouvernemental...

■ Avec ***pseudo,*** on met généralement le trait d'union lorsque le second élément existe comme mot indépendant :
pseudo-fécondation, pseudo-démocrate... (exception : *pseudarthrose*),
Mais : *pseudonyme, pseudopode...*

■ Avec ***quasi,*** il est recommandé de ne pas mettre un trait d'union devant un adjectif (sens de « presque ») :
il est quasi mourant, le raisin est quasi mûr...
En revanche, on met le trait d'union devant un nom :
une quasi-obscurité, un quasi-délit...

■ Avec ***sous,*** le trait d'union est le plus souvent employé :
sous-alimenté, sous-chef, sous-développé, sous-ensemble, sous-entendre, sous-jacent, sous-sol, etc.
Mais on trouve aussi
souscripteur, souscrire, soussigné, soustraction...
Quand les deux éléments sont soudés, *sous* peut perdre son *s* :
soucoupe, soutenir, souterrain, soutirer.

■ Avec ***ultra,*** on rencontre les deux graphies :
ultra-court, ultramicroscope, ultramoderne, ultra-rapide, ultra-sensible, utra-son ou *ultrason, ultra-violet* ou *ultraviolet...*

■ ***Vice,*** dans le sens de « seconde position », est toujours suivi du trait d'union :
vice-consul, vice-roi, vice-président...

Le signe de division de fin de ligne 19

■ Le signe de division, parfois assimilé au trait d'union, sert de **marque de coupure d'un mot en fin de ligne** quand l'écriture de ce mot n'est pas achevée.

En règle générale, cette coupure correspond à la limite entre deux syllabes écrites (voir le principe de découpage syllabique au chapitre sur les accents aigu et grave sur E, pages 12-14).

Le signe de division est une marque de cou-
pure d'un mot
(...) cette coupure cor-
respond à...

■ **Cas particuliers :**

• on ne coupe pas un mot après une seule lettre :
ainsi les mots *épais, avec, ici, âme...* dont la première syllabe est constituée d'une seule voyelle, tout comme les monosyllabes *mot, art, sec, joie...* sont insécables;

• on ne coupe pas entre deux voyelles :
août, réel, pays, huer... sont insécables;

• on ne coupe pas avant ou après *x* et *y* entre deux voyelles :
taxi, vexer, moyen, payant... sont insécables, contrairement à *mixte (mix-te), cyprès (cy-près),* etc.

Attention !
On évite de faire coïncider le signe de division de fin de ligne avec le trait d'union qui apparaît dans les mots composés.

Rectifications orthographiques
(*cf.* Règle n° 1 et Graphies particulières fixées ou modifiées 1, 2, 3, 8 du *Rapport du Conseil supérieur de la langue française)*

Tous les numéraux formant un nombre complexe, inférieur ou supérieur à cent, sont réunis par un trait d'union : *vingt-quatre, quatre-vingt-neuf, cent-deux, deux-cents, deux-cent-soixante-et-onze, sept-cent-mille-trois-cent-vingt-et-un-francs...*
Les mots composés suivants sont écrits soudés :
– mots composés sur la base d'un élément verbal généralement suivi d'un élément nominal ou de *tout :*
d'arrachepied, boutentrain, brisetout, chaussetrappe, clochepied (à), coupe-coupe, couvrepied, crochepied, croquemadame, croquemitaine, croquemonsieur, croquemort, croquenote, faitout, fourre-tout, mangetout, mêletout, passepartout, passepasse, piquenique, porteclé, porte-crayon, portemine, portemonnaie, porte-voix, poucepied, poussepousse, risquetout, tapecul, tirebouchon, tirebouchonner, tire-fond, tournedos, vanupied;
– mots composés d'éléments nominaux et adjectivaux :
arcboutant, autostop, autostoppeur (-euse), bassecontre, bassecontriste, basse-cour, bassecourier, basselisse, basselissier, bassetaille, branlebas, chauvesouris, chèvrepied, cinéroman, hautecontre, hautelisse, hautparleur, jeanfoutre, lieudit, millefeuille, millepatte, millepertuis, plate-bande, potpourri, prudhomme, quotepart, sagefemme, saufconduit, téléfilm, terre-plein, vélopousse, véloski, vélotaxi;
– onomatopées et mots expressifs :
blabla, bouiboui, coincoin, froufrou, grigri, kifkif, mélimélo, pêlemêle, pingpong, prêchiprêcha, tamtam, tohubohu, traintrain, troutrou, tsétsé;
– mots composés empruntés, d'origine latine (employés comme noms) ou étrangère, bien implantés dans l'usage et qui n'ont pas valeur de citation :
apriori, exlibris, exvoto, statuquo, vadémécum;
baseball, basketball, blackout, bluejean, chichekébab, chowchow, covergirl, cowboy, fairplay, globetrotteur, handball, harakiri, hotdog, lockout, majong, motocross, ossobuco, pipeline, sidecar, striptease, volleyball, weekend.

LA MAJUSCULE

La majuscule (appelée « capitale » par les imprimeurs) a deux fonctions :
- **au début du premier mot d'une phrase,** elle a une fonction **démarcative;**
- **au début d'un nom propre** ou d'un mot qui prend une valeur de nom propre, elle a une fonction **distinctive.**

Remarque :
La majuscule peut toujours être utilisée avec une valeur expressive ou comme marque d'emphase :

*Elle est d'un **C**hic !*
*C'est un **A**rtiste, un **G**énie, c'est pourquoi il nous ignore.*

La majuscule de début de phrase 20

■ **La première lettre du mot commençant ce que l'on considère comme une phrase est une majuscule.**

Il m'a croisé dans l'allée centrale du parc. Il y avait si longtemps qu'on ne s'était vus !
« Serait-ce toi ? s'écria-t-il. Toi, l'ami de toujours ! toi que je pensais ne jamais revoir... »

■ Après un deux-points (:) introduisant une parole et après le tiret (–) indiquant l'intervention d'un interlocuteur, on emploie la majuscule :

Il me dit : « Te souviens-tu de l'époque où nous rêvions d'aventure et de voyages ? »
– Et les filles alors ! Quelles bagarres entre copains !
– Tu me sembles encore prêt à batailler, me répondit-il en souriant.

■ Dans la tradition poétique, la majuscule marque le début des vers.

La majuscule de nom propre 21

■ **Les noms de personne :** prénoms, noms de familles, surnoms, attribués en propre à un individu ou à un animal, à un héros ou une divinité, à un personnage, commencent par une majuscule.

Pierre, Paul... Molière, Mozart... Dieu, Hercule... le Petit Poucet, Cosette...

Remarques :
- Quand l'article précède un adjectif faisant partie du nom ou du surnom, il ne prend pas la majuscule :

Louis le Pieux, Alexandre le Grand, Charles le Téméraire...

• La préposition intégrée au nom, au surnom ou au titre reste également en minuscules :

Jean sans Peur, Alfred de Vigny...

■ **Les noms communs désignant des êtres ou des abstractions personnifiées** sont assimilés à des noms de personne :

Maître Corbeau, l'Aurore, la Providence, la Sagesse (l'allégorie de)...

■ **Les titres honorifiques et les désignations par périphrases** sont considérés comme des noms propres :

Sa Majesté, Votre Altesse, Son Éminence, Monsieur le Préfet...
le Roi-Soleil, la Sainte Vierge, le Tout-Puissant, le Saint-Esprit...

■ **Lorsque le nom propre renvoie à un type de personnage, à une famille, un clan** ou à une identité locale, régionale, nationale... il est écrit avec la majuscule :

C'est un vrai Don Juan. Notre époque aurait besoin d'un Balzac.
la dynastie des Capétiens, la famille des Bourbons...
les Français, un Parisien, un Normand, les Européens...

22 La majuscule dans les noms de lieux

■ **Les noms, simples ou composés, qui désignent un lieu :** localité, région, territoire... dont l'identité est déterminée, s'écrivent avec une majuscule :

Rome, la Normandie, le Loir-et-Cher, la Grande-Bretagne, l'Est européen...

~ *Remarques :*

• Quand c'est l'adjectif qui prend en charge l'identité du lieu, il prend seul une majuscule :

les montagnes Rocheuses, l'océan Pacifique, la mer Noire, le fleuve Jaune...
la place Royale, la rue Neuve...

• Inversement, quand l'adjectif n'a que sa valeur habituelle, seul le nom de lieu prend la majuscule :

la France méridionale, la haute Normandie, le Massif central...

■ **Les noms de constellations, de planètes** fonctionnent comme les noms de lieu géographique :

l'étoile du Berger, Mercure, la planète Terre...

■ **Dans les expressions qui désignent un édifice,** seul le nom propre de celui-ci prend la majuscule :

le Panthéon, la Bourse, l'Assemblée nationale
le théâtre de la Comédie-Française, l'opéra Bastille, le palais de la Découverte, l'hôpital de la Salpêtrière, le cirque d'Hiver...

La majuscule distinctive des institutions, événements historiques... 23

■ **Les noms de corps constitués,** c'est-à-dire sociétés, groupes institutionnels, associations, partis, etc., prennent une majuscule au début du nom :

l'État, le Parlement, le Sénat, le doyen de la Faculté...
l'Académie française, l'Institut de France, la Sécurité sociale, le Parti démocrate...

■ **Les noms désignant des périodes, des dates historiques ou des événements** déterminés dans le temps prennent la majuscule :

le Tertiaire, l'Antiquité, le Moyen Âge, la Renaissance...
le 14 Juillet, le 11 Novembre, les Trente Glorieuses, Noël, Pâques...
la Révolution, la Prise de la Bastille, la Libération, la Seconde Guerre mondiale...

La majuscule dans les titres d'œuvres 24

■ **Si le titre commence par un article défini,** on met une majuscule à celui-ci, au premier nom du titre et à l'adjectif qui le précède éventuellement :

Je ne me lasse pas du Concerto pour piano n° 5 *de Beethoven.*
Le Monde *est un grand quotidien.*
Avez-vous lu La Divine Comédie *de Dante ?*
Qui n'a étudié Les Précieuses ridicules ?

■ **L'usage veut que l'on écrive avec une majuscule les articles indéfinis** *un, une, au, aux, du, des* s'ils commencent le titre et en font partie :

Un amour de Swann, Des souris et des hommes, Au bonheur des dames...

■ **Lorsque le titre forme une phrase,** seul le premier mot prend une majuscule :

À l'ouest rien de nouveau, Le train sifflera trois fois, Autant en emporte le vent...

H MUET, H ASPIRÉ

un homme	*une habitude*	*l'humour*	*un luth*
une trahison	*un rhinocéros*	*la sympathie*	*un dahlia*

■ La consonne H ne correspond pas, en français, à la réalisation d'un son particulier.

• Ou bien H est muet, comme dans *un homme*.

• Ou bien H est aspiré (ou expiré), comme dans *une hache, un héros.*

• Ou bien il permet de prononcer séparément chaque voyelle d'un couple de voyelles tel que « au », comme dans *ahuri.*

■ Dans de nombreux mots, le H peut être justifié par l'étymologie.

25 Distinguer les homophones

*le maître-**autel** d'une église*	*l'**hôtel** de ville*
*enduire de **lut***	*jouer du **luth***
*un cheval **étique***	*l'**éthique** ou la morale*
*l'**ombre** et la lumière*	*l'**hombre** des matadors (jeu de cartes)*
*payer à **terme** échu*	*une cure dans des **thermes***
*un **ton** criard*	*la pêche au **thon***

26 Observer la position et vérifier la prononciation

■ **À l'initiale, H est muet ou aspiré**

• **S'il est muet,**

– **il supporte la liaison avec le mot précédent**

un habit [œ̃nabi] *des histoires* [dezistwaʀ]

– **il provoque l'élision des voyelles -*a* et -*e*** des mots *de, le, la, je, me, se, te :*

un quart d'heure, l'homme, l'habitude,
j'hésite, tu m'honores, il s'habille, tu t'habitueras...

• **S'il est aspiré,**

– il ne supporte pas la liaison avec le mot qui précède :

un héros [œ̃ eʀo] *des halles* [de al]

– il ne provoque pas l'élision des voyelles -*a* et -*e* qui précèdent :

la haine *je hais* *je me heurte*

– il est assorti d'un signe distinctif dans le dictionnaire ; soit une apostrophe, si le mot est écrit en phonétique :

un héros ['eʀo]

soit un astérisque :
*un *héros*

À l'intérieur d'un mot, on peut deviner la présence de H entre deux voyelles dont la rencontre formerait un autre son :

– entre *-a-* et *-i-*, quand on entend successivement [a] [i]
envahir, trahir, une vahiné...

(sans H, -ai- se prononce [e] ou [ɛ] comme dans « aimer » ou « mais »)

– entre *-a-* et *-u-*, quand on entend successivement [a] [y]
ahuri, un bahut
(sans H, -au- se prononce [o] comme dans « sauter »)

– entre *-o-* et *-i-*, quand on entend successivement [o] [i]
Mohicans, prohiber...
(sans H, -oi- se prononce [wa] comme dans « boire »)

– entre *-o-* et *-u-*, quand on entend successivement [o] [y]
une cohue, un tohu-bohu...
(sans H, -ou- se prononce [u] comme dans « couper »)

Remarques :

- Dans quelques mots, le tréma joue le même rôle que H :
un caïd, le celluloïd, haïr, le maïs, une coïncidence, l'héroïsme, le deltoïde (muscle), *Emmaüs, un capharnaüm...*
(Voir section « tréma », page 21.)
- Placé à la suite de G, H joue, dans quelques mots, le même rôle que U.
un ghetto, des spaghettis... (*Cf.* paragraphe 106.)
- Placé après P, il forme toujours le son [f].

Chercher les dérivés 27

On peut savoir qu'il y a un H à l'intérieur d'un mot :

- **si on distingue le préfixe et le radical :**
abhorrer (avoir en horreur), *cohabiter / inhabitable, déshabiller / rhabiller, déshabituer / inhabituel, (dés)honorer, exhaler / inhaler, exhausser / rehausser, exhumer / inhumer, inhumain / surhumain...*

Remarque :
La même distinction peut se faire dans des mots tels que :
bonheur / malheur, bienheureux / malheureux
malhabile, malhonnête

- **si on connaît des éléments grecs,** dont voici quelques exemples :

Éléments grecs	Signification	Exemples
-anthrop-	homme	*un anthropophage, un misanthrope*
-arthro-	articulation	*l'arthrose, l'arthrite*
-esth-	sens, sensation	*une esthéticienne, esthétique*
-ethno-	nation, peuple	*un ethnologue, une ethnie*
-lith-	pierre	*un aérolithe, une lithiase*
ornith-	oiseau	*un ornithologue, un ornithorynque*
-patho-	affection	*antipathique, un névropathe*
-(r)rhée	couler	*la diarrhée, un rhume*
rhin(o)-	nez	*un rhinocéros, une rhinite*
rhiz(o)-	racine	*un rhizome, un rhizotome*
-thé(o)-	dieu	*la théologie, un athée*
-thèque	poser	*une bibliothèque, une photothèque*
-thérap-	soin	*l'hydrothérapie, un thérapeute*
-therm-	chaleur	*un thermomètre, isotherme*
-thèse	place, position	*une synthèse, une épithète*

On pourra se reporter à la liste des éléments grecs et latins, paragraphe 215.

28 Utiliser sa mémoire

Les mots suivants sont groupés selon qu'ils comportent -H-, -RH- ou -TH- et selon la position de -H- dans les mots.

Mots contenant -H- en position médiane

entre deux voyelles	entre une voyelle et une consonne	entre une consonne et une voyelle
ahaner	*un brahmane* (religieux hindou)	*une bacchante*
annihiler	*un dahlia*	*une bacchanale*
appréhender	*le foehn*	*un bouddhiste*
un bohémien	*un führer*	*un khmer*
un brouhaha		*le khôl* (ou : *kôhl*)
un cahot		*un menhir*
cohérent		*un piranha*
la compréhension		*rédhibitoire*
déhiscent		*la saccharine*
dehors		*la silhouette*
une géhenne		*la thora* (ou *torah*)
un mahométan		*le whisky*
un méhari (dromadaire)		*le whist* (jeu de cartes)
du mohair		
un souhait		
véhément		
un véhicule		

Mots contenant -H en position finale

- Interjections

  ah ! bah ! eh ! euh ! oh ! peuh ! pouah !

• Mots divers

Allah (Dieu)
un copra(h) (amande de coco décortiquée)
Jéhovah (Dieu)
un maharajah (ou : maharadjah, titre des princes hindous)
un mollah (chef religieux musulman)
un raja(h) (ou : *radja(h)*, souverain brahmanique)
le schah (ou : *chah, shah*, souverain de Perse)
une smala(h) (ensemble de tentes autour d'un chef arabe)
la torah (ou *thora*, loi mosaïque)
un bobsleigh (traîneau sur glace)
un narghileh (ou : *narguilé, narghilé*, pipe orientale)

Mots contenant -RH

Rh- est à l'initiale

une rhapsodie (composition musicale)
un rhéostat (résistance variable)
un rhésus (singe)
la rhétorique (art de bien parler)
rhodanien (du Rhône)
le rhodia (textile artificiel)
un rhododendron
la rhubarbe
le rhum
un rhumatisme
un rhume

-rrh- est à l'intérieur

des arrhes (acomptes)
la cirrhose (affection du foie)
la myrrhe (résine aromatique)

Mots contenant -TH-

Th- est à l'initiale

un thaumaturge (faiseur de miracles)
le thé
un théâtre
un thème
une théorie
une thèse
la thibaude (molleton sous une moquette)
la thora (ou *torah* : loi mosaïque)
le thorax
une thrombose
un thuya
le thym
le thymus (organe glandulaire)
la thyroïde

-th est à la finale

l'aneth (plante comme le fenouil)
bath (adjectif populaire)
le bismuth
un bizuth
le feldspath (silicate d'aluminium)
un luth (instrument de musique)
un mammouth
math (abréviation de mathématique)
un ostrogoth
un schibboleth (épreuve décisive)
le spath (roche)
un vermouth
un wisigoth
le zénith

Mots terminés par -THE

l'absinthe (plante)
une acanthe (plante)
une jacinthe
un labyrinthe
la menthe
un mythe
un névropathe
une plinthe (terme de menuiserie)
prognathe (qui a la mâchoire proéminente)

Mots comportant -TH- suivi d'une consonne

-THL-
un athlète

-THM-
l'arithmétique
l'asthme
un isthme
un rythme

-THR-
l'anthracite
un anthrax (amas de furoncles)
mithridatiser (accoutumer à un poison)

Mots comportant -TH- suivi d'une voyelle

-THA-
une cithare (instrument de musique)
la léthargie (sommeil anormal)
le méthane (gaz)

-THE-
un anathème
une apothéose
authentique
une cathédrale
un chrysanthème
une épithète (mot qualificatif)
l'éther
les mathématiques
un narthex (vestibule d'une église)
une neurasthénie
une panthère
une prothèse
une radiesthésie

-THI-
un apothicaire
l'éthique (science de la morale)
gothique
une pythie

-THO-
une anthologie (recueil de morceaux choisis)
une cathode (électrode négative)
catholique
l'enthousiasme
un marathon
le menthol
une méthode
pléthorique (surabondant)
un python
une pythonisse

-THU-
un cothurne (chaussure à semelle épaisse)
posthume
malthusien

-THY-
une améthyste (pierre précieuse violette)
dithyrambique (très élogieux)

E MUET

> une araignée une voie un dénouement vous nettoierez
>
> Il ne faut pas confondre :
> - Le E intérieur de *boulevard* avec celui de *dénouement* ;
> - ni le E final de *robe* avec celui de *araignée*.
>
> En effet, le E de *boulevard* et de *robe* est dit « caduc » parce qu'il est plus ou moins prononcé selon les locuteurs ou selon sa position.
> En revanche, le E de *dénouement* et de *araignée* est **muet.**

Distinguer les homophones 29

E muet à l'intérieur du mot

*un **bau** de navire*	*un **beau** navire*
*le plumage d'un **serin***	*un ciel **serein***
*un **dessin** au fusain*	*le **dessein** de voyager*

E muet à la finale du mot

-ai, -aie

*un cheval **bai***	*la **baie** d'Audierne*
*le mois de **mai***	*pétrir dans une **maie***
*réciter un **lai***	*la **laie** et le sanglier*
*un **rai** de lumière*	*une **raie** au beurre noir*

-é, -ée

*un **curé** de campagne*	*sonner la **curée***
*un **rosé** de Provence*	*la **rosée** du matin*
*un talon **corné***	*la **cornée** de l'œil*
*un bas **troué***	*une **trouée** dans les nuages*
*voyager en **coupé***	*l'échelle de **coupée***
*un bijou **volé***	*une **volée** de bois vert*
*un **pâté** de lièvre*	*une **pâtée** pour un chien*

-eu, -eue

*un **lieu** sûr*	*les bottes de sept **lieues***

-i, -ie

*la **mi**-temps*	*la **mie** de pain*
*un **pli** de pantalon*	*pêcher une **plie***
*un **parti** politique*	*une **partie** de pêche*
*la **pairie** d'un dignitaire (titre)*	*la **paierie** du trésorier*

-oi, -oie

*la **foi** du serment*	*avoir mal au **foie***
*garder pour **soi***	*un foulard de **soie***

-ou, -oue

***hou !** le vilain...*	*labourer à la **houe***

peu ou ***prou*** — *la* ***proue*** *d'un navire*
du ***mou*** *pour le chat* — *faire la* ***moue***
être sans le ***sou*** — *un porc dans une* ***soue***

-u, -ue

un homme ***barbu*** — *une* ***barbue*** (poisson)
un diable ***cornu*** — *distiller dans une* ***cornue***
un vin du ***cru*** — *la* ***crue*** *d'un fleuve*
nu *comme un ver* — *tomber des* ***nues***
le débit d'un ***ru*** — *une* ***rue*** *piétonne*

30 Identifier la classe du mot

■ **Il faut écrire un -e muet à la finale de nombreux noms féminins,** après les voyelles *é, i, u, ai, eu, oi, ou.*

• **Finale en *-ée***
une bouée, une tranchée, une idée, une fée, une ceinture dorée...

Se terminent par *-tée* :
– cinq noms divers :
une dictée, une jetée, une montée, une pâtée, une portée;
– les noms désignant un contenu :
une assiettée, une brouettée, une charretée, une pelletée, une platée...

(Consultez le paragraphe « Utiliser sa mémoire » pour les noms masculins se terminant par *-ée.*)

• **Finale en *-ie***
une lubie, la pluie, une saillie, une truie, une jolie amie...

Exceptions :
une brebis, une fourmi, une nuit, une perdrix, une souris, (être) à la merci, à l'envi (à qui mieux mieux)

(Consultez le paragraphe « Utiliser sa mémoire » pour les noms masculins se terminant par *-ie.*)

• **Finale en *-ue***
une cohue, une étendue, une avenue, une rue, une statue, une femme nue...

Exceptions : *une bru, de la glu, une tribu, une vertu.*

• **Finale en *-aie***
une baie, une haie, une plaie, une monnaie, une raie, une histoire vraie...

Exception : *la paix.*

• **Finale en *-eue***
une lieue, une banlieue, une queue...

• **Finale en *-oie***
une oie, la joie, une courroie, une proie, la soie, une voie...

~ ***Exceptions :*** *la foi* (croyance), *la loi, une paroi*
(Consultez le paragraphe « Utiliser sa mémoire ».)

• **Finale en *-oue***
la boue, une houe, la moue, une roue, une coutume hindoue...

~ ***Exception :*** *la toux.*

■ **Il faut penser à écrire un e muet après la voyelle du radical verbal** pour les verbes terminés par *-éer, -ier, -uer, -ouer, -oyer, -uyer* et pour certaines formes des verbes en *-ayer.*

-ée *j'agrée, tu supplées, ils créent, je suppléerai(s)...*
-ie *je crie, tu étudies, ils remédient, je me réfugierai(s)...*
-ue *je salue, tu pollues, ils remuent, je continuerai(s)...*
-oue *je joue, tu avoues, ils secouent, je me dévouerai(s)...*
-oie *je nettoie, tu envoies, ils aboient, je me noierai(s)...*
-uie *j'appuie, tu essuies, ils s'ennuient, je m'appuierai(s)...*
-aie *je paie* (ou : *je paye*), *tu essaies* (ou : *tu essayes*), *ils déblaient* (ou : *ils déblayent*), *je déblaierai(s)* (ou : *je déblayerai(s)*)...

Attention !

• **Quelques verbes contiennent un e muet intérieur.**
Ainsi, on écrit *seoir, asseoir, surseoir,* à l'infinitif présent.

• Mais dans la conjugaison du verbe « asseoir », le e muet disparaît complètement : *je m'assois, nous nous assoirons.*

• Dans la conjugaison du verbe « surseoir », le e muet se maintient uniquement aux formes de l'indicatif futur et du conditionnel présent : *je surseoirai(s).*

Chercher les dérivés 31

■ **Le e des infinitifs en *-éer, -ier, -uer, -ouer, -yer,* se retrouve dans certains mots, devant les suffixes *-ment* et *-rie.***

-éer *un gréement* (du verbe *gréer*)...

~ ***Exceptions :***
un agrément (du verbe *agréer*)
un supplément (du verbe *suppléer*)

-ier *un remerciement, un reniement, une scierie...*

~ ***Exception :*** *un châtiment* (du verbe *châtier*)

-ouer *un dénouement, un dévouement, une rouerie...*
-uer *un dénuement, un éternuement, une tuerie...*

~ ***Exception :*** *un argument* (du verbe *arguer*)

-yer *un paiement, un nettoiement, un tutoiement, une paierie...*

■ **Mots composés avec *contre-* et *entre-***
Devant un radical commençant par une voyelle, le e final des préfixes *contre-* et *entre-* devient muet dans les mots suivants :

une contre-attaque
une contre-offensive
un contre-exemple
une contre-épreuve
s'entre-égorger
le contre-espionnage
une contre-enquête
un contre-ut
une contre-expertise
contre-indiquer

Remarque :
On peut d'ailleurs écrire :
un contre-ordre ou *un contrordre*
une entraide, un entracte.

■ **On peut deviner la présence du e muet dans la terminaison *-eau*** si on recourt au féminin ou à un dérivé, dans lesquels le e n'est plus muet.

beau : belle
un agneau : un agnelet
la peau : peler
un sceau : sceller
un monceau : amonceler
un chameau : une chamelle
un tonneau : un tonnelier
un carreau : carreler
un ruisseau : ruisseler
un museau : une muselière...

Exception :
Attention au nom *bureau* dont un dérivé est *buraliste.*

32 Utiliser sa mémoire

Voici quelques noms masculins terminés par un -e muet :

-bée
un scarabée

-cée
un caducée
un gynécée
un lycée

-gée
l'apogée
le périgée
un hypogée

-lée
un mausolée

-mée
un camée
un pygmée

-née
un athénée
un hyménée
un périnée
un prytanée

-phée
un coryphée
un nymphée
un trophée

-rée
un empyrée

-sée
un musée

-thée
un (ou *une*) *athée*

-ie
un bain-marie
un brie
un caddie
un génie
un hippie (ou *hippy*)
un impie
un incendie
un messie
un parapluie
un sosie

-oie
le foie

Remarque : Notez l'orthographe de « rallye ».

C ONSONNES FINALES MUETTES

*le plom**b***	*un accro**c***	*un fon**d***	*un ner**f***
*le san**g***	*un fella**h***	*un outi**l***	*un galo**p***
*monsieu**r***	*un tapi**s***	*un abrico**t***	*lentemen**t***
*une perdri**x***	*le ri**z***		
*l'instin**ct***	*le poi**ds***	*un doi**gt***	*le pou**ls***
*prom**pt***	*un cor**ps***	*un ga**rs***	*un pui**ts***

■ **Les consonnes muettes sont celles qu'on pourrait supprimer sans modifier la prononciation du mot.**
Ainsi, *-g* dans le mot *sang* ou *-ps* dans le mot *corps.*

En conséquence, ne sont pas muettes, par exemple, *-r* et *-z* dans les mots : *chanter* et *assez,* puisque leur suppression modifierait la prononciation de la voyelle *-e-*.

■ Sur les vingt consonnes de l'alphabet, quatorze peuvent être muettes à la finale (*cf.* exemples ci-dessus).

N.B. En ce qui concerne le *h* muet, voir pages 32 à 36.

Distinguer les homophones

33

■ **Des homophones peuvent se distinguer par une consonne finale muette différente :**

*un chocolat **chaud***	*le blanc de **chaux***	
*le **chah** d'Iran*	*le **chas** d'une aiguille*	*un **chat** angora*
*régler un **différend***	*un avis **différent***	
*un **fait** divers*	*ployer sous le **faix***	
***fort** comme un Turc*	*« Tout est perdu, **fors** l'honneur »*	
***mort** de peur*	*le **mors** aux dents*	
*des petits **pois***	*la **poix*** (poisseux)	
*un **point** de repère*	*un coup de **poing***	
*un **porc** à l'engrais*	*un **port** de pêche*	
quand (lorsque)	***quant** à* (en ce qui concerne)	
*les cheveux **ras***	*un **raz** de marée*	
*un **ris** de veau*	*un gâteau de **riz***	
*à **tort** et à travers*	*un fil **tors**, une jambe torse*	
***tout** le monde*	*une **toux** sèche*	
*aller au **trot***	*c'en est **trop** !*	

■ **Des homophones peuvent se distinguer par l'ajout d'une ou deux consonnes finales muettes ou par le remplacement du -e final :**

*faire un **ban** d'honneur*	*s'asseoir sur un **banc***
*consommer au **bar***	*des fardeaux sur un **bard*** (civière)
*un **cor** au pied*	*le **corps** humain*

*un garde-**boue***	*le **bout** du tunnel*	
*au **coin** du feu*	*la confiture de **coings***	
*un **cou** de girafe*	*un **coup** de téléphone*	*un **coût** de production*
*la **cour** de récréation*	*le **cours** d'un fleuve*	*un **court** de tennis*
*manger un **flan***	*se coucher sur le **flanc***	
*la **foi**, le **foie***	*une **fois** par an*	
*le **fond** de la mer*	*un **fonds** de commerce*	
*du **frai** de carpe*	*du pain **frais***	
*mettre en **joue***	*le **joug** du tyran*	
*réciter un **lai***	***laid** comme un pou*	*boire du **lait***
*une **main** gantée*	*subir **maint** tourment*	
*toi et **moi***	*le **mois** de mai*	
*faire la **moue***	*donner du **mou***	*le **moût** de raisin*
***ni** l'un, ni l'autre*	*un **nid** d'oiseau*	
***par** ici*	*de **part** en part*	
*consulter un **plan***	*un **plant** de rosier*	
*des petits **pois***	*un **poids** lourd*	
*laid comme un **pou***	*tâter le **pouls***	
*une **roue** de voiture*	*faire un **roux***	
*un **sou**, la **soue***	*rire **sous** cape*	
*une **statue** en bronze*	*le **statut** d'une société*	
***ta** sœur*	***tant*** (tellement)	
tan (tanner)	*un **tas** de sable*	
***toi** et moi*	*un **toit** d'ardoises*	
*une **tribu** nomade*	*payer son **tribut***	
*un **ver** de terre*	*réciter des **vers***	*se mettre au **vert***
*un verre de **vin***	*avoir **vingt** ans*	

34 Chercher les dérivés

■ **Parfois, les consonnes finales muettes se prononcent dans la forme du féminin ou dans un mot de la même famille.**

• Consonne finale muette reconduite, parfois doublée :

	féminin	mots de la même famille : radical inchangé	mots de la même famille : radical modifié
-b *plomb* *radoub*		*plombier* *radouber*	
-d *pied* *blond*	*blonde*	*blondir*	*piédestal, pédestre*

bord *fécond* *gond* *nœud*	*féconde*	*bordure* *fécondité* *dégonder*	*nodule*
-g *bourg* *coing* *étang* *joug* *long* *poing* *seing*	*bourgade* *longue*		*cognassier* *stagner* *subjuguer* *poignée* *signature*
-l *fusil* *gentil* *outil* *sourcil*	*gentille*	*fusiller* *gentillesse* *outillage* *sourciller*	
-p *champ* *sirop*		*champêtre*	*sirupeux*
-s *amas* *accès* *avis* *bas* *confus* *grivois* *puits*	*basse* *confuse* *grivoise*	*amasser* *aviser* *bassesse* *confusion* *grivoiserie*	*accessible* *puisatier*
-t *candidat* *climat* *dévot* *garrot*	*candidate* *dévote*	*candidature* *climatiser* *dévotion* *garrotter*	

• Deux consonnes finales muettes, consécutives :
Chacune de ces consonnes peut apparaître à l'oral dans un dérivé différent.

	mots de la même famille	
-ds *poi**ds*** *remor**ds***	*pon**d**éré* *mor**d**re*	*pe**s**er* *mor**s**ure*
-ls *pou**ls***	*pul**s**ation*	
-ps *cor**ps*** *tem**ps***	*cor**p**uscule* *intem**p**estif*	*(cor**s**age, cor**p**orel)* *(tem**p**orel)*
-ct *instin**ct*** *respect* *suspect* *circonspect* [siʀkɔ̃spɛ(kt)] *succinct* [syksɛ̃(kt)]	*instin**ct**if* *respecter* *suspecter* *circonspection* *succinctement* [syksɛ̃t'mɑ̃] *ou* [syksɛ̃kt'mɑ̃]	

• Consonne finale muette reconduite ou alternant avec d'autres graphies consonantiques :

-c	-ch-, -qu-
banc / bancal	*banquette*
blanc	*blanche*
croc	*crochet / croquer*
escroc	
flanc	*flancher / flanquer*
franc / francique	*flancher / franquette (à la bonne)*
tronc / tronçon	*tronche / tronquer*

-s	-c-, -ch-
bras, brassière	*bracelet*
gars	*garçon*
harnais	*harnaché*
	escroquer
marais	*(marécage) maraîcher*
tiers	*tiercé*
verglas	*verglacé*

-f	-v-
des bœufs	*bovin*
cerf	*cervidé*
clef	*enclaver*
nerf	*nervosité*
des œufs	*ovaire*

-t	-c-
effort	*s'efforcer*
enfant	*enfance*
étroit	*rétrécir*
fort	*force*
méchant	*méchanceté*
mont	*monceau*
président	*présidence*
sort...	*ensorceler...*

-x	-c-	-s-	-ss-
chaux	*calcaire*		*causse*
choix		*choisir*	
courroux	*courroucé*		
croix	*cruciforme*	*croiser*	
doux	*adoucir*		
époux		*épouser*	
faix			*s'affaisser*
faux (nom)	*faucille (1)*		
faux (adj.)		*falsifier*	*fausser*
houx			*houssaie*
jaloux		*jalousie*	
noix	*nucléaire*	*noisette (2)*	
paix	*pacifique*	*paisible*	
peureux (3)		*peureuse*	
poix			*poisseux*
preux			*prouesse*
prix	*apprécier*	*priser*	
roux			*rousseur*
toux			*tousser*
voix	*vocal (4)*		

(1) *-x* alterne aussi avec *-ch-* dans *faucher* et avec *-qu-* dans *défalquer*
(2) *-x* alterne aussi avec *-y-* dans *noyer* (l'arbre)
(3) *-x* alterne avec *-s-* dans tous les adjectifs qualificatifs terminés par *-eux*, sauf *preux* et *vieux*
(4) *-x* alterne aussi avec *-y-* dans *voyelle*.

• La consonne finale muette peut ne pas être présente dans tous les mots d'une même famille :

-c : *caoutchouté / caoutchou**c** - ferblantier / fer-blan**c** - tabagie / taba**c***
-d : *piéton / pie**d** - plafonner / plafon**d***
-g : *faubourien / faubour**g***
-l : *gentiment / genti**l***
-s : *discourir / discour**s** - héroïne / héro**s** - juteux / ju**s** - parcourir / parcour**s** purulent / pu**s** - relayer / relai**s** - secourir / secour**s***
-t : *attribuer / attribu**t** - instituer / institu**t** - statuer / statu**t** substituer / substitu**t**- transférer / transfer**t***
-x : *affluence / afflu**x** - fluide / flu**x** - influence / influ**x** - refluer / reflu**x***

Attention !

Certains mots ne comportent pas de consonne finale muette, bien que cette consonne apparaisse dans un mot de la même famille :

	-d-
bazar	*bazarder*
cauchemar	*cauchemardeux*
faisan	*faisandé*
esquimau	*esquimaude*

	-s-
andalou	*andalouse*
conclu	*conclusion*
écu	*écusson*
exclu	*exclusion*

	-t-
abri	*abriter*
bijou	*bijoutier*
caillou	*caillouteux*
mon chou	*ma choute*
clou	*clouté*
coco	*cocotier*
coi	*coite*
coma	*comateux*
cour	*courtisan*
cran	*cranter*

	-t-
favori	*favoritisme*
horizon	*horizontal*
loin	*lointain*
morue	*morutier*
noyau	*noyauter*
numéro	*numéroter*
recrue	*recruter*
rigolo	*rigolote*
schéma	*schématique*
tuyau	*tuyauterie*

Les consonnes finales muettes appartiennent parfois à des suffixes.

Ne sont retenus, dans ce paragraphe, que des mots dont la consonne finale muette ne peut pas être décelée à l'aide du féminin ou d'un dérivé.

Ainsi, « chauffard », formé du radical *chauff-* et du suffixe *-ard,* ne peut pas se mettre au féminin et ne comporte par de dérivés où s'entend le *-d.*
En revanche, « pâlot », formé du radical *pâl-* et du suffixe *-ot,* fait *pâlotte* au féminin ; « ornement », formé du radical *orne-* et du suffixe *-ment* a pour dérivé « ornemental » où s'entend le *-t.*

-ard	*bille, billard*	*traquer, traquenard*
	bras, brassard	*vieux, vieillard*
-as	*cervelle, cervelas*	*plâtre, platras*
-is	*fouiller, fouillis*	*loger, logis*
	glace, glacis	*tailler, taillis*
-ois	*mine, minois*	*se tapir, en tapinois*
-at	*artisan, artisanat*	*certifier, certificat*
	assassin, assassinat	*économe, économat*
-ot	*bille, billot*	*char, chariot*
	cailler, caillot	*brûler, brûlot*
-ment	*attacher, attachement*	*joli, joliment*
	hurler, hurlement	*vrai, vraiment*

35 *Identifier la classe du mot*

La consonne finale d'un mot peut être en rapport avec sa catégorie grammaticale. C'est vrai principalement pour les verbes et, dans une moindre mesure, pour les adverbes.

■ Terminaisons verbales

Sont muettes les consonnes finales suivantes :

- ***-s*** *je me souviens, tu exagères, nous sortons, nous arrivâmes, j'aimerais...*
- ***-t*** *il grandit, il vient, il aimerait, il court en sautillant...*
- ***-nt*** *ils chantent, ils applaudissent, ils aimeraient...*
- ***-x*** *je/tu peux, je/tu vaux, je/tu veux...*

■ Adverbes

Sont muettes les consonnes :

- ***-t*** à la finale des adverbes de manière terminés par *-ment* : *lentement, évidemment...*
- ***-s*** à la finale de nombreux adverbes :
  ailleurs, dehors, près, après, exprès, auprès
  dedans, dessus, dessous
  toujours, autrefois, parfois, quelquefois, toutefois, jamais, désormais moins, très, pis
  certes, volontiers

Utiliser sa mémoire

Les mots contenus dans ce paragraphe comportent des consonnes finales muettes qui ne peuvent être décelées par aucun des moyens exposés dans les paragraphes précédents. Il convient donc de les mémoriser.
Pour faciliter leur mémorisation, ils sont classés selon l'ordre alphabétique des consonnes finales muettes.
De plus, les mots terminés par *-s* et par *-t* sont groupés par rimes.

-C *un broc, un caoutchouc*
-D *un foulard, un corbillard, des épinards, un isard, un buvard, un différend, un goéland, un plafond*
-G *un faubourg, un parpaing, un shampooing*
-L *un coutil, un fournil*
-P *un sparadrap*

-CS *un entrelacs*
-TH *un bizuth, un ostrogoth, un wisigoth*

-S

-as
un cabas
un canevas
un chasselas
un échalas
un fatras
des frimas
un galimatias
un glas
un haras
un judas
un lilas
un repas
un taffetas

-ais
un dadais
un dais
un jais
un laquais
un relais

-ès
un abcès
un agrès
un cyprès
un décès

-is
une brebis
le cambouis
un châssis
un colis
un courlis
un panaris
un parvis
un pis (de vache)
un ris (de veau)
un rubis
un salmigondis
un salmis
un salsifis
un taudis
un torticolis

-ois
un anchois
un carquois
de guingois

-us/-ous
un talus
un remous

-ens
un guet-apens

-gs
un legs

-ars, -ers, -ours
un jars
pers (des yeux)
à rebours
un velours

-T

-at

un carat
un magnat
un potentat
un pugilat
un sprat
un verrat

-aut

un artichaut
un gerfaut
un héraut
un nilgaut
(mammifère, voisin de l'antilope)

-êt

un genêt

-it

un acabit
un circuit
un gabarit
un répit

-ot

un bardot
un berlingot
un cachalot
un calicot
un coquelicot
un écot (quote-part)
un ergot
un escargot
un étambot
un falot
un godillot
un haricot
un hublot
un javelot
un livarot
un loriot
un mulot
un nabot
un ocelot
un paletot
un paquebot
un pavot
un plot
un prévôt
un surcot (vêtement du Moyen Âge)

-art

un brocart
(tissu broché)
un ja(c)quemart
un rempart

-ert

un camembert
un transfert

-ort

un roquefort

-ut/-out

un raffut
un marabout

-X

une perdrix

-Z

un raz de marée

CONSONNES DOUBLÉES

un accident	*apparaître*	*une clochette*	*coquette*
couramment	*une criminelle*	*le football*	*une fourrure*
illégal	*interrompre*	*la patronne*	*sonner*

■ La présence d'une consonne doublée pose deux difficultés :

• la première tient au fait que, dans la plupart des cas, la consonne double ne se prononce pas différemment de la consonne simple :

[kan] = *cane* ou *canne* [dat] = *date* ou *datte*

• la seconde est, qu'à l'intérieur d'une même famille de mots, les uns contiennent une consonne double, les autres une consonne simple. Ainsi :

sonner, sonneur, sonnerie, sonnette
sonore, sonoriser, sonorité, insonore...

■ Toutefois, les mots où se produit un doublement de consonnes difficile à justifier (comme *-ll-* de *intervalle* ou *-rr-* de *fourrure*) représentent moins de 10 % des mots d'un texte.

Enfin, sur les vingt lettres-consonnes de l'alphabet :
– six ne doublent jamais : *-h-, -j-, -q-, -v-, -w-, -x-*
– une double dans quelques mots : *-k-* (*cf.* « Utiliser sa mémoire »)
– quatre doublent rarement : *-b-, -d-, -g-, -z-* (*cf.* « Utiliser sa mémoire »)
Il n'en reste donc que neuf à doubler souvent :
-c-, -f-, -l-, -m-, -n-, -p-, -r-, -s-, -t-.

Distinguer les homophones 37

-l-	***-ll-***
*une **balade** en mer*	*le refrain d'une **ballade***
*la **gale*** (affection de la peau)	*la **galle*** (excroissance végétale)
*un lieutenant à deux **galons***	*un **gallon*** (mesure de capacité)
*un **mile*** (mesure anglo-saxonne)	***mille*** (un millier)
*un voisin de **palier***	***pallier** les insuffisances*
*une chemise **sale***	*une **salle** de bains*
*une action **vile***	*une **ville** touristique*
-m-	***-mm-***
*le **tome** d'un ouvrage littéraire*	*la **tomme** de Savoie*
-n-	***-nn-***
*le sphincter **anal***	*des **annales** littéraires*
*un œuf de **cane***	*la **canne** à sucre*
détoner (exploser)	***détonner*** (chanter faux)
-r-	***-rr-***
*un jardin de cinq **ares***	*verser des **arrhes***
***carier** une dent*	*une scie de **carrier***
***déférer** un coupable en justice*	***déferrer** un cheval*

*un **ferment** lactique* — *le **ferrement** d'un cheval*
*le **mari** et sa femme* — *être **marri*** (affligé, contrit)

-t- / **-tt-**

***buter** contre un obstacle* — ***butter** des pommes de terre*
*la **cote** mobilière* — *une **cotte** de mailles*
*une **date** historique* — *un régime de **dattes***
***luter** un orifice* — ***lutter** contre la maladie*

38 Vérifier la prononciation

■ **Le doublement des consonnes *-c-* et *-g-*** est nettement perceptible à l'oreille dans quelques mots, devant -e et *-i* :
*a**cc**élérer, un accélérateur, une accélération*
*un a**cc**ès, accessible, une accession, un accessoire*
*un a**cc**ident, accidentel...*
*su**gg**érer, une suggestion*

■ **Le doublement des consonnes *-l-, -m-, -n-, -r-*** peut être perçu à la jonction des préfixes *il-, im-, in-, ir-* et de leurs radicaux :
***il**légal, **il**lisible* — ***in**nover, **in**nombrable*
***im**médiat, **im**mortel* — ***ir**rémédiable, **ir**révocable*

39 Observer la position

■ **Il n'y a jamais de doublement de consonne après une consonne :**
gonfler, extirper, le torse...
(*cf.* « Identifier la classe du mot »).

■ **Il n'y a jamais de doublement de consonne après la lettre voyelle -e- prononcée [ə] :**
un refrain, un melon, mener, un serin, un jeton...
(Pour -e- + *-ss, cf.* « Chercher les dérivés ».)

∼ ***Exceptions :***
une dentellière, interpeller, un prunellier.

■ **On ne trouve jamais *-mm-* ni *-nn-* après les lettres voyelles *-i-* et *-u-* dans un mot simple :**
animer, un rhume, un rhinocéros, une punaise...

∼ ***Exceptions :***
un pinnipède, tintinnabuler, un tunnel, un zinnia...
(Un mot tel que *immortel* est composé du radical *mortel* et du préfixe *im-*.)

Chercher les dérivés

Le doublement de la consonne se produit souvent à la jonction du préfixe et du radical.

• Le préfixe se termine par une consonne stable.
Sont principalement concernés **les préfixes *inter-*, *sur-*, *trans-***

interrégional, interrègne, interrompre
surréaliste, surrégénérateur, surrénal
transsaharien, transsexuel, transsibérien, transsuder

Remarque :
Dans *interroger,* le radical *roger*, issu du latin *rogare,* peut être mis en évidence par le changement de préfixe : *déroger.*

• Le préfixe se termine par une consonne variable.
Sont principalement concernés **les préfixes *ad-*, *in-*, *ob-*, *sub-*,** dont la consonne finale peut être remplacée par l'initiale du radical.

accoupler (formé du préfixe *ad-*, devenu *ac-* et de *coupler*)
accoler (ad - ac + ol)
appesantir (formé du préfixe *ad-*, devenu *ap-*, et d'une variante de *peser*)
illégal (formé du préfixe *in-*, devenu *il-*, et de *légal*)
immortel (formé du préfixe *in-*, devenu *im-* et de *mortel*)
irrégulier (formé du préfixe *in-* devenu *ir-* et de *régulier*)
opposer (formé du préfixe *ob-*, devenu *op-*, et de *poser*)
suppression (formé du préfixe *sub-*, devenu *sup-*, et de *pression*)

Attention !
Ne pas confondre le préfixe *ad-* et ses variantes, avec le préfixe *a-* :
atterrir est formé de *ad-*, devenu *at-*, et de *terre;*
alunir et *amerrir* sont respectivement formés des préfixes *a-*, de *lune* et de *mer.*

• Le préfixe se termine par une voyelle et le radical commence par *s-*

– Avec les préfixes ***a-*, *de-*** ou ***dé-*, *re-*,** nombreux sont les mots où *-s-* double à la jonction du préfixe et du radical. Rares sont ceux où il ne double pas.

-ss-	*-s-*
assainir (a + sain), assaisonner, assaut, assécher, assembler, asservir, assiéger, assouplir, assourdir...	*se désolidariser*
dessous, dessus, pardessus	*une resucée*
ressaigner, ressaisir, ressasser, ressauter, ressemeler, resservir, ressortir, ressouder, se ressourcer... (resurgir ou ressurgir)	*resaler*
	resalir
	une résection

– Avec les autres préfixes, terminés par une lettre-voyelle, *-s-* ne double pas à la jonction du préfixe et du radical.

a- (grec, indiquant la privation ou la négation) : *asymétrie, asyndète*
anti- : antisatellite, antisèche, antisémite, antiseptique, antisida, antisismique...
bi- : bisexué, bisexuel, bisulfate
co- : cosignataire, cosinus
entre- : entresol
extra- : extrasensible, extrasensoriel, extrasystole
hypo- : hyposécrétion, hyposodé
para- : parasol, parasympathique
pré- : présalaire, préséance
pro- : prosecteur (médecin chargé des dissections), *prosimiens* (primates)
ultra- : ultrasensible, ultrason, ultrasonique, ultrasonore

Remarque :
-s-, prononcé [s], ne double pas entre deux voyelles dans certains mots composés de deux radicaux dont le premier se termine par une lettre-voyelle et l'autre commence par *s-*.

microsillon, microsonde - photosensible, photosynthèse, photosystème - tournesol - vraisemblable, vraisemblance.

■ **Le doublement de la consonne peut se produire aussi à la jonction du radical et du suffixe.**

C'est ainsi que l'on trouve :

-mm-* dans les adverbes terminés par *-amment* ou *-emment, formés à partir d'adjectifs terminés par *-ant* ou *-ent* :

courant, couramment	*évident, évidemment*
méchant, méchamment...	*violent, violemment...*

***-nn-* dans la plupart des dérivés de mots terminés par *-on* :**

environ → environné, environnement
question → questionner, questionnement...

Exceptions :

cantonal, national, régional;	*une donation, un donataire;*
un bonus, une bonification;	*démoniaque; s'époumoner...*

***-nn-* dans des dérivés de mots terminés par *-an* :**

an, année	*pan, panneau* (mais *panonceau*)
ban, bannir (mais *banal*)	*ruban, enrubanner* (mais *rubaner*)
chouan, chouannerie	*tan, tannerie* (mais *tanner* ou *tanin*)
	van, vannerie

***-tt-*, à la finale de mots où *-ette* est un suffixe diminutif :**

une clochette, une couchette, une planchette, une statuette...

■ **D'une façon générale, les dérivés maintiennent les consonnes doubles de leurs radicaux.**

-ff- : une griffe, griffer, une griffure, griffonner, dégriffé...

-ll- : une colle, coller, un collage, collant, décoller, encoller...
-rr- : terre, terrestre, un terrain, un territoire, un souterrain, enterrer...

Toutefois, il existe des anomalies à l'intérieur d'une même famille lexicale.
En voici quelques-unes :

-ff- :	*siffler - persifler*	*souffler - boursoufler*
-ll- :	*une ballade - un baladin*	*une imbécillité - un imbécile*
	une folle - la folie	*une salle - un salon*
	une vallée - une avalanche	
-mm- :	*un bonhomme - une bonhomie*	*un homme - un homicide*
	un mammifère - une mamelle	*nommer - une nomination*
-nn- :	*entonner - une intonation*	*un honneur - déshonorer*
	la monnaie - monétaire	*sonner - une sonate, sonore, insonoriser*
	résonner - une résonance	*tonner - tonitruant*
	un panneau - un panonceau	
-pp- :	*échapper - une escapade*	*une trappe - attraper*
-rr- :	*une barrique - un baril, barillet*	
	une charrette - un chariot	*un courrier - un coureur*
-tt- :	*battre - une bataille*	*combattre - combatif*
	une chatte - un chaton	*gratter - égratigner*
	une hutte - une cahute	*une patte - un patin, patauger*

Rectifications orthographiques

(cf. Analyse 7.1 et Graphies particulières ou modifiées, n° 10 du *Rapport du Conseil supérieur de la langue française)*

Certaines graphies heurtent à la fois l'étymologie et le sentiment de la langue de chacun, et chargent inutilement l'orthographe de bizarreries, ce qui n'est ni esthétique, ni logique, ni commode.
Conformément à la réflexion déjà menée par l'Académie sur cette question, ces points de détail seront rectifiés.
Les rectifications portant sur les mots à consonnes doubles sont les suivantes :

bonhommie (au lieu de *bonhomie*)
boursoufflement (au lieu de *boursouflement*)
boursouffler (au lieu de *boursoufler*)
boursoufflure (au lieu de *boursouflure*)
cahutte (au lieu de *cahute*)
charriot (au lieu de *chariot*)
chaussetrappe (au lieu de *chausse-trape*)
combattif (au lieu de *combatif*)
combattivité (au lieu de *combativité*)
embattre (au lieu de *embatre*)
imbécilité (au lieu de *imbécillité*)
innommé (au lieu de *innomé*)
persifflage (au lieu de *persiflage*)
persiffler (au lieu de *persifler*)
persiffleur (au lieu de *persifleur*)
prudhommal (avec soudure) (au lieu de *prud'homal*)
prudhommie (au lieu de *prud'homie*)
sottie (au lieu de *sotie*)

41 *Identifier le genre*

Au féminin, de nombreux mots doublent leur consonne finale.

■ *-an/-anne*

Uniquement dans les mots suivants :

chouan, chouanne - Jean, Jeanne - paysan, paysanne - rouan, rouanne...

Les autres mots font *-an/-ane* :

catalan, catalane - gitan, gitane - musulman, musulmane...

■ *-el/-elle*

Pour les adjectifs terminés par *-el* :

accidentel, accidentelle - criminel, criminelle - réel, réelle...

Remarques :

- *Rebelle* a la même forme au masculin et au féminin.
- Pas de doublement dans le suffixe *-al (la fête nationale).*

■ *-en/-enne*

Pour les mots terminés par *-éen, -ien, -yen* au masculin :

-éen, quelques mots :

coréen, coréenne - européen, européenne - lycéen, lycéenne
méditerranéen, méditerranéenne - pyrénéen, pyrénéenne...

-ien, de très nombreux mots :

chien, chienne - gardien, gardienne - pharmacien, pharmacienne
ancien, ancienne - collégien, collégienne...

-yen, pour cinq mots :

citoyen, citoyenne - doyen, doyenne - mitoyen, mitoyenne
moyen, moyenne - troyen, troyenne

■ *-et/-ette*

Pour les adjectifs terminés par *-et* :

blet, blette - coquet, coquette - fluet, fluette - muet, muette - net, nette...

Exceptions :

complet, complète	*concret, concrète*	*désuet, désuète*	
discret, discrète	*inquiet, inquiète*	*replet, replète*	*secret, secrète*

■ *-on/-onne*

Pour tous les mots terminés par *-on* :

baron, baronne - bon, bonne - fanfaron, fanfaronne
lion, lionne - poltron, poltronne - patron, patronne...

Identifier la classe du mot 42

■ **On trouve la finale *-elle* dans les noms de genre féminin :**
aquarelle, bretelle, chandelle, écuelle, ficelle, gamelle, hirondelle, kyrielle, mamelle, querelle, ritournelle, semelle, tonnelle, voyelle...

Exceptions :
*une **ai**le, une clientèle, une stèle, la prèle* ou *prêle* (ou *presle*), *la grêle, un* ou *une rebelle, un polichinelle, un violoncelle, un vermicelle*

■ **On trouve la finale *-ette** dans les noms de genre féminin :**
amulette, assiette, baguette, couette, dette, disette, girouette, goélette, houlette, pirouette, raquette, silhouette...

* ici, *-ette* n'est pas un suffixe diminutif comme dans le paragraphe 40 ci-dessus.

Exceptions :
*la **lai**te (de poisson), une **trai**te, une arbal**è**te, une com**è**te, une di**è**te, une plan**è**te, une ar**ê**te, une b**ê**te, une conqu**ê**te, une cr**ê**te, une f**ê**te, une (re)qu**ê**te, une t**ê**te, une temp**ê**te.*

Seuls quelques noms du masculin se terminent par *-ette* :
un quartette, un quintette, un squelette.

■ **Les verbes en *-eler***

-elle	-èle
il amoncelle, appelle, attelle, carrelle, chancelle, dételle, ensorcelle, épelle, étincelle, ficelle, grommelle, jumelle, morcelle, nivelle, rappelle, renouvelle, ressemelle, ruisselle	*il gèle, congèle, dégèle, décongèle* *il cèle, décèle, recèle* *il cisèle, démantèle, écartèle, harcèle, martèle, modèle, pèle*

■ **Les verbes en *-eter***
On rencontre le plus souvent la finale *-ette* :
il becquette, cachette, caquette, cliquette, décachette, déchiquette, empaquette, époussette, étiquette, feuillette, jette, paillette, projette, tachette, volette

Se terminent par ***-ète*** :
il achète, crochète, furète, halète.

■ **On trouve la terminaison *-enne* dans les formes de *tenir* et de *venir* :**
qu'il tienne, qu'il vienne...
On trouve la terminaison *-ène* dans les formes des verbes *égrener,* et *mener* et ses dérivés :
il égrène, il mène, il promène, il emmène...

■ **On trouve *-rr-* à l'indicatif futur et au conditionnel présent des verbes *acquérir, courir, envoyer, mourir, pouvoir, voir* et de leurs composés éventuels :**
je cour-rai, j'enver-rais, il mour-ra…

■ **On trouve *-ss-* à l'imparfait du subjonctif des verbes *tenir* et *venir* et de leurs composés *advenir, survenir, contenir, maintenir* :**
Il eût fallu que vous vin-ssiez plus tôt.

Rectifications orthographiques
(*cf.* Règle n° 5, du *Rapport du Conseil supérieur de la langue française*)

L'emploi du e accent grave pour noter le son « e ouvert » dans les verbes en ***-eler*** et en ***-eter*** est étendu à tous les verbes de ce type. On conjugue donc, sur le modèle de ***peler*** et d'***acheter*** :
elle ruissèle, elle ruissèlera, j'époussète, j'étiquète, il époussètera, il étiquètera.
On ne fait exception que pour ***appeler*** (et ***rappeler***) et ***jeter*** (et les verbes de sa famille), dont les formes sont les mieux stabilisées dans l'usage.

Les noms en *-ement* dérivés de ces verbes suivront la même orthographe : *amoncèlement, bossèlement, chancèlement, cisèlement, cliquètement, craquèlement, craquètement, cuvèlement, dénivèlement, ensorcèlement, étincèlement, grommèlement, martèlement, morcèlement, musèlement, nivèlement, ruissèlement, volètement.*

43 *Utiliser sa mémoire*

Voyons maintenant les consonnes doubles dans les mots qui ne sont pas concernés par les principes précédents.

■ Quand la consonne double est à l'intérieur des mots

une abbaye
un abbé, abbatial
abonner
accabler
accaparer
accastiller
une accointance
un ou une accore (cale pour navire)
accort (aimable)
accoutrer
achopper
acquitter
affoler, raffoler
des affres
affreux
allemand

aller (mais : *préalable*)
allitération
une amarre
l'ammoniac
une ammonite
ancillaire
une antenne
une antienne (refrain religieux)
un apparatchik
arracher
arrêter
l'arrière
arrimer
arrogant
s'arroger
arroser

assommer
un atoll
attaquer
une attelle
attifer
attique
une attitude
un attorney (magistrat anglais)
attraper

le baccalauréat
le baccara (jeu de cartes)
un baccarat (cristal)
une bacchanale (orgie)

une bacchante (prêtresse de Bacchus ou moustache)
baccifère (qui porte des baies)
bacciforme (en forme de baie)
un bacille
une baffe
un baffle
une bagarre
une baïonnette
un ballast
une balle
ballon
ballot
ballotter

ballotine
une banne
une baratte
une barre
barricade
une barrière
barrir
une batte
un bécarre
un beffroi
belligérant, belliqueux
une benne
un berrichon
une betterave
le beurre
biffer
bigarrer
une biscotte
bizarre
une blatte
le blizzard
se blottir
une bonbonne
un bonnet
un bouddha [et ses dérivés]
bouffir
un bouffon [et ses dérivés]
une bouillotte
bourrer
boycotter
un bretteur
britannique
buccal
un buffet
un buffle
une bulle

un caddy (ou caddie)
une cagnotte
une caillebotte (mais : un caillebotis)
la calligraphie
une calotte
une canne (mais : canal)
un cannibale
canon
canule
une capillaire
une carotte
un carrare (marbre)
un carré, carreau, carreau, carreau
un catarrhe (inflammation des muqueuses)
un cellier
une cellule
un challenge
chamarrer
une charlotte
chauffer [et ses dérivés]
une chausse-trappe (ou : trape)
une chènevotte (partie du chanvre)
une cheviotte (mouton d'Écosse)
une chiffe [et ses dérivés]
un chiffre [et ses dérivés]
la chlorophylle
chopper (heurter du pied)
un cimeterre (sabre oriental)
un cippe (colonne tronquée)
un cirre (filament grêle)
une cirrhose
un cirrus
clapper (de la langue)
une coccinelle
le coccyx
une cocotte
un codicille
coiffer [et ses dérivés]
une colle
une colonne (mais : colonel)
commander
comme
commencer
comment
un commerce
commode
commun
la concurrence
des confettis
connivence
consommer
un corollaire
une corolle
correct, corriger
correspondre
une corrida
un corridor
corroborer
corroder, corrosion
corroyer
un couffin
une couronne
une courroie
un courroux
une cretonne
une crotte
une culotte

une dalle (mais : un dalot ou daleau)
déballer
un débarras
un derrick
un désarroi
une dette
développer
un dilemme
un dilettante
distiller
un dollar
un dommage
un drakkar (navire)
dribbler

ébouriffer
s'ébouriffer
une ébullition
une ecchymose
un ecclésiastique
échapper
une échoppe
effacer
un effectif
égoutter (mais : égoutier)
emballer
un embarras
un ennemi
un entonnoir
envelopper
équarrir
une équerre
errer
s'esclaffer
un escogriffe
une étoffe
étonner
étouffer
une étrenne

fallacieux
falloir
une femme
un fennec
ferrer
le finnois
une flamme
flatter
la flemme
folle, follement, feu follet (mais : folie)
un follicule
un fourrage
fourrer
frapper
frotter

une gaffe
un gallicisme
une gamme
une garenne
une garrigue
garrotter
une gavotte (danse)
la géhenne (l'enfer)
une gélinotte (oiseau)
une gemme
un ghetto
gibbeux (bossu)
un gibbon (singe)
une gibbosité
une gibelotte (fricassée au vin blanc)
une girolle
la glotte
une gomme
un gouffre [et ses dérivés]
une goutte

une gouttière
un graffiti
la grammaire
un gramme [et ses dérivés]
une grappe
un grappin
gratter
une greffe
un greffe
un greffier
une griffe
un griffon
une griotte
une grippe
un grizzly (ou : *grizzli*)
grommeler
une grotte
la guerre
guttural

un haddock
une hallebarde
un hallier
un hallali
halluciner
un hammam
un hanneton
happer
le henné
hippique, hippodrome [et les composés de hipp(o)]
un hobby
hollandais
un homme (mais : *homicide*)
honnir
une horreur, horrible
une hotte
une houppe
une houppelande
hourra ! (hurrah)
une hulotte
une huppe
une hutte

une idylle
illustre
une imbécillité (mais : *imbécile*)
impeccable
installer (de : *stalle*)
intelligent
un intervalle

japper
une jarre
un jarret
une jatte
un jazzman
un jerrycan
joufflu

un kibboutz
un kummel (alcool au cumin)

lapper
un larron
une latte
des lazzis
des leggings (ou *leggins*)
un lemme (proposition logique)
une lettre
un leurre
une libellule
un lierre
une linotte
une lippe, lippu
la littérature
le littoral
un lobby
un lorrain
un lorry (wagonnet)
une lotte (ou : *lote*)

la maffia (ou *mafia*)
mafflu (bouffi, joufflu)
une malle
malléable
un mammouth
la manne
un mannequin
une mappemonde
marcotter
une marotte
une marraine
se marrer
marron
une mascotte
un maxillaire
médullaire
une menotte
mettre [et ses dérivés]
une mezzanine
un mezzo-soprano
mille
la moelle
un mollet
un mollusque
une motte
une mouffette (petit mammifère)
un muezzin
la myrrhe

une nappe
narrer, narration
une natte
des nippes
nippon
une nonne
nourrir

une occasion
occulte
occuper [et ses dérivés]
un officier
offrir [et ses dérivés]
offusquer
ordonner
osciller

le paddock (enceinte pour chevaux)
un palafitte (construction des cités lacustres)
une panne
la paraffine
parallèle
un parrain
une peccadille
un pelletier, une pellicule (mais : *pelisse*)
la pénicilline
un penne (mais : *penon*)
un penny
un perron
un perroquet,
une perruche
une perruque
personne
piaffer
une pierre
pittoresque
une pizza
le pollen
polluer
une pomme
pouffer
pourrir
un pudding (ou *pouding*)
un psittacisme
pulluler
un puzzle

une quenotte
quitter

un rabbin
un raffut
une razzia
une rébellion (même famille que *belliqueux*)
se rebiffer
une rebuffante
récurrent
une reddition
un renne
résurrection
*le Rimmel**
un risotto
une roulotte
un ruffian

*seul mot radical comportant -mm- après -i-

le sabbat
sabbatique
une saccade
saccager
une salle (mais : *un salon*)
le sarrasin

un sarrau
une sarrette (plante)
la sarriette (ou *sariette*)
un satellite
un schibboleth (épreuve décisive)
une serre
serrer
un setter
siccatif
une sierra
siffler
une simarre (longue robe)
un sirocco
une sittelle (ou *sittèle*, oiseau)
solliciter
sommaire
une sommation
un somme

le sommeil
(nous) *sommes*
un sommet
une stalle (mais : *détaler*)
stellaire
une steppe
stopper
souffler
souffrir [et ses dérivés]
un succube (démon femelle)
succulent
une succursale
suffire [et ses dérivés]
suffoquer
un suffrage
supplice
susurrer
une syllabe

un syllogisme

un taffetas (tissu)
un tartuffe ou *tartufe*
tellurique
le tennis
la terre
la terreur, terrible
un tintamarre
un toboggan
une toccata
une tonne
le tonnerre
un torrent
torride
une touffe [et ses dérivés]
tranquille
une trappe
un trappiste (moine)
un trekking

un trolley
une truffe
un tuffeau (ou *tufeau*) (calcaire tendre)
un tulle

un uppercut

une vanne
la varappe
un vaudeville
un verrat
le verre
un verrou
une verrue
une ville
une villosité

yiddish
un yucca

une ziggourat

Quand la consonne double est à la finale

-ff : *un bluff, un mastiff* (chien), *un staff*
-ll : *un atoll, un hall, le football, le hand-ball, un mandrill* (singe), *le music-hall, un pull, un troll* (lutin), *le volley-ball*
-rr : *un torr* (unité de mesure, abréviation de Torriccelli)
-ss : *un business, un boss, un criss* ou *kriss, un edelweiss, un express, le gauss, le gneiss, un cross, un mess* (des officiers), *une miss, un strass, un stress, un yass* (jeu de cartes)
-tt : *un watt*
-zz : *le jazz*

Rectifications orthographiques
(*cf.* Règle n° 12 des Graphies particulières fixées ou modifiées du *Rapport du Conseil supérieur de la langue française)*

On écrit avec un seul *l* (comme ***bestiole, camisole, profiterole,*** etc.), les noms suivants :
barcarole, corole, fumerole, girole, grole, guibole, mariole
et les mots moins fréquents :
bouterole, lignerole, muserole, rousserole, tavaïole, trole.
Cette terminaison se trouve ainsi régularisée, à l'exception de ***folle, molle,*** de ***colle*** et de ses composés.

HOMOPHONIES : A À Â EM(M)

Les graphies du son [a] et du son [ɑ]

un bateau *un blâme* *déjà* *une femme*

La distinction entre le *a* ouvert [a] et le *a* fermé [ɑ] est variable selon les locuteurs et selon les régions.
Nous ne les étudierons donc pas séparément pour nous préoccuper uniquement de leurs différentes graphies.

44 Distinguer les homophones

*il **a** peur*	*un fer **à** repasser*
*un **acre** de terrain*	*une fumée **âcre***
*les **appas** d'une femme désirable*	*les **appâts** d'un pêcheur*
*la **bailler** belle*	***bâiller** et dormir*
*un **bas** de soie*	*c'est là que le **bât** blesse*
*donnez-moi **ça***	*il va **çà** et là*
*une **chasse** à courre*	*une **châsse** en bois doré*
*donnez-moi **la** monnaie*	*il est parti par **là***
*le **mas** de Provence*	*le **mât** de Cocagne*
*un **matin** de printemps*	*l'aboiement du **mâtin***
*une **pale** d'hélice*	*un visage **pâle***
*une **tache** d'huile*	*une **tâche** à accomplir*

45 Identifier la classe du mot

■ **On écrit *a* quand il s'agit de l'auxiliaire ou du verbe *avoir,*** à la troisième personne du singulier de l'indicatif présent :
Il a froid. Il a plu.

■ **On écrit à quand il s'agit de la préposition :**
Donnons-lui à boire.

■ **On écrit *ça*, quand il s'agit du pronom démonstratif,** voisin de « cela » :
Il ne manquait plus que ça !

■ **On écrit *çà*, quand il s'agit de l'adverbe de lieu ou de l'interjection :**
Il erre çà et là. Çà alors !

■ **On écrit *la* quand il s'agit du pronom personnel ou de l'article défini ou encore de la note de musique :**
On ne voit plus la lune, des nuages la cachent.
Un concerto en la bémol.

■ **On écrit *là* quand il s'agit de l'adverbe de lieu :**
Il est parti par là.

(Consulter le chapitre « Homophones grammaticaux », n° 180.)

■ **On rencontre *-â-* dans les verbes du premier groupe :**
• aux deux premières personnes du pluriel du passé simple :
Nous arrivâmes, vous pleurâtes...

• à la troisième personne du singulier de l'imparfait du subjonctif :
J'aurais voulu qu'il se dépêchât.

(Pour les problèmes d'accents sur le *a*, consulter le chapitre n° 10.)

Chercher les dérivés 46

■ **On peut deviner que le son [a] s'écrit *-e-***
• **dans la terminaison *-emment* des adverbes formés à partir d'adjectifs terminés par *-ent* :**
ardemment, évidemment, pertinemment, violemment...
(Les adjectifs en *-ant* donnant des adverbes en *-amment.*)

• **dans le mot *femme,*** dans la mesure où le *-e-* de *-em* se retrouve dans les mots *femelle* et *féminin.*

■ **On peut deviner que le son [ɑ] s'écrit *-â-***
• **quand il alterne avec *-as-* dans un dérivé :**

âne - asinien
âpre - aspérité
un bâton - une bastonnade
un château - un castel
châtrer - castrer
mâle - masculin
une pâte - une pastille
bâtir - un bastion
une châtaigne - une castagnette
châtier - chaste
mâcher - mastiquer
Pâques - pascal
pâtir - passif
pâtre - pasteur...

(*cf.* « Accent circonflexe », paragraphe n° 8.)

• **quand il s'agit du suffixe *-âtre* :**
blanchâtre, bleuâtre, jaunâtre, noirâtre, opiniâtre...

• En général, *-â-* appartenant à un mot radical se maintient dans les dérivés :
mâcher, mâchoire, mâchonner - château, châtelain, châtelet...

~ ***Exceptions :***
âcre, acrimonie
câble, encablure
grâce, (dis)gracieux
infâme, infamie
râteau, ratisser.

47 Utiliser sa mémoire

■ **Mots contenant** *-â-* (non encore cités dans ce chapitre) :

-â-	**-bâ-**	**-blâ-**	**-câ-**	**-crâ-**
un âge	*l'albâtre*	*blâmer*	*un câble*	*un crâne*
une âme	*bâbord*		*un câlin*	
un âtre	*une bâche*		*une câpre*	
un théâtre	*bâcler*			
	bâfrer			
	un bâtard			
	rabâcher			

-fâ-	**-flâ-**	**-gâ-**	**-hâ-**	**-lâ-**
se fâcher	*flâner*	*gâcher*	*une châsse*	*lâcher*
		un gâteau	*hâler*	*un mulâtre*
		gâter	*un hâle*	
			une hâte	
			un hâve	

-mâ-	**-nâ-**	**-pâ-**	**-plâ-**	**-râ-**
les mânes	*renâcler*	*se pâmer*	*un plâtre*	*râbler*
un mât				*un râle*
				râper

On pourra se reporter au chapitre sur l'accent circonflexe, pages 16 à 19.

■ **Mots contenant** *-à* (toujours en finale) :
à, en deçà, déjà, là, de-ci de-là, par-ci par-là, voilà et *pietà.*

■ **Mots contenant -e-** :
solennel, solennité, solennellement, solenniser.

HOMOPHONIES : É È Ê AI EI

Les graphies du son [e] et du son [ɛ]

la beauté	*la crème*	*un rêve*	*une caisse*	*un maître*
la neige	*un pied*	*Noël*	*un fœtus*	*un referendum*
un cake	*un break*	*un tramway*	*un poney*	

Il existe un nombre élevé de graphies différentes des sons [e] et [ɛ]. Heureusement, certaines de ces graphies sont rares ou exceptionnelles; ce sont celles qui apparaissent dans les sept derniers mots de la liste ci-dessus (-ë- -œ- -e- -a- -ea -ay- -ey-).

Distinguer les homophones 48

un **air** de fête	une **aire** de jeux	l'**ère** primaire, secondaire
	continuer sur son **erre**	un pauvre **hère**
l'**alêne** du cordonnier	l'**haleine** fraîche	
un cheval **bai**	ouvrir une **baie**	rester bouche **bée**
	le **bey** et le sultan	
un épi de **blé**	un fruit **blet**	
une **bolée** de cidre	un **bolet** comestible	
un **boulet** de canon	une **boulaie** et une chênaie	
un **cep** de vigne	des **cèpes** à la bordelaise	
la **chair** de poule	faire bonne **chère**	mon **cher** ami
un **chêne** centenaire	une **chaîne** de montagnes	
une **clé** (ou : **clef**) de serrure	faire sécher des fruits sur une **claie**	
un **dais** de lit	un **dé** à coudre	**dès** l'aube
	le **dey** d'Alger	
une **descente** à skis	une tenue **décente**	
faire et défaire	le **fer** à repasser	
la **fête** au village	une chose **faite**	le **faîte** d'un toit
gai comme un pinson	passer une rivière à **gué**	un complice faisant le **guet**
l'époque **glaciaire**	une **glacière**	
une **goulée** d'air	un **goulet** dans un port	
réciter un **lai**	**laid** comme un pou	
le sanglier et la **laie**	boire du **lait**	un **lé** de toile
	les lois	bénéficiaire d'un **legs**
	Plessis-**lez**-Tours	Sotteville-**lès**-Rouen
le mois de **mai**	**mais**, ou, et, donc...	un **mets** délicieux
un **maire** et ses adjoints	une **mère** et ses enfants	la **mer** et ses vagues
un **maître** d'hôtel	un double **mètre**	**mettre** de côté
un **marais** salant	la **marée** montante	

avoir l'**onglée**	une boîte à **onglets**	
un nombre **pair**	une **paire** de gants	un **père** et une mère
le **palais** d'un prince	un **palet** de marelle	
un **pâté** de campagne	la **pâtée** du chien	
pécher par gourmandise	**pêcher** à la ligne	
la **peine,** le chagrin	un **pêne** de serrure	une **penne** d'oiseau
la **plaine** de la Beauce	une coupe **pleine**	
une **poignée** de mains	à la force du **poignet**	
un **pré** salé	aller **près** de l'eau	un **prêt** immobilier
un **rai** de lumière	une **raie** au beurre noir	do, **ré,** mi
	capturer dans des **rets**	
raisonner avant d'agir	faire **résonner** un gong	
une **rainette** (grenouille)	les pépins d'une **reinette**	
une **reine** et un roi	un troupeau de **rennes**	tenir les **rênes**
un point de **repère**	un **repaire** de brigands	
une cave **saine**	la **scène** d'un théâtre	la **Cène** du Jeudi saint
	la **senne** (ou : **seine**) d'un pêcheur	
une pomme de **terre**	**taire** la vérité	bis, **ter**
une espérance **vaine**	la **veine** pulmonaire	
une **vallée** encaissée	le **valet** de trèfle	
un **ver** luisant	un **verre** de vin	une pantoufle de **vair**
	le **vers** d'une poésie	un lézard **vert**

49 *Observer la position*

■ **On écrit généralement -*e*- sans accent :**
– **devant une consonne double, lorsqu'on entend le son [ɛ] :**
*un e**ff**ort, un be**ff**roi, une e**ll**ipse, une chape**ll**e, un e**nn**emi, une be**nn**e...*
– **dans une syllabe terminée par un son-consonne :**
*ave**c**, se**c**taire, ble**d**, che**f**taine, polle**n**, ce**p**, re**p**tile, me**r**ci, ve**r**, ne**t**...*
(Concernant l'accentuation ou non du -*e*-, voir paragraphe 1.)

50 *Identifier la classe du mot*

■ **On écrit -*é* à la finale des participes passés des verbes du premier groupe :**
*march**é**, mang**é**, dans**é**, travaill**é**...*

Remarque :
Se terminent également par -*é* les participes passés des verbes *aller, être* et *naître :*
*all**é**, été, n**é**.*

■ **On écrit *-er* à la finale des infinitifs appartenant au premier groupe :**
*march**er**, manger, danser, travailler...*

■ **On écrit *-ez* à la finale de la deuxième personne du pluriel d'un verbe conjugué à un temps simple :**
*vous march**ez**, vous mangiez, vous danserez, vous travailleriez...*

S'il s'agit d'un temps composé, on écrit *-ez* à la fin de l'auxiliaire et *-é* à la finale du participe passé en [e] :
*vous av**ez** march**é**, vous avi**ez** mang**é**, vous aur**ez** dans**é**,*
*vous auri**ez** travaill**é**, vous éti**ez** all**és**, vous ser**ez** retourn**és**...*

■ **On écrit *-ai* :**

• **à la finale de la première personne du singulier du passé simple, pour les verbes du premier groupe :**
*je march**ai**, je mangeai, je dansai, je travaillai...*

• **à la finale de la première personne du singulier du futur, pour les verbes de tous les groupes :**
*je marcher**ai**, je fournirai, j'écrirai...*

Remarque :
La différence de prononciation entre le [e] du futur ou du passé simple et le [ɛ] de l'imparfait est peu, voire pas du tout, perceptible dans l'usage actuel.

■ **On écrit *-ai-* à l'indicatif imparfait et au conditionnel présent, sauf aux première et deuxième personnes du pluriel :**
*je march**ais**, tu mangeais, je danserais, ils travaillera**ient**...*

Chercher les dérivés — 51

■ **On écrit *-ai-* si, dans la même famille de mots, le son [e] ou [ɛ] alterne avec le son [a] :**
aimable, amabilité - glaive, gladiateur - haine, haïr - lait, lacté - paix, pacifique...

■ **On écrit *-ai* à la finale des mots dont le verbe correspondant se termine par *-ayer* :**

*bal**ai** / bal**ayer***	*déblai / déblayer*	*essai / essayer*
étai / étayer	*gai / égayer*	*remblai / remblayer...*

Remarque :
relayer a pour nom correspondant ***relais***.

■ **On écrit *-ê-* quand, dans un dérivé, on trouve *-es-* :**
*arrêt, arr**es**tation - bête, bestial - fenêtre, défenestrer - fête, festin - forêt, forestier - intérêt, intéresser - prêter, prestation - enquête, question - vêtement, veste...*

■ **On écrit -e- (sans accent) dans les préfixes *ex-, extra-, inter-, hyper-, super-* :**
__ex__porter, __extra__ordinaire, __inter__cepter, __hyper__tension, __super__poser...

■ **On écrit -é- dans les préfixes : *anté-, dé-, é-, pré-, ré-* :**
__anté__diluvien, __dé__faite, __é__mettre, __pré__dire, __ré__former...

■ **On écrit *-ai-* dans le suffixe *-aie*, servant à former des noms désignant des lieux plantés :**
chêne, chên__aie__ - rose, roseraie - pommier, pommeraie...

■ **On écrit *-ai* dans le suffixe *-ais*, servant à dénommer des habitants :**
Finlande, Finlandais - Angleterre, Anglais - Lyon, Lyonnaise...

■ **On écrit -é dans les suffixes : *-té, -eté, -ité, -tié* :**
bon__té__, dur__eté__, amabil__ité__, ami__tié__...

■ **On écrit *-er* dans les suffixes *-er* et *-ier* servant à former des noms de métiers ou d'arbres fruitiers et *-et* dans les suffixes *-et, -elet***
boulang__er__, charcut__ier__... prun__ier__, poir__ier__... jardin__et__, maigr__elet__...

52 *Identifier le genre*

■ **Le son final** [e] **d'un nom féminin s'écrit généralement *-ée,*** sauf s'il s'agit d'une terminaison en *-té* (*cf.* « Chercher les dérivés ») :
une bou__ée__, la criée, une nichée, une ondée, une fée, une rangée...

Remarques :
Se terminent par -*ée* les noms qui indiquent un contenu ou une durée :
une assiet__tée__, une bouchée, une nuitée, une platée, une potée...
Ainsi que les six noms suivants :
une dictée, une jetée, une montée, une pâtée, une portée, une butée.

Attention !
Se terminent par -*ée* quelques noms du masculin :
un apogée, un athée, un athénée, un caducée, un camée, un coryphée, un empyrée, un gynécée, un hypogée, un lycée, un mausolée, un musée, un périgée, un prytanée, un pygmée, un scarabée, un trophée

Se terminent par -*é* trois noms féminins :
une acné, une clé, une psyché.

■ **Le son final** [ɛ] **des noms féminins s'orthographie *-aie* :**
une baie, une claie, une laie, la monnaie, une raie...

Exceptions : *paix* et *forêt.*

Utiliser sa mémoire 53

■ Les mots contenant la graphie *-aî-*

• Verbes :

naître, renaître, (re)connaître, méconnaître
paître, se repaître
paraître, apparaître, comparaître, disparaître, transparaître, traîner

• Mots divers :

l'aîné, une faîne, le faîte (d'un toit), fraîche, un maître, une maîtresse, un maraîcher, un traîneau, un traître

■ Les mots contenant *-ê-* :

ê- *: être*
-bê- *: une bêche, une pimbêche, bêler*
-chê- *: un chêne*
-mê- *: mêler, même*
-nê- *: un benêt, un genêt, honnête*
-oê- *: un poêle, une poêle*
-pê- *: dépêcher, empêcher, se dépêtrer, s'empêtrer, pêcher, un pêne, le salpêtre*
-crê- *: une crêpe, une crête*
-fê- *: fêler, fêter*
-gê- *: gêner*
-quê- *: une conquête, une enquête, une requête*
-rê- *: une arête, un carême, extrême, frêle, un frêne, la grêle, prêter, prêtre, rêche, un rêne, un rêve, une trêve*
-guê- *: une guêpe, une guêtre*
-hê- *: un hêtre*
-lê- *: blême*
-tê- *: un baptême, une tête, entêté*
-vê- *: un chevêtre, enchevêtrer, un évêque, revêche*

■ Les mots contenant *-ei-* :

-bei- *: beige, un beignet*
-chei- *: un cheik*
-lei- *: une baleine, une haleine, une madeleine, pleine*
-nei- *: la neige*
-pei- *: une empeigne, un peigne, une peine*
-rei- *: freiner, une reine, sereine, treize*
-sei- *: enseigner, monseigneur, un seigneur, une seiche, le seigle, seize*
-tei- *: la teigne*
-vei- *: une veine, une déveine, la verveine*

■ Mot contenant *-eî-* :

un reître (guerrier brutal)

■ Les mots contenant *-ey-* :

un geyser, asseyons, asseyez, gouleyant, grasseyer, un mareyeur, seyant
-ey en finale :
un attorney, un bey, un colley, un dey, le hockey (le jeu), *un jersey, un jockey, un poney, un trolley, le volley(-ball)*

■ Les mots contenant *-ë-* :

un canoë, Noël

■ Les mots contenant *-œ-* :

un cœlacanthe (grand poisson osseux), *cœliaque* (qui concerne la cavité abdominale), *un fœtus, un œcuménisme, un œdème, l'œnologie, un œsophage, un œstre* (insecte), *un œstrogène*

HOMOPHONIES : E EU ŒU

Les graphies des sons [ə], [œ] et [ø]

une fenêtre	*un neveu*	*un œuf*	*un cœur*
un faisan	*un œil*	*un recueil*	*un jeûne*
un club	*un flipper*	*un tee-shirt*	*monsieur*

Les sons suivants :
[ə] comme dans *demain*
[œ] comme dans *peur*
[ø] comme dans *feu*
sont relativement proches les uns des autres et ne sont pas toujours distingués dans la prononciation usuelle.

La principale difficulté est que le son [œ] peut s'orthographier :
-eu- comme dans *peur* et *seul*
-œu- comme dans *cœur* et *bœuf*
-œ- ou *-ue-* comme dans *œil* et *accueil*
-e- ou *-u-* ou *-i-* dans des mots empruntés à l'anglais comme *flipper, club* et *tee-shirt.*

54 Distinguer les homophones

je *joue*	*jouer le* ***jeu***	
un ***jeune*** *homme*	*le* ***jeûne*** *et l'abstinence*	
que *vous me semblez beau !*	*une* ***queue*** *de cheval*	*un maître* ***queux***

55 Noter la fréquence

■ Vous ne rencontrerez **la graphie *-eû-*** que dans les mots ***jeûne*** et ***jeûner.***

Remarque :

On écrit ***déjeuner.***

■ Vous ne rencontrerez **la graphie *-ai-*** que dans le nom ***faisan*** et ses dérivés et dans la conjugaison du verbe ***faire*** (*cf.* « Identifier la classe du mot »).

■ Vous ne rencontrerez **la graphie *-œ-*** que dans ***fœhn*** et ***œil*** et ses dérivés :
œillet, œillère, œilleton, œillade.

56 Vérifier la prononciation

■ Quand on entend [ø] en position finale, comme dans « jeu », on est presque assuré de pouvoir écrire ***-eu-*** :
le feu, un jeu, un lieu, un pneu, malheureux, généreux...

Exceptions :

un nœud, un vœu et les pluriels *bœufs* et *œufs* (*cf.* « Identifier le nombre »).

Quand on entend [ə] à l'intérieur d'un mot, on est presque assuré de pouvoir écrire ***-e-*** :

celui, une enveloppe, une fenêtre, un melon, recevoir...

Exceptions :

un faisan et ses dérivés, *faisander, faisanderie...*
ainsi que certaines formes du verbe *faire*
(*cf.* « Identifier la classe du mot »).

D'autre part, le son [ə], contrairement aux sons [œ] et [ø], peut souvent ne pas être prononcé :

enveloppe (env'loppe) - boulevard (boul'vard) - seulement (seul'ment).

Identifier la classe du mot — 57

Le son [ø] à la **finale d'un adjectif qualificatif** s'écrit toujours ***-eu-*** :

avantageux, bleu, nerveux, studieux...

Le son [ə] rencontré dans la conjugaison du **verbe *faire*** s'écrit :

-ai- dans la forme ***faisons,*** au participe présent ***faisant*** et l'indicatif imparfait :

je faisais, nous faisions...

-e- à l'indicatif futur et au conditionnel présent :

je ferai, nous ferions...

Chercher les dérivés — 58

Si le son [ə] alterne, dans une même famille, avec le son [ɛ], c'est la preuve qu'il s'orthographie *-e-*.

Cette alternance se produit :

- dans la conjugaison de certains verbes :

appeler / il appelle *geler / il gèle* *mener / il mène*
peser / il pèse *acheter / il achète* *achever / il achève...*

- dans des mots divers :

achever / un achèvement *celui / celle...*
un échelon / une échelle *le cervelet / la cervelle...*

Remarque :

L'orthographe de ***doucereux*** s'aligne sur l'adjectif féminin *douce* (et non sur le nom *douceur*), tandis que l'orthographe de *valeureux* s'aligne sur celle du nom *valeur*.

59 Observer la position

Dans quelques mots, la graphie *-eu-* devient *-ue-* pour permettre aux consonnes *-c-* et *-g-* de se prononcer respectivement [k] et [g].
Sont concernés :
cueillir et ses dérivés : *cueillette, accueil, accueillir, recueil, recueillir;*
cercueil;
écueil;
orgueil et ses dérivés : *orgueilleux, s'enorgueillir.*

60 Identifier le nombre

- Le son [œ] des mots *bœuf* et *œuf* devient [ø] au pluriel :
  des bœufs [bø]; *des œufs* [ø]
- *Ce* est du singulier; *ceux* est du pluriel :
  *Nous avons **ce** qu'il nous faut, ce matin.*
  *Répondez à **ceux** qui vous ont écrit.*

61 Utiliser sa mémoire

- **Mots contenant *-œu-* :**
  un bœuf
  un chœur
  le cœur, écœurer, l'écœurement
  les mœurs
  un nœud
  un œuf
  une œuvre, un chef-d'œuvre, un hors-d'œuvre,
  la main-d'œuvre, un manœuvre, désœuvré,
  le désœuvrement
  la rancœur
  une sœur
  un vœu
- **Mots d'origine anglaise :**

• **Finales en *-er* :**
un bookmaker, un dealer, un flipper, un leader, un pacemaker, un shaker, un speaker, un sweater...

• **Mots contenant *-u-* :**
le bluff, un club, un husky, une nurse, un pub, un puzzle, le surf, un trust, un tub...

• **Mots contenant *-i-* :**
un tee-shirt, un flirt

- **Mot particulier :**

Monsieur, dont la première syllabe se prononce curieusement [mə] et dont la consonne finale est muette.

HOMOPHONIES : O Ô AU EAU

Les graphies du son [o] et du son [ɔ]

*une mot**o***	*une r**o**be*	*un dipl**ô**me*	
*la b**eau**té*	*un ét**au***	*un **al**bum*	*un hareng s**au**r*

Les sons [o] fermé et [ɔ] ouvert sont proches l'un de l'autre et ne se distinguent pas toujours dans l'usage actuel, ce qui peut provoquer des confusions.

• Par exemple, si l'on parle de la « pomme d'Adam », mieux vaut prononcer [pɔm] plutôt que [pom] qui s'écrit « paume ».

• Une seconde difficulté tient au fait que le son [o] à lui seul comporte quatre graphies :

-o-	comme dans *moto*	**-eau-**	comme dans *beaucoup*
-ô-	comme dans *diplôme*	**-au-**	comme dans *faute.*

Distinguer les homophones 62

N.B. Les paires précédées d'un astérisque sont des quasi-homophones, c'est-à-dire des mots où alternent les sons [o] et [ɔ].

un **arôme de café*	*les **arums** d'une gerbe de mariée*	
sous d'heureux **auspices*	*les **Hospices** de Beaune*	
*le maître-**autel***	*le maître d'**hôtel***	
*mettre du **baume** au cœur*	*la **bôme** d'un voilier*	
*avoir **beau** dire*	*les pieds **bots***	*les **baux** commerciaux*
*les racines du **bouleau***	*aller au **boulot***	
*les **canaux** lacrymaux*	*un **canot** de sauvetage*	
les avens des **causses*	*les **cosses** de haricots*	
*un **chemineau** errant*	*la grève des **cheminots***	
un **col de chemise*	*un pot de **colle***	*du **khôl** dans les yeux*
une **côte de bœuf*	*la **cote** mobilière*	*la **cotte** de mailles*
*un **cuisseau** de veau*	*un **cuissot** de gros gibier*	
*une **fausse** signature*	*la **fosse** à purin*	
la **hotte du Père Noël*	*une chambre d'**hôte***	*la tête **haute***
le **heaume d'un chevalier*	*l'intimité d'un **home***	
*le message d'un **héraut***	*un **héros** de la Résistance*	
*une **mort** accidentelle*	*une coutume **maure***	*le **mors** aux dents*
*des **maux** de tête*	*des **mots** d'esprit*	

**un môle* d'escale	une pâte **molle**	
*la **paume** de la main	une **pomme** de discorde	
la **pause** café	la **pose** de la première pierre	
une **peau** de chèvre	un **pot** de fleurs	
*la voix **rauque**	solide comme un **roc**	
rôder autour du château	**roder** un moteur	
*un **saule** pleureur	une **sole** meunière	
un hareng **saur**	jeter un **sort**	un **sore** de fougère
*une **saute** d'humeur	une réponse **sotte**	
*aveugle comme une **taupe**	au quatrième **top**...	
le **taux** du change	se lever **tôt**	
une escalope de **veau**	par monts et par **vaux**	à **vos** souhaits !
le signe du **verseau**	recto **verso**	

63 Observer la position

Le son [ɔ], suivi d'un son-consonne, s'orthographie généralement *-o-* :
une robe, octobre, un code, un coffre, une loge, un ogre, le mollet, une pomme, un étonnement, une option, aborder, un costume, une dot...

Exceptions :

- Suivi de *-l-* ou de *-r-*, le son [ɔ] s'écrit *-au-* dans deux mots : *un (hareng) saur, Paul*
- Suivi de la lettre-consonne finale *-m*, le son [ɔ] s'écrit *-u-* : *un harmonium, un sérum*

64 Chercher les dérivés

■ **On écrit *-au-* quand, dans un mot de la même famille, on trouve *-al-*,** la lettre *u* étant remplacée par un *l* étymologique :

***au**tre - **al**truisme*	*chaud - chaleur*	*chaux - calcaire*
chauve - calvitie	*épaule - scapulaire*	*faut - falloir*
faux - falsifier	*haut - altitude*	*paume - palme*
saumon - salmonidé	*sauver - salvateur*	*vaut - valoir...*

Exception :
Buraliste vient de *bureau.*

■ **On écrit -*au*- dans le suffixe -*aud* qui fait -*aude* au féminin :**
*lourd**aud**, noir**aud**...*

■ **On écrit -*eau* dans le suffixe -*eau* :**
*écrit**eau**, éléphant**eau**, troup**eau**...*

■ **On écrit -*eau*- quand, dans un dérivé, on entend** [əl] **ou** [ɛl] **:**

*agn**eau** - agn**e**let*	*bat**eau** - bat**e**llerie*
carreau - carreler	*beau - embellir*
museau - muselière	*cerveau - cervelle*
tonneau - tonnelier...	*sceau - sceller*

■ **On écrit -*ô*- quand, dans un dérivé, on entend** [os] **ou** [oz] **:**

*ap**ô**tre - ap**os**tolat*	*côte - accoster*	*hôpital - hospitalier...*
entrepôt - entreposer	*impôt - imposer*	*dépôt - déposer...*

■ **On écrit -*o*-**

• **à la finale abrégée d'adjectifs relatifs à un pays** (ex. : *russophone*) suivis d'un adjectif qualifiant un autre pays :
*les îles Angl**o**-Normandes ; l'entente franco-allemande ;*
un citoyen hispano-américain ; les relations sino-coréennes...

• **à la finale de mots abrégés tels que :**
*aut**o**, dactylo, kilo, métro, photo, radio, sténo, vélo...*

■ **On écrit -*oo*-** [ɔɔ] **dans les mots radicaux commençant par *o*- et précédés du préfixe *co*- :**
coopérer, coopter, coordonner, ainsi que leurs dérivés.

Identifier la classe du mot 65

■ ***Votre*** et ***notre,*** où -*o*- se prononce [ɔ] sont des adjectifs possessifs.

■ ***Nôtre*** et ***vôtre,*** où -*ô*- se prononce [o], peuvent être :

• des adjectifs possessifs :
« (ces promesses), nous les avons faites nôtres » (M. Proust)

• des pronoms possessifs, toujours précédés de déterminants :
Votre appartement est vaste, le nôtre est tout petit.

• des noms :
Soyez des nôtres.
Mettez-y du vôtre comme nous mettons du nôtre !

66 Identifier le nombre

On écrit *-au-* à la finale des mots pluriels dont le singulier se termine par *-al* ou par *-ail* :

*entreprendre des trav**au**x origin**au**x...*

67 Identifier le genre

On écrit *-eau-* à la finale des mots masculins dont le féminin se termine par *-elle* :

un nouveau chameau - une nouvelle chamelle
un beau jumeau - une belle jumelle

68 Utiliser sa mémoire

■ Mots terminés par *-au*

• Voyelle + *-au*

-éau	-iau	-uau	-yau
un fléau	*un fabliau*	*un gluau*	*un aloyau*
un préau	*un matériau*	*un gruau*	*un boyau*
			un joyau
			un noyau
			un tuyau

• Consonne + *-au*

un tuffau (pierre tendre), *un esquimau, un unau* (mammifère), *un sarrau* (blouse), *un étau, un landau*

■ Mots contenant *-ô-* :

-ô-	-cô- et -clô-	-dô-	-lô-	-mô-	-nô-
ôter	*une alcôve*	*un dôme*	*allô !*	*une aumône*	*un binôme*
	une clôture		*un pylône*	*un môle*	*un monôme*
	un môme			*un môme*	*un polynôme*
					un trinôme

-rô- et -frô-	-tô- et -trô-	-vô-
prôner	*aussitôt*	*un prévôt*
frôler	*bientôt*	
un rôle	*plutôt*	
un rôdeur	*sitôt*	
rôtir	*tantôt*	
	tôt	
	une tôle	
	un contrôle	
	un trône	

Remarque :

L'accent du radical peut disparaître dans les mots dérivés :

arôme / aromatique	*fantôme / fantomatique*
cône / conique	*icône / iconographie*
côte / coteau	*pôle / polaire*
diplôme / diplomate	*symptôme / symptomatique*
drôle / drolatique	*trône / introniser*

On pourra consulter le chapitre sur l'accent circonflexe, pages 16 à 19.

Mots terminés par *-o* :

-bo	-do	-io	-go	-co/-quo	-lo
un lavabo	*un credo*	*le brio*	*un cargo*	*un caraco*	*un diabolo*
un bobo	*un crescendo*	*un folio*	*un embargo*	*un coco*	*un gigolo*
	un eldorado	*un imbroglio*	*un hidalgo*	*un écho*	*un halo*
	secundo	*un impresario*	*l'indigo*	*un fiasco*	*le polo*
	un mikado	*un patio*	*un lumbago*	*illico*	*un silo*
	un dodo	*un scénario*	*un tango*	*un quiproquo*	*un solo*
		un studio	*une virago*	*rococo*	*un trémolo*
		tertio		*un sirocco*	
		un trio		(ou : *siroco*)	
				un statu quo	

-mo	-no	-ro	-so	-to	-vo
fortissimo	*un casino*	*allegro*	*aviso*	*un concerto*	*un bravo*
pianissimo	*un domino*	*un boléro*	*un lasso*	*l'espéranto*	*in octavo*
primo	*a giorno*	*un brasero*	*un verso*	*un ex-voto*	
	le guano	*haro*		*incognito*	
	un kimono	*un maestro*		*un loto*	
	un piano	*un numéro*		*un memento*	
	un soprano	*un torero*		*presto*	
		un zéro		*un recto*	
				subito	
				un veto	

Mots connaissant au moins deux graphies du son [o] :

arôme / arome	*poireauter / poiroter*
colineau / colinot	*rafiot / rafiau*
daurade / dorade	*restauroute / restoroute*
eskimo / esquimau	*romsteck / rumsteck*
gnaule / gnôle / gniôle / niôle	*taule / tôle* (prison)
maure / more	*taulier / tôlier* (hôtelier)
mauresque / moresque	*zigoteau / zigoto*

Mots contenant *-oo-* :

[ɔ] : *alcool* et ses dérivés : *alcoolique, alcooliser...*
[ɔɔ] : *oolithe, oosphère, oospore, oothèque* (« oo » signifie œuf)
[oo] : *zoo* et ses dérivés : *zoologie, zoophyte, zoophile...*

HOMOPHONIES : OI OÎ OUA

Les graphies du son [wa]

une poire	*un cloître*	*envoyer*	*la douane*	*l'équateur*
la moelle	*une poêle*	*un kilowatt*		

Les graphies *-oi-*, *-oî-*, *-oua-* correspondent au son complexe [wa] constitué d'une semi-consonne et d'une voyelle.

69 Distinguer les homophones

le ***foyer*** *des vieux*	***fouailler*** (fouetter) *un cheval*	
un tampon ***d'ouate***	*une ampoule de cent* ***watts***	
une purée de ***pois***	***pouah !***	*la* ***poix*** (résine)
un ***poêle*** *à mazout*	*du gibier à* ***poil***	

70 Observer la position

[wa] **s'orthographie généralement *-oy-* devant le son** [j] **:**
Devant une voyelle, la graphie *-oy-* correspond au son complexe [wa] + [j]
aboyer, un boyau, broyer, un croyant, un foyer, la royauté...

Exceptions :
fouailler (fouetter), *la gouaille, gouailleur, les ouailles* (du curé).

71 Chercher les dérivés

■ **On écrit *-oi-/-oy-* si, à l'intérieur d'une même famille de mots, on entend l'alternance** [wa] **/** [waj] **:**
convoi / convoyer, convoyeur; effroi / effroyable; emploi / employer, employeur; envoi / envoyer, envoyeur; loi / loyal, loyauté...

Remarque :
Loi a pour dérivés *loyal* et *légal.*
Roi a pour dérivés *royal* et *régicide.*

■ [wa] **s'orthographie *-oi-* dans les suffixes *-oir, -oire, -ois* :**
moucher / mouchoir; trotter / trottoir;
baigner / baignoire; village / villageois; Nice / Niçois...

■ [wa] **s'orthographie *-oua-* dans les dérivés des verbes à finale *-ouer* :**
avouer / (in)avouable; échouer / échouage; tatouer / tatouage...

Identifier la classe du mot 72

■ **On écrit *-oi-***

- **dans les verbes à finale en *-oyer* :**
  il aboie, tu emploies, on envoie, ils nettoient...
- **s'il s'agit des pronoms *moi, soi, toi,*** ou ***quoi*** et ses dérivés *pourquoi, quoique*
- **s'il s'agit de l'adjectif qualificatif *coi*** (dont le féminin est *coite*)

■ **On écrit *-oua-* dans les verbes à finale *-ouer,*** conjugués au passé simple ou à l'imparfait du subjonctif :
nous avouâmes, vous déjouâtes... que j'échouasse, qu'il se dévouât...

Identifier le genre 73

■ **La finale** [wa] **d'un nom masculin s'écrit généralement *-oi* :**
un beffroi, un convoi, un désarroi, un émoi, un tournoi, un emploi...

~ ***Exception :*** *le foie.*

■ **La finale** [wa] **d'un nom féminin s'écrit généralement *-oie* :**
une courroie, la joie, une lamproie, une oie...

~ ***Exceptions :*** *la foi* (croyance), *la loi, une paroi.*

Utiliser sa mémoire 74

■ **Mots contenant *-oî-* :**
Benoît, une boîte, déboîter, emboîter, un cloître, croître, accroître, décroître, le noroît (vent du nord-ouest), *le suroît* (vent du sud-ouest)

■ **Mots contenant *-oua-* :**
un bivouac, un couac, un couard, une douane, un douar, une escouade, une fouace, une gouache, les ouailles, pouah ! un zouave

■ **Mots contenant *-ua-* :**
le guano, guarani, un iguane, une aquarelle, un aquarium, l'équateur, le quadriceps, un squale, un squame, un square

~ ***Remarque :***
La graphie *-qua-* se prononce [kwa] ou [ka] dans de nombreux mots :
un quadrilatère, un quadrupède, loquace...

■ **Mots contenant *-wa-* :**
un wallaby, un wallon, un wapiti, le water-polo, un watt

■ **Mots contenant *-oue-* :** *la couenne, couenneux*

■ **Mots contenant *-oe-* :** *la moelle, moelleux*

■ **Mots contenant *-oê-* :** *un poêle, une poêle, un poêlon*

HOMOPHONIES : AN EN

Les graphies du son [ɑ̃]

une branche *un champignon* *penser* *sembler* *un paon*

La principale difficulté, délicate à résoudre, est de savoir si le son [ɑ̃] s'orthographie :

-an-, comme dans *alliance, nuance...*

-en-, comme dans *audience, exigence...*

75 Distinguer les homophones

*une **amande** d'abricot*	*une **amende** à payer*	
*l'**ancre** d'un bateau*	*une tache d'**encre***	
*l'**antre** du lion*	*soit dit **entre** nous*	
*un **avant**-centre*	*les dimanches de l'**Avent***	
*une **danse** folklorique*	*un brouillard **dense***	
*un thé à la **menthe***	*la **mante** religieuse*	
*un **pan** de mur*	*la roue du **paon***	
***panser** un blessé*	***penser**, méditer*	
*la **tante** et l'oncle*	*une toile de **tente***	
*le **temps** de vivre*	*une piqûre de **taon***	*du **tan** pour le cuir*
***vanter** les mérites*	***venter** et pleuvoir*	

76 Observer la position

■ **Devant *-b, -m, -p,* on écrit *-em-* au lieu de *-en-* :**
un membre, emmener, un temple...

■ **Devant *-b* et *-p,* on écrit *-am-* au lieu de *-an* :**
une chambre, du jambon, une ampoule...

***Exception :** néanmoins.*

■ **On écrit *-an-* après les consonnes *-c-* et *-g-*, prononcées respectivement [k] et [g] :**
un candélabre, décanter, un brigand, élégant...

***Exception :** un onguent.*

■ **On écrit généralement *-en-* après les consonnes *-c-* et *-g-*, prononcées respectivement [s] et [ʒ] :**
un accent, un cendrier, descendre, un agent, une gencive, urgent...

Exceptions :
• les participes présents et certains adjectifs verbaux des verbes terminés par *-ger* (*cf.* « Identifier la classe du mot »)

• quelques noms féminins terminés par *-geance* :
allégeance, engeance, (dés)obligeance, intransigeance, vengeance.

■ **On écrit *-an-* dans les mots terminés par [ɑ̃ʒ] et [ɑ̃ʒe] (*-ange, -anger*) :**
un ange, la fange, une phalange, une grange...
un danger, un étranger, manger, vendanger...

Exception (*se*) *venger.*

Chercher les dérivés 77

■ **On trouve la graphie *-an-* :**

• **à la finale des mots si, au féminin ou dans un dérivé, la consonne *n* est prononcée :**
un gitan / une gitane - un paysan / une paysanne
un artisan / l'artisanat - un plan / aplanir - un turban / enturbanné ...

Remarque :
cran alterne avec *créneau.*

• **dans les préfixes *anté-, anti-, trans-* et *ambi-, amphi-*** où *-n-* devient *-m-*, devant *-b* et *-p* :
un antivol, l'Antarctique, transatlantique...
ambidextre, un amphithéâtre...

• ainsi que dans **l'élément grec *anthrop-*** signifiant « homme » :
un anthropophage, un misanthrope...

■ **On trouve la graphie *-en* :**

• **si, dans un dérivé, se trouve la graphie *-in-* ou *-im-*,** prononcée [ɛ̃] :
enfant / infantile - enfer / infernal - enfler / inflation;
enfreindre / infraction - enjoindre / injonction - ensoleillé / insolation -
empire / impérial - emporter / importer... où *-n-* devient *-m-* devant *-p*

• **dans les préfixes *en-* et *entre-* :**
encercler, enivrer, entourer...
embellir, emmener... où *-n-* devient *-m-* devant *-b* et *-p*
entrelacer, entremets, entreprendre...

• **dans le suffixe *-ment,*** servant à former des noms et des adverbes :
un aboiement, un encouragement...
évidemment, méchamment, rapidement...

78 Identifier la classe du mot

■ **De nombreux noms communs se terminent par *-ment* :**
un document, le firmament, un ligament, un monument...

~ ***Exceptions :***
un aimant, un amant, un calmant, un diamant,
un flamant rose, un nécromant (magicien).

■ **De nombreux verbes ont une finale en *-endre*** (la graphie *-en-* se retrouve dans leurs dérivés) :

apprendre / un apprentissage	*attendre / une attente*
défendre / une défense	*descendre / une descente*
fendre / une fente	*pendre / une pendaison...*

~ ***Exceptions :*** *épandre / un épandage, répandre.*

■ **On trouve la finale *-ant* dans les participes présents et les gérondifs :**
en écrivant, en sortant, en surgissant, en travaillant...

~ ***Remarque :***
On distingue, pour certains verbes, le participe présent en *-ant* et l'adjectif verbal en *-ent* :

Participe présent ou gérondif	Adjectif verbal
*(en) adhér**ant***	*un ovaire adhér**ent***
*(en) influ**ant***	*un personnage influ**ent***
*(en) converg**eant***	*un miroir converg**ent***
*(en) diverg**eant***	*un rayon diverg**ent***
*(en) différ**ant***	*un avis différ**ent***
*(en) équival**ant***	*un héritage équival**ent***
*(en) excell**ant***	*un repas excell**ent***
*(en) néglig**eant***	*un employé néglig**ent***
*(en) précéd**ant***	*le paragraphe précéd**ent***
*(en) somnol**ant***	*l'air somnol**ent***
*(en) viol**ant***	*un vent viol**ent***

(Voir chapitre grammatical n° 163.)

79 Utiliser sa mémoire

Ne sont retenus ici que les mots offrant quelques particularités :

• les mots terminés par *-an,* ne comportant ni féminin ni dérivé en *an;*

• les mots comprenant deux fois le son [ɑ̃] et ne comportant pas de préfixe ou de suffixe abordés dans le chapitre;

• les mots comportant d'autres graphies du son [ɑ̃].

Mots terminés par *-an* :

-ban : *un caban, un forban*
-can ou **-clan** : *un carcan, un clan, un pélican, un toucan*
-dran : *un cadran*
-gan : *un ouragan, un yatagan, un catogan, l'origan, un slogan*
-lan : *un bilan, un brelan, un chambellan, un élan, un éperlan, un flan, un merlan, un milan, un ortolan, un palan, un raglan*
-man : *un caïman*
-nan : *le nanan*
-pan : *un chenapan*
-ran : *un cormoran, un écran, un vétéran, un catamaran, un trimaran, un mazagran*
-tan : *antan, un caftan, un flétan, le fortran, un tartan.*

Mots comprenant plusieurs fois le son [ɑ̃] :

• Quelques mots comportent trois fois le son [ɑ̃] : une fois dans le préfixe, une fois dans le radical, une fois dans le suffixe.

*une br**an**che / un **em**br**an**che**men**t; une cl**en**che / un **en**cl**en**che**men**t;*
*une j**am**be / un **en**j**am**be**men**t; t**en**dre / un **en**t**en**de**men**t.*

• Plus rares sont les radicaux comportant deux fois le son [ɑ̃].
En voici quelques exemples :

– *l'empan* (distance entre le pouce et le petit doigt)
– *à l'encan* (aux enchères, au plus offrant)
– *un enfant* (en fait, le mot contient le préfixe latin *in-* et une forme du verbe *fari* signifiant : parler; littéralement le mot signifie : qui ne parle pas)
– *ensemble* (du latin : *insimul* issu de *in* + *simul*).

Autres graphies du son [ɑ̃] :

-aen : la ville *de Caen*
-aon : *un faon, un paon, un taon*
-am : *Adam* (et Ève)*;* la peine *du dam*
-ean : le prénom *Jean.*

HOMOPHONIES : ON OM

Les graphies du son [ɔ̃]

*un **on**cle un mel**on** une **om**bre un d**om**pteur un n**om** un l**um**bago*
Le son [ɔ̃] n'offre pas de difficulté particulière, sinon celle de pouvoir être orthographié *-un-* ou *-um-* dans très peu de mots.

80 Distinguer les homophones

*Monsieur le **comte***
***Dom** Juan (**Don** Juan)*
***nom** et prénom*
*le **compte** des dépenses*
*le **don** d'organes*
*oui ou **non***
*un **conte** de Noël*

81 Observer la position

Le son [ɔ̃] s'orthographie : ***-om-* devant *-b* et *-p* :**
une bombe, une tombe, une trombe - une pompe, somptueux...

Exceptions :
un bonbon, une bonbonnière, un embonpoint.

Il s'orthographie *-on-* en règle générale :
la bonté, la fonte, un bourgeon...

Exceptions :
monsieur le comte, le comté, le nom.

(Voir « Distinguer les homophones » et « Chercher les dérivés ».)

82 Chercher les dérivés

- **On écrit *-on* si, au féminin ou dans un dérivé, la consonne *n* est prononcée :**
mignon / mignonne; démon / démoniaque; nation / national...

- **On écrit *-om* si, dans un dérivé, la consonne *m* est prononcée :**
nom / nommer - pronom / pronominal - renom / renommée...

83 Utiliser sa mémoire

- ***acuponcture*** et ***lombago*** peuvent s'orthographier : *acupuncture* et *lumbago,* en gardant la même prononciation.
- ***jungle*** se prononce [ʒɔ̃gl'] ou [ʒœ̃gl']; ***punch*** (la boisson) se prononce [pɔ̃ʃ]
- ***sconse*** (fourrure) peut s'écrire : *skunks, skuns* ou *skons.*

HOMOPHONIES : IN AIN EIN – UN UM

Les graphies du son [ɛ̃] et du son [œ̃]

*un **in**secte*	*un t**im**bre*	*la cr**ain**te*	*la f**aim***	*un fr**ein***
*un Europé**en***	*un s**yn**dicat*	*des c**ym**bales*	*R**eim**s*	
*l**un**di*	*h**um**ble*	*à j**eun***		

■ La différence de prononciation entre ***in*** et ***un*** est pratiquement imperceptible.
De plus, l'orthographe du son [ɛ̃] est multiple puisqu'elle offre dix graphies, les graphies les plus fréquentes étant les quatre premières de la liste suivante :
-in-, -im-, -ain-, -en-, -aim-, -ein-, -eim-, -em-, -yn-, -ym-

■ Pour clarifier la présentation, ce chapitre se divise en deux parties :
- la première, consacrée au son [ɛ̃];
- la seconde, au son [œ̃].

Le son [ɛ̃] : in ain ein

Distinguer les homophones 84

***cinq** cents*	***sain** d'esprit*	*Jeudi **saint***
	*donner le **sein***	*un blanc-**seing***
*un **dessin** au fusain*	*nourrir un noir **dessein***	
*un pot en **étain***	*un feu **éteint***	
*du sel **fin***	*avoir **faim***	*un sentiment **feint***
*un livre relié en **maroquin***	*un port **marocain***	
*le **plain**-chant*	*un récipient **plein***	
*la résine de **pin***	*un **pain** aux raisins*	*un mur **peint***
*une **pinte** de bière*	*de la soie **peinte***	
*une **plinthe** saillante*	*porter **plainte***	
*un **serin** dans sa cage*	*l'air **serein***	
*un **tin** sous un navire*	*le **thym** et le laurier*	*une glace sans **tain***
	*le fond de **teint***	
*un verre de **vin***	***vingt** francs*	*un effort **vain***

Observer la position 85

■ **On écrit généralement *in-* au début d'un mot :**
incorrect, un individu, infect, inquiet, interne, inventer...

~ ***Exception :*** *ainsi* (*cf.* paragraphe suivant).

Devant *-b, -m, -p,* on écrit ***-im-*** au lieu de *-in-* :
imbuvable, une timbale, immangeable, important, limpide...

Exceptions : l'interjection *pin-pon! pin-pon!* et (la poudre de) *perlimpinpin*

■ **À la fin d'un mot, on écrit *-en* après les lettres voyelles *-é, -i, -y* :**
un lycéen, pyrénéen, ancien, un pharmacien,
je viens, il tient, un citoyen moyen...
(Pour le mot *examen*, voir ci-dessous.)

86 *Chercher les dérivés*

■ **On peut deviner qu'un mot se termine par *-in* :**

• **lorsque, dans la forme du féminin ou dans un dérivé, la consonne *n* est prononcée** et devient [in] :
câlin / câline / câlinerie... *burin / buriner...*

Exceptions :
copain / copine *examen / examiner* *poulain / poulinière.*

• **lorsque, dans la forme du féminin ou dans un dérivé, la graphie *-in* devient *-ign-*** prononcé [iɲ] :
bénin / bénigne *malin / maligne / malignité...*

Exception : *seing - signer.*

■ **On peut deviner qu'un mot se termine par *-ain*** :

• **lorsque, dans un dérivé, la graphie *-ain* alterne avec *-an-*** prononcé [an]
urbain / urbanisme *main / manuel* *vain / vanité...*

Remarques :
– ***bain*** alterne avec *balnéaire*
– ***étain*** a pour dérivés *étamer* et *étameur.*

• **lorsque, dans un dérivé, la graphie *-ain* alterne avec *-agn-*** prononcé [aɲ] **ou *-aign-*** prononcé [ɛɲ] :
bain / baigner *dédain / dédaigner* *gain / gagner* *châtain / châtaigne...*

■ **On peut deviner qu'un mot se termine par *-ein* lorsque dans l'un de ses dérivés on trouve la graphie *-én-*** où la consonne est prononcée :
Cela se produit dans quelques mots :
frein - réfréner (mais : *freiner)* *plein - plénitude*
rein - rénal *serein - sérénité.*

Remarque :
Geindre est apparenté à gémir (*cf.* « Identifier la classe du mot »).

■ **On écrit *-yn-*** (ou *-ym-* devant *-b* et *-p*) **dans le préfixe *syn-* :**
synchroniser, une sympathie, une synthèse...

Identifier la classe du mot 87

■ **On écrit généralement *-ein-* dans les verbes à finale en *-eindre*, ainsi que dans leurs dérivés :**
atteindre - une atteinte *étreindre - une étreinte...*

~ *Exceptions :* *craindre, contraindre, plaindre* (et leurs dérivés).

Attention !
Ceindre a pour dérivés : *ceinture* et *ceinturon* mais aussi *cintrer* et *un cintre.*
Éteindre a pour dérivés : *un extincteur, une extinction, inextinguible.*
Teindre a pour dérivés : *la teinture, un teinturier* mais *tinctorial.*

Utiliser sa mémoire 88

-EN-
un agenda
un appendice
bengali
benjamin
le benjoin
la benzine
un mémento
une paracentèse
un pentagone
un pentathlon
un philodendron
un placenta
un référendum
un rhododendron

-AIM-
un daim (mais : *une daine*), *un essaim*

-EIM-
Reims

-EM-
un semper vivens (plante aux feuilles persistantes)
un sempervivum (joubarbe)
sempiternel, sempiternellement (où *-em-* peut se prononcer aussi [ɑ̃])

-YN-
le larynx, un lynx, un ornithorynque, le pharynx (mots empruntés au grec) et *lyncher* (emprunté à l'anglais)

-YM-
une cymbale, la lymphe, une nymphe, olympique, le tympan

Le son [œ̃] : un um

89 Distinguer les quasi-homophones

*un **brin** de muguet* *un **brun** et un blond*

90 Chercher les dérivés

■ **On peut deviner que le son final [œ̃] d'un mot s'orthographie *-un* ou *-um* si, au féminin ou dans un dérivé, se prononcent la voyelle *u* et la consonne *n* :**

brun - brune, brunir
commun - commune, communal…
humble - humilier, humilité
parfum - parfumer, parfumerie…

Remarque :
Embrun, souvent écrit au pluriel, est apparenté à *brume* et à *embrumer.*

91 Utiliser sa mémoire

un bungalow
un emprunt, emprunter
une junte
le mesclun
un munster
un lump (poisson)
un défunt
le jumping
la jungle (prononcée parfois [ʒɔ̃gl'])
lundi
le tungstène

Remarques :
- On trouve *-eun-* dans l'expression ***à jeun.***
- Le mot ***lunch*** peut se prononcer [lœ̃ʃ] ou [lœ̃ntʃ].

HOMOPHONIES : ILL IL Y I Ï

Les graphies du son [j] et du son [ij]

Le brouillard *le soleil* *un tibia* *un rayon* *un glaïeul*

Le son [j] peut s'orthographier de cinq façons différentes.
Toutefois, sa position dans le mot ou la nature du mot permettent le plus souvent de choisir la graphie convenable.

Distinguer les homophones 92

*une gousse d'**ail***
***bailler**, bâiller*
*un **cahier** d'écolier*
*le pied à l'**étrier***
***fourmiller** d'idées*
*le jeu du **mail***

***aïe** !*
***bayer** aux corneilles*
***cailler** le lait*
***étriller** un cheval*
*un **fourmilier** ou tamanoir*
*les **mailles** d'un filet*

Observer la position 93

Les graphies du son [j]

- **On écrit généralement *-i-* après une consonne :**
  un tibia, ancien, radieux, méfiant, un récipient…

~ *Exceptions :*
un alcyon, un aryen, du cyanure, une hyène, un libyen, la myélite, le myocarde, la myopathie, myope, la myopie, un myosotis.

- **On écrit généralement *-ill-***

– **après *-ou-* :**
un bouillon, fouiller, grouillant, mouiller, verrouiller…

~ *Exception :*
le fenouil (*cf.* « Identifier le genre »).

– **après *-a-*** dans la plupart des mots :
railler, faillir, un gaillard, railler, une saillie

~ *Exceptions :*
une bayadère, un cipaye, un cobaye, un kayak, maya, la mayonnaise, une papaye, une rimaye (crevasse en montagne), *tayaut.*

- **On écrit généralement *-y-***

– **dans la graphie *-oy-* correspondant au son complexe [waj] :**
aboyer, un boyau, employer, envoyer, un foyer, loyal…

~ *Exceptions :*
fouailler (fouetter), *la gouaille, un gouailleur, une ouaille*

– **dans la graphie *-ay-* correspondant au son complexe** [ɛj] **:**
bégayer, débrayer, un embrayage, essayer, un métayer, un rayon...

– **dans la graphie *-uy-* correspondant au son complexe** [ɥij]
appuyer, la bruyère, un écuyer, ennuyer, essuyer, un fuyard, un tuyau

Attention !
une cuiller (ou : *cuillère), juillet* et *une aiguille* (*cf.* « Identifier le genre »)

• **On écrit généralement *-ï-* après -a-,** dans les quelques mots suivants :
aïe !, un aïeul, une baïonnette, un bonsaï, un camaïeu, la faïence, un glaïeul, une naïade, un païen, un samouraï, taïaut ! (ou : *tayaut !*), *une tavaïolle* (linge d'église)
(*cf.* « Utiliser sa mémoire »).

■ **Les graphies du double son** [ij]

• **On écrit généralement *-ill* après une consonne :**
un billet, une fille, un pillard, des rillettes, un sillon, un tilleul
(*cf.* « Identifier la classe du mot »).

• **On écrit *-i-* après une consonne suivie de *-l-* ou de *-r-* :**
oublier, un client... *trier, un triomphe...*

Exceptions :
un amblyope, un amphitryon, briller, la cryogénie, égrillard, un embryon
(Pour : *étriller, griller, vriller, cf.* « Identifier le genre ».)

94 *Identifier la classe du mot*

■ **Dans les couples noms/verbes d'une même famille,** le son [j] s'orthographie :

-il s'il s'agit du nom masculin	*-ille* s'il s'agit du verbe
un accueil	*il accueille*
un conseil	*il conseille*
un rail	*il déraille*
un recueil	*il recueille*
un réveil	*il réveille*
un travail	*il travaille*

■ **Dans les verbes à finale *-iller* ou *-yer*,** on fera attention à bien noter la terminaison de l'indicatif imparfait et du subjonctif présent :
*Autrefois, nous travaill**ions**... il faut que vous travaill**iez**...*
*Nous essay**ions**... il faut que vous essay**iez**...*

De même, **dans les verbes à finale *-ier*** et dans les formes du verbe ***rire***, on notera bien la terminaison :

*Il faut que vous pli**iez.***
*Il ne faut pas que vous ri**iez.***

Identifier le genre 95

■ **Le son final [j] s'orthographie :**

-il s'il s'agit d'un nom masculin
le corail, le soleil, un écureuil, le fenouil,

-ille s'il s'agit d'un nom féminin
une abeille, une étrille, une faille, une grille, une patrouille, une vrille...

Exceptions :

- Les dérivés du mot *feuille* : *un chèvrefeuille, un millefeuille, un portefeuille.*
- *un (joyeux) drille, un gorille, un pupille, un quadrille, un trille.*

Chercher les dérivés 96

■ Le son [j] s'orthographie

***-i-* dans les suffixes *-ien, -ier, -ière, -iole, -ifier* :**
un comédien, un caféier, une théière, une bestiole, modifier...

***-ill-* dans le suffixe *-ailler* :**
tirailler, traînailler...

Remarque :
***On peut trouver -ill* devant le suffixe *-ier* :**
un groseillier, un médaillier, un quincaillier...
un sapotillier (arbuste), *un vanillier*

***-y-* dans des mots appartenant à la famille de mots terminés par *-ai, -aie, -oi, -oie, -ui* :**

balai- balayage	*roi - royal...*	*ennui - ennuyer...*
claie - clayette	*soie - soyeux..*	*appui - appuyer...*

***-y-* dans le suffixe *-oyer* :**
rouge - rougeoyer *rude - rudoyer...*

■ Le son complexe [ij] s'orthographie ***-ill-*** :
dans des dérivés de mots terminés par *-il* :
outil - outillage *persil - persillade...*
dans les suffixes *-iller* et *-illon* :
mordre - mordiller *oiseau - oisillon...*

Rectifications orthographiques
(*cf.* n° 11 des Graphies particulières fixées ou modifiées du *Rapport du Conseil supérieur de la langue française)*

On écrit en ***-iller*** les noms suivants anciennement en *-illier*, où le *i* qui suit la consonne ne s'entend pas (comme ***poulailler, volailler***) : *joailler, marguiller, ouillère, quincailler, serpillère.*

97 *Utiliser sa mémoire*

■ **Mots avec un *i-* initial :**

un iambe, de l'iode, un ion, un iota, un iule.

■ **Mots avec un *y-* initial :**

un yacht, un yack (ou : *yak), un yankee, un yaourt* (ou : *yog(h)ourt), un yard, un yatagan, un yearling, un yen, un yéti, une yeuse, des yeux, un yé-yé, le yiddish, le yoga, un yogi, une yole, le Yom-Kippour, un Yougoslave, un yo-yo, un yucca.*

■ **Mots avec un *-y-* médial :**

asseyons, asseyez; un cacaoyer; un coyote; gouleyant; une goyave; grasseyer; un mareyeur; seyant; un thuya.

■ **Mots comportant un *-ï-* après une autre voyelle que *-a-* :**

le Bolchoï, un chouïa, un goï (ou : *goy*), *la paranoïa, paranoïaque.*

■ **Mots étrangers comportant un *-j-* :**

un fjeld (plateau rocheux usé par un glacier), *un fjord*
le sandjak (ancienne subdivision territoriale au Moyen-Orient).

HOMOPHONIES : QU C CQU CH K CK

Les graphies du son [k]

*un **coque**licot* *ac**qu**érir* *un or**ch**estre* *un **k**ilo* *un ti**ck**et*

Le problème posé par l'orthographe du son [k] n'est pas dû au nombre de ses graphies, bien qu'il en compte au moins six (dans 98 % des cas, on trouvera *-c-* ou *-qu-*).

La difficulté est due à la rivalité entre ces deux dernières graphies qui se manifeste dans des mots tels que :
*appli**c**able* et *criti**qu**able*
*pla**c**age* et *mar**qu**age*...

Distinguer les homophones 98

*un **cadran** d'horloge*	*le **quadrant** d'une circonférence*	
*Les voiles d'un **brick***	*une **brique** creuse*	
*une **carte** postale*	*de **quarte** en tierce*	
*un **cartier**, fabricant de cartes*	*un **quartier** de lune*	
*un costume **chic***	*mâcher une **chique***	
*le vibrion **cholérique***	*un tempérament **colérique***	
*rester **coi***	*qui ? **quoi ?***	
*un **col** de chemise*	*du **khôl** dans les yeux*	
***clore** un débat*	*une bouteille de **chlore***	
*chanter en **chœur***	*le **cœur** battant*	
*un **coq** au vin*	*le **coke** métallurgique*	*une **coque** de navire*
*la **crème** fouettée*	*le saint **chrême***	
crac !	*un **crack** en math*	*un **krach** boursier*
	*le **crak** (ou **krak**) des chevaliers*	
*un **cric** à manivelle*	*ancré dans une **crique***	
*jeter le **loch***	*une chemise en **loques***	
*le **mark** allemand*	*une **marque** de voiture*	
*un sac en **maroquin***	*un port **marocain***	
*un **soc** de charrue*	*le **socque** et le cothurne*	
*un **tic** nerveux*	*une **tique** dans la peau*	
*faire **tiquer***	*un **ticket** de métro*	
*un bijou en **toc***	*une **toque** en fourrure*	
*mort de **trac***	*la **traque** du gibier*	
*un bon **truc***	*décharger un **truck***	
*un brin de **basilic***	*les vitraux d'une **basilique***	

un **camp** militaire	un **kan,** étape des caravanes le **khan,** souverain mongol	**quand** on veut, on peut
le **foc** d'un voilier	la fourrure de **phoque**	
les eaux du **lac**	la **laque** pour les cheveux	
un **pic** enneigé	l'as de **pique**	
le **racket** d'un gang	une **raquette** de tennis	
une voix **rauque**	solide comme un **roc**	danser le **rock**

99 *Observer la position*

***On écrit -cu-* au lieu de *-c-* dans le verbe *cueillir* et ses dérivés.**
On déplace en effet le *-u-* de *-eu-* pour permettre à la consonne *-c-* de se prononcer [k] :
cueillir, un accueil, recueillir, un recueil, un cercueil, un écueil.

100 *Noter la fréquence*

On écrit *-q* en finale seulement dans les deux mots *cinq* et *coq.*

• La graphie *-q* est prononcée si le mot *cinq* termine la proposition ou s'il est devant un mot commençant par une voyelle :
Nous sommes cinq.
Nos voisins ont cinq enfants.

• La graphie *-q* n'est pas prononcée si le mot *cinq* est devant un mot commençant par une consonne :
C'est une ville de cinq mille habitants.

Exception :
Le *-q* de *cinq* est prononcé devant un nom de mois :
cinq janvier, cinq mars...

101 *Identifier le genre*

Les noms féminins s'écrivent avec la finale *-que* :
une flaque, une crique, une loque, une felouque, une perruque, une banque, une barque...

Remarque :
S'il s'agit d'un nom masculin, *-que* est en concurrence avec d'autres graphies :
un manque, un bouc, un break, un crack. (Voir « Utiliser sa mémoire ».)

Identifier la classe du mot 102

■ **On écrit généralement *-quer* à la finale des formes de l'infinitif du premier groupe :**
claquer, indiquer, suffoquer, manquer, tronquer, s'offusquer...

■ Pour huit verbes, on écrit :
***-quant* à la finale du participe présent**
***-cant* à la finale de l'adjectif verbal ou du nom correspondants :**

Participe présent ou gérondif	Adjectif verbal	Nom commun
*(en) claudi**quant***	*un blessé claudi**cant***	
*(en) communi**quant***	*un vase communi**cant***	
*(en) convain**quant***	*un argument convain**cant***	
*(en) fabri**quant***	–	*un fabri**cant***
*(en) intoxi**quant***	*un discours intoxi**cant***	
*(en) provo**quant***	*un regard provo**cant***	
*(en) suffo**quant***	*un air suffo**cant***	
*(en) va**quant***	*un emploi va**cant***	

■ **On écrit *-que* à la finale des adjectifs qualificatifs :**
identique, magnifique, publique, pratique...

***Exception :** Chic.*

Chercher les dérivés 103

■ **La graphie finale *-c* alterne avec *-qu-* dans de nombreux mots :**

-c final prononcé	-c final muet
un arc - arquer	*un banc - une banquette*
un bivouac - bivouaquer	*un blanc - une blanquette*
un choc - choquer	*un croc - croquer*
un diagnostic - diagnostiquer	*un escroc - escroquer*
un pronostic - pronostiquer	*un flanc - flanquer*
un troc - troquer...	*un tronc - tronquer...*

■ Quelques radicaux commençant par *qu-* ont **ac- pour préfixe :**
acquérir, un acquéreur, une acquisition, acquêt...

Utiliser sa mémoire 104

■ **Mots contenant *-cqu-* :**
***-acqu-** : acquiescer, un jacquard, une jacquerie*
***-ecqu-** : une becquée* (ou : *béquée), becqueter, un becquet*
***-ocqu-** : un socque* (chaussure), *des socquettes.*

■ **Mots contenant -*ck*- :**

-ack- : *le backgammon, le colback, un back, un snack, un yack* (ou : *yak*)
-eck- : *un gecko* (reptile), *un kopeck, un teckel*
-ick- : *un cricket, un kick, des knickers, le nickel*
-ock- : *un blockhaus, un bock, un cocker, un cockpit, un cocktail, un dock, un docker, le hockey, un jockey, knock-out, le paddock, des smocks, un stock*
-ick- et ***-ock- :*** *un pickpocket.*

■ **Mots contenant -*ch*- :**

brachial (qui concerne le bras), *un brachiopode* (bivalve), *un écho, machiavélique, un orchestre* (et ses dérivés), *une orchidée, une orchite,* (les dérivés de *trachée* : *trachéite*, etc.) et d'autres mots comportant des éléments grecs :
arch- (idée d'ancienneté et de commandement) : *archaïque, un archéologue, un archange...*
brachy- (court) : *un brachycéphale, un brachydactyle...*
ichty- (poisson) : *un ichtyophage, un ichtyosaure...*
psycho- (esprit) : *un psychologue, un psychiatre...*
schizo- (désunion) : *un schizophrène...*
tachy- (rapide) : *la tachycardie...*
techn- (art, métier) : *un technicien...*

■ **Mots comportant un -ch final :**

un almanach (où *-ch* a tendance à ne plus être prononcé), *des aurochs, un krach* (faillite), *un loch* (appareil pour la marine), *un mach* (unité de mesure de la vitesse supersonique), *le varech.*

■ **Mots contenant -*cc*- :**

(Voir le chapitre Consonnes doublées, « Utiliser sa mémoire ».)

■ **Mots contenant -*cch*- :**

un bacchanale, une bacchante, une ecchymose, un macchabée, la saccharine

■ **Mots contenant -*k*- :**

une akène (fruit sec)	*un fakir*	*un okoumé* (arbre)	*un shaker*
une ankylose	*le folklore*	*un pacemaker*	*un shako* (ou : *schako*)
un astrakan	*un joker*	*le paprika*	*un smoking*
la bakélite	*un judoka*	*un ou une parka*	*un speaker*
un bank-note	*un harakiri*	*un parking*	*un sketch*
un bikini	*un loukoum*	*un pékinois*	*un tanker*
un cake	*une mazurka*	*un poker*	*le tokay* (ou : *tokai*, vin)
du coke	*le mikado*	*une polka*	*un Viking*
une cokerie	*un moka*	*un quaker*	*un week-end*
un diktat	*une moleskine*	*le saké*	*un whisky*
eurêka	*un okapi*	*un saki* (singe)	*un Yankee*

■ **Mots où -*k*- apparaît deux fois :**

un bookmaker	*un kamikaze*	*un kick*	*un kolkhoze*
un drakkar	*le kapok*	*un kinkajou*	*un kopeck*
le kabuki	*un karatéka*	*des knickers*	*un trekking*
un kaki	*un kayak* (ou : *kayac*)	*un knock-out* (K.O.)	

■ **Mots contenant un -*k*- final :**

un anorak	*un look*	*un mark*	*un souk*
un batik	*un mamelouk*	*un moujik*	*un tank*
un break	(ou : *mameluk*)	*un punk*	*le volapük*

HOMOPHONIES : G GU

Les graphies du son [g]

un régal *un argument* *une guenon* *des spaghettis*

Il existe deux principales graphies pour le son [g] :
-g- comme dans *gazon*
-gu- comme dans *guitare.*

Distinguer les homophones 105

le ***bagage*** *d'un voyageur*
gai *comme un pinson*
un ***gang*** *de malfaiteurs*
le ***baguage*** *d'un pigeon* (du verbe « baguer »)
faire le ***guet*** *traverser la rivière à* ***gué***
la ***gangue*** (enveloppe d'un minerai)

Observer la position 106

■ **On écrit *-g-***

• **devant les lettres voyelles *a, o, u* :**
un gâteau, une rigole, régulier...

• **devant les consonnes et principalement *l* et *r* :**
la gloire, le réglisse, grave, les agrumes, un segment, un diagnostic...

Remarques :
– Devant la consonne ***n, -g-*** se prononce [g] dans quelques mots comme :
agnostique, un diagnostic, un gnome, un gnou, un magnat, un magnum, un prognathe, stagner...

Dans les autres cas, le couple ***-gn-*** se prononce [ɲ].

– La lettre consonne *c* se prononce [g] dans les mots suivants :
eczéma, second, et leurs dérivés
zinc, mais on écrit *zingueur* et *zinguer*
anecdote, dont *c* se prononce [g] ou [k]

■ **On écrit *-gu* devant les lettres-voyelles *-e, -i* et *-y* :**
une guêpe, baguenauder, une langue, un guidon, alangui, Guy...

Remarque :
La graphie *-gh-* joue le même rôle que *-gu-* devant les lettres voyelles *-e, -i* et *-y* (voir « Utiliser sa mémoire »).

■ À l'intérieur d'une même famille de mots, le son [g] s'orthographie ***-g-*** ou ***-gu-***, selon la lettre-voyelle qui lui succède.

alléguer - allégation
conjuguer - conjugaison
déléguer - délégation
divaguer - divagation
divulguer - divulgation
draguer - dragage, dragueur
élaguer - élagage
irriguer - irrigation
larguer - largage
naviguer - navigation
promulguer - promulgation
tanguer - tangage...

107 Identifier la classe du mot

■ **Dans la conjugaison des verbes en *-guer*,** le son *g* s'écrit *-gu-* devant les terminaisons commençant par *-a* ou par *-o* (le *u* du radical se maintient).

Il ne distinguait rien.
Nous naviguons à vue.

■ Pour quatre verbes, le son [g] s'écrit *-gu-* ou *-g-* selon qu'il s'agit du participe présent (où le ***u*** fait partie du radical du verbe) ou de l'adjectif verbal correspondant :

Participe présent ou gérondif	Adjectif verbal
*(en) extrava**gu**ant*	*un chapeau extravagant*
*(en) fati**gu**ant*	*un travail fatigant*
*(en) intri**gu**ant*	*un sous-entendu intrigant*
*(en) navi**gu**ant*	*le personnel navigant*

108 Utiliser sa mémoire

■ **Mots où *-g-* non suivi de *-u-*** se prononce [g] :
une geisha, le boogie-woogie, groggy, un buggy (ou *boghei*)

■ **Mots terminés par *-g*,** prononcé [g] :

un erg
un gag
un gang
un gong
un grog
un iceberg
un legs [lɛg] ou [lɛ]
le ping-pong [piŋpɔ̃g]
un reg
le smog
des Touareg
un zigzag

■ **Mots contenant *-gh-* :**
un ghetto, des spaghettis (où *-h-* joue le rôle de *-u-*)
afghan, un bobsleigh, le sorgho (où *-h-* est muet)
un boghei (ou *buggy*), *le boghead* (sorte de houille).

HOMOPHONIES : F PH

Les graphies du son [f]

*une **f**raise* *gon**f**ler* *un cani**f*** *une **ph**rase* *un dau**ph**in*

Le son [f] s'orthographie *-f-* d'une façon générale et *-ph-* dans des mots venus du grec.
La consonne *-f-* alterne souvent avec la consonne *-v-*.

Distinguer les homophones 109

*du papier **d'alfa*** — *l'**alpha** et l'oméga*
*le **far** aux pruneaux* — *le gardien du **phare*** — *piquer un **fard***
*un **filtre** à café* — *un **philtre** d'amour*

Vérifier la prononciation 110

■ La prononciation de *-f* peut varier selon sa position.
Ainsi, le son [f] de l'adjectif numéral *neuf* devient [v] devant les mots « ans » et « heures » :

Il y a neuf ans qu'on se connaît. [nœvɑ̃]
Il est neuf heures. [nœvœr]

Par ailleurs, le son [f] de *chef* se maintient dans « chef-lieu » mais disparaît dans « chef-d'œuvre ».

■ On observe aussi une variation de la prononciation du *-f* final selon le nombre pour les noms *bœuf* et *œuf* : prononcés respectivement [bœf] et [œf] au singulier, ils se prononcent [bø] et [ø] au pluriel.

Chercher les dérivés 111

■ **Le *-f-* final de nombreux mots peut devenir *-v-* au féminin ou dans un mot de la même famille :**

actif / active - bref / brève - veuf / veuve - bœuf / bovin...

Remarque :
Grâce au son [v] **contenu dans :**

cervidés, clavette, clavicule, nerveux,

on comprend la présence du *-f* muet final dans les mots *cerf, clef* et *nerf*.

■ **On écrit *-ph-* dans des éléments d'origine grecque** qu'on retrouve dans de nombreux mots français.

Éléments grecs	Signification	Exemples
*-am**ph**i-*	des deux côtés; autour	*amphibie, amphithéâtre*
*-cé**ph**al-*	tête	*encéphalogramme, céphalée*
*-gra**ph**-*	écrire	*biographie, orthographe*
*-mor**ph**-*	forme	*métamorphose, morphologie*
*-o**ph**t-*	œil	*ophtalmologiste, ophtalmie*
*-**ph**ag-*	manger	*anthropophage, aérophagie*
*-**ph**il-*	aimer	*hydrophile, philosophe*
*-**ph**ob-*	craindre	*xénophobe, agoraphobie*
*-**ph**on-*	son	*téléphone, francophone*
*-**ph**or-*	porter	*sémaphore, amphore*
*-**ph**oto-*	lumière	*photographie*
*-**ph**yll-*	feuille	*chlorophylle, phylloxéra*
*-**ph**yt-*	plante	*phytothérapie, thallophyte*
*-s**ph**ère-*	boule	*hémisphère, sphérique*
*-stro**ph**-*	tourner	*catastrophe, apostrophe*

112 Utiliser sa mémoire

■ **Mots à double orthographe :**

fantasme ou *phantasme*
faramineux ou *pharamineux*
flegmon ou *phlegmon*
mufti ou *muphti*
parafe ou *paraphe*
téléférique ou *téléphérique*

■ **Mots contenant *-ph-* :**

-pha-
un alphabet
un aphasie
un asphalte
un éléphant
une emphase

-phe-
apocryphe
un cénotaphe
une épitaphe
un hiéroglyphe
limitrophe
une lymphe
une nymphe
un orphelin
un paraphe
un triomphe

-phé-/-phè-
un blasphème
un coryphée
éphémère
un euphémisme
un nymphéa
un orphéon
un trophée

-phi-
un dauphin
la morphine
le raphia
un saphir
un sphincter
un sphinx
la syphilis

-pho-
un asphodèle
une euphorbe
une euphorie
un siphon
la typhoïde
un typhon

-phu-
un typhus

-phy-
une asphyxie
un emphysème
un zéphyr

-phr-
un aphrodisiaque
un camphre
un diaphragme
un schizophrène

-pht-
un aphte
une diphtérie

HOMOPHONIES : S SS C Ç SC T X

Les graphies du son [s]

une danse *un assassin* *merci* *une leçon*
une piscine *une mention* *soixante*

Comment deviner la graphie du son [s] dans un mot ?
Le choix est relativement aisé entre *-s-* et *-ss-* ou entre *-c-* et *-ç-*.
Il est en revanche plus difficile pour certains mots :
entre *-s-* et *-c-* comme dans *conseil* et *concierge*
entre *-s-* et *-t-* comme dans *pension* et *mention.*

Distinguer les homophones 113

l'acide ***acétique*** — *une vie* ***ascétique***
le maître de ***céans*** — *se dresser sur son* ***séant***
du ***céleri*** *en branches* — *la* ***sellerie*** *d'une écurie*
celle*-ci, celle-là* — *une* ***selle*** *de cheval*
des provisions dans le ***cellier*** — *le métier de* ***sellier***
la ***Cène*** *du Jeudi saint* — *une* ***scène*** *de théâtre* — *une alimentation* ***saine***
le ***cens*** *électoral* — *un* ***sens*** *interdit*
une ***cession*** *de parts* — *une* ***session*** *parlementaire*
l'étoffe rude d'un ***cilice*** — *du verre de* ***silice***
la ***cire*** *d'abeille* — *un triste* ***sire***
une robe ***décente*** — *une* ***descente*** *à skis*
la ***face*** *d'un cube* — *la* ***fasce*** *d'un écu* (blason)
demander ***grâce*** — *une plante* ***grasse***
un chêne ***kermès*** — *la* ***kermesse*** *de la caisse des écoles*
lacer *ses souliers* — ***lasser*** *son auditoire*
entrer en ***lice*** — *une surface* ***lisse***
un ***mas*** *provençal* — *tomber comme une* ***masse***
mettre du vin en ***perce*** — *la langue* ***perse***
un ***pinçon*** *au doigt* — *gai comme un* ***pinson***
le ***pouce*** *et l'index* — *une* ***pousse*** *de printemps*
un ***seau*** *d'eau* — *le* ***sceau*** *du ministre*
seller *un cheval* — ***sceller*** *un pacte*
une fosse ***septique*** — *les doutes d'un* ***sceptique***
le ***sieur*** *Untel* — *le* ***scieur*** *de long*
un ***vice*** *de forme* — *une* ***vis*** *sans fin*

114 Observer la position

Les graphies *-s-* et *-ss-*

- **Entre deux sons voyelles, on écrit le son [s] *-ss- au lieu de -s-* :**

une mission impossible — *une housse poussiéreuse*
je saisissais — *... que vous vinssiez*

Exceptions :
susurrer (et ses dérivés), *imprésario, désuet* (où *-s-* peut se prononcer [s] ou [z]) (*cf.* « Chercher les dérivés », n° 118).

- **Avant ou après une consonne, la lettre *s* ne double pas :**

un prisme, un espoir, un costume...
absent, le tocsin, une valse, penser, une éclipse, un corsage...

La graphie *-ç-*

La lettre *-c-* prononcée [s] prend généralement une **cédille devant les voyelles *-a, -o, -u*** :

une façade, un maçon, une gerçure...

Exception : *douceâtre* (où *-e-* remplace la cédille).

La graphie *-sc-*

La graphie ***-sc-*** prononcée [s] doit être **suivie des voyelles *-e, -i, -y*** :

la scène, la science, un scythe...

La graphie *-t-*

La lettre ***-t-*** prononcée [s] doit être **suivie de la voyelle *-i-*, dans les syllabes *-tia-, -tie, -tion*** :

une initiale, une acrobatie, une attention...

Exceptions :
un bastion, une question (où *-s-* précède *-t-*)
(Voir « Chercher les dérivés » pour les terminaisons en *-atie* et en *-tion*.)

115 Vérifier la prononciation

La consonne *-z-* se prononce [s] après *-t-* dans quelques mots :

un ersatz, Metz, un quartz, un tzar, un tzigane (ou *tsigane*).

116 Identifier la classe du mot

Quelques **mots grammaticaux homophones** se distinguent par leur graphie **en *s-* ou en *c-*.** Il ne faut donc pas confondre :

- ***ce*** adjectif ou pronom démonstratif avec ***se*** pronom personnel :

Ce *roman* ***se*** *lit facilement.*

• ***ces*** adjectif démonstratif avec ***ses*** adjectif possessif :
*On a chacun **ses** soucis. Regardez **ces** fleurs.*
(Voir le chapitre « Homophones grammaticaux », page 144.)

• ***ci*** adverbe ou pronom démonstratif et ***si*** conjonction :
***Ci**-gît « Albert », mort pour la France. Dis-moi **si** tu viens.*

■ **Adjectifs qualificatifs en *-tiel, -ciel***

• **La terminaison** [ɑ̃sjɛl] **des adjectifs qualificatifs s'orthographie *-entiel* :**
concurrentiel, démentiel, existentiel, pestilentiel, providentiel, résidentiel...

~ ***Exceptions :***
-enciel dans *révérenciel*
-antiel dans *(con)substantiel*
-anciel dans *circonstanciel* et *tendanciel*

• **La terminaison** [isjɛl] **des adjectifs qualificatifs s'orthographie *-iciel* :**
artificiel, cicatriciel, indiciel, logiciel, officiel, superficiel...

~ ***Exception :*** *interstitiel.*

Identifier le genre 117

■ **Le son** [s] **s'orthographie *-ss-***

• **au féminin de quelques noms terminés par *-eur* au masculin :**
un chasseur / une chasseresse, un pécheur / une pécheresse...

• **au féminin de divers noms adoptant le suffixe *-esse*** :
une ânesse, une comtesse, une drôlesse, une hôtesse, une ivrognesse, une maîtresse, une négresse, une ogresse, une princesse, une traîtresse...

• **au féminin des adjectifs *faux* et *roux* :**
une fausse note, une chevelure rousse.

■ **Le son** [s] **s'orthographie *-c-***

• **au féminin en *-trice* de très nombreux mots terminés par *-teur* au masculin :**
une admiratrice, une directrice, une inspectrice, une lectrice, une protectrice, une rédactrice, une séductrice, une traductrice...

• **au féminin de *doux* et de *tiers* :**
une voix douce, une tierce personne.

Chercher les dérivés 118

■ **On écrit *-s-***

• **à la jonction de deux mots dont le premier se termine par une lettre voyelle et le second commence par *s-* :**

un aérosol, un microsillon, une photosynthèse...
un soubresaut, un tournesol, la vivisection...

• **à la jonction d'un préfixe terminé par une lettre-voyelle et d'un radical commençant par *s-* :**

a- *: asexué, asocial, asymétrique*
anti- *: antisémite, antiseptique, antisocial*
auto- *: autosatisfaction, autosuggestion*
co- *: cosignataire, cosinus*
contre- *: contresens, contresigner*
entre- *: entresol*
homo- *: homosexuel*
micro- *: microsillon, microsociologie, microsonde*
para- *: parasol*
poly- *: polysémie*
pré- *: préséance, présélection, présupposé*
uni- *: unisexe, unisexué, unisexualité*

Remarque :

Les préfixes *bi-*, *dé-* et *re-* occasionnent des incohérences orthographiques entre les graphies *-s-* et *-ss-*.

bissac, bissecteur, bissection, bissextile, mais : *bisexuel, bisulfate*
dessaisir, desserrer, mais : *se désolidariser*
se ressaisir, ressortir, mais : *resaler, resalir*

N.B. On trouve *resurgir* ou *ressurgir.*

On écrit *-ss-*

• **dans certains dérivés de mots terminés par un *x* ou un *s* muets,** s'ils sont précédés d'une lettre-voyelle :

un faix - s'affaisser; le houx - une houssaie; la poix - poisseux;
la toux - tousser; un amas - amasser; le dos - s'adosser;
un embarras - embarrasser; un fracas - fracasser; un tapis - tapisser;
le trépas - trépasser...

• **dans les suffixes *-asse* et *-esse* :**

blondasse, brouillasser, fadasse, lavasse, paperasse, rêvasser
allégresse, faiblesse, finesse, gentillesse.

On peut écrire *-c-*

• **lorsque l'on trouve *-qu-* dans des mots de la même famille :**

arquer - un arceau; électrique - électricité; sceptique - scepticisme
académique - académicien; logique - logicien; magique - magicien...

Remarque :

La terminaison *-tien* est plus rare que la terminaison *-cien.*

Les mots terminés par *-tien* sont issus :

– ou bien de quelques mots terminés par *-t* :

août - aoûtien	*Capet - capétien*
Kant - kantien	*Lilliput - lilliputien*

– ou bien de rares mots terminés par -*tie* prononcé [si] :
Béotie - béotien *Dalmatie - dalmatien*

– ou bien de rares mots contenant -*s*- :
Laos - laotien *Mars - martien* *Venise - vénitien*

■ **On écrit -*c*-** dans les dérivés des quatre adjectifs suivants terminés par -r :
*clair - **éclaircir***
*dur - **durcir,** durcissement, s'endurcir*
*noir - **noircir,** noirceur, noircissement, noircissure*
*obscur - **obscurcir,** obscurcissement.*

■ **On écrit -*sc*- dans les suffixes -*escence,* et -*escent* :**
l'adolescence - un adolescent *la convalescence - un convalescent*
l'incandescence - incandescent *la phosphorescence - phosphorescent...*

■ **On écrit -*t*-**

• **dans les noms féminins terminés par -*atie* :**
acrobatie, aristocratie, autocratie, bureaucratie, démocratie, diplomatie, hématie, ploutocratie, suprématie...

~ ***Exception :*** *pharmacie.*

• **dans le suffixe -*tion*** qui concerne environ mille six cents mots :
la création, l'ambition, l'émotion, la pollution, une mention, la direction...
(Voir ci-dessous, le suffixe -*sion*.)

Chercher les dérivés en observant la position 119

• **Après une lettre voyelle, on écrit -ss- dans le suffixe -*ssion* :**
cession (accession, concession, intercession, procession, rétrocession, sécession, succession), confession, profession, concussion, discussion, mission (admission, commission, démission, émission, omission, permission, soumission, transmission), passion, compassion, pression (compression, expression, dépression, impression, oppression, répression, suppression), scission...

• **Après les consonnes -*l* et -*r*, on écrit -*s*- dans le suffixe -*sion* :**
convulsion; (é)mulsion; révulsion;
pulsion et ses composés : *expulsion, impulsion, propulsion, répulsion*
contorsion; dispersion; excursion-incursion;
version et ses composés : *conversion, inversion, subversion.*

~ ***Exceptions :***
assertion, insertion; désertion; (dis)(pro)portion.
(Voir « Utiliser sa mémoire ».)

120 Utiliser sa mémoire

■ **Mots terminés par *-s*, prononcé [s] :**
-as : *alcarazas, alias, as, atlas, hélas, madras, mas, ninas, pancréas, paterfamilias, plexiglas, upas...*
-ès : *aloès, cacatoès, faciès, herpès, palmarès, xérès*
-is : *amaryllis, ascaris, axis, cannabis, cassis, clitoris, de profundis, éléis, éléphantiasis, épistaxis, ex-libris, fils* (et ses composés), *gratis, ibis, in extremis, iris, isatis, lapis (-lazuli), maïs, métis, mutatis mutandis, myosotis, oasis, orchis, pelvis, pénis, phimosis, pretium doloris, pubis, pyrosis, rachis, raïs, sui generis, synopsis, syphilis, tamaris, tennis, unguis, vis, volubilis...*
-os : *albatros, albinos, cosmos, éros, intra* ou *extra-muros, logos, mérinos, pathos, rhinocéros, tétanos, thermos...*
-ous : *couscous, ours, tous* (employé seul)
-us : *angélus, anus, asparagus, autobus, bibus, blocus, bonus, byssus, cactus, campus, chorus, cirrus, consensus, corpus, cosinus, crocus, cubitus, cumulus, cursus, détritus, diplodocus, eucalyptus, ficus, fœtus, fucus, gibus, hiatus, hibiscus, humérus, humus, hypothalamus, infarctus, laïus, lapsus, lotus, lupus, médius, minus, mordicus, motus, mucus, nimbus, nucléus, numerus clausus, olobrius, omnibus, opus, orémus, plexus, plus, processus, prospectus, quitus, radius, rébus, rhésus, rictus, sanctus, sinus, stimulus, stradivarius, stratus, terminus, thalamus, thésaurus, thymus, tonus, tumulus, thyphus, us (et coutumes), utérus, vénus, versus, virus, vulgum pecus...*

■ **Mots terminés par *-ss* :**
le boss (patron), *le business, le criss* ou *kriss, le cross, un edelweiss,*
un express, le gauss, le gneiss, le loess (limon), *un mess,*
une miss, schlass (pop. : ivre), *un schuss, un strass, un stress, un ray-grass, le yass.*

■ **Mots terminés par *-cion* et *-cyon* :**
une suspicion, un alcyon (oiseau).

■ **Mots contenants *-sc-* d'étymologie latine :**
-sce- : *adolescent, ascenseur, crescendo; descendre; scène, obscène; acquiescer; ascète; discerner; faisceau; s'immiscer; sceau, (dé)sceller; scélérat; scénario; sceptique; sceptre; susceptible; transcendant; viscères.*
-sci- : *abscisse, disciple, discipline; fascicule; fasciner; irascible; imputrescible; lascif; osciller; piscine, pisciculture; plébiscite; sciatique; science, conscience, (à bon) escient; scier; scinder; scintiller; susciter.*

■ **Mots où [s] s'orthographie *-x-* :**
un coccyx   dix   six   soixante

■ **Graphies irrégulières à l'intérieur d'une même famille de mots :**

un bras - embrasser, un bracelet	*un radis - une radicelle*
un cil, ciller - dessiller	*une souris - un souriceau*
un gars - un garçon	*un tiers - une tierce, un tiercé*
un mors, une morsure - un morceau	*le verglas - verglacé*
un nourrisson - une nourrice	*un vermisseau - le vermicelle.*

HOMOPHONIES : S Z X

Les graphies du son [z]

une base	*le hasard*	*une masure*	*un rosier*
un bazar	*le gaz*	*la luzerne*	*sixième*

Deux difficultés s'entremêlent :

- d'une part, la lettre consonne *-s-* a deux prononciations : [s] comme dans *personne* ou [z] comme dans *rose* (à moins qu'elle ne soit muette comme dans *tapis*);
- d'autre part, le son [z] comporte trois graphies :
  -s-, la plus courante, comme dans *rose*
  -z-, principalement à l'initiale, comme dans *zénith*
  -x-, exceptionnellement, comme dans *sixième.*

Noter la fréquence — 121

Dans 90 % des cas, le son [z] s'orthographie *-s-* :
hasard, case, asile, rasoir, masure...

Observer la position — 122

- On écrit principalement ***-s-*** entre deux lettres voyelles :
  *ba**s**ané, un ca**s**ier, dé**s**igner, une frai**s**e, une ti**s**ane...*
- On écrit :

z- **au début d'un mot :**
*un **z**èbre, zélé, du **z**inc, un **z**odiaque, une **z**one...*

-z- **à l'intérieur d'un mot, après ou avant une consonne :**
*le col**z**a, on**z**e, quator**z**e, quin**z**e, **z**inzinuler...*
*a**z**tèque, la ben**z**ine, un bon**z**e, un bron**z**e, un chimpan**z**é...*

~ ***Exceptions :***
alsacien, le balsa, balsamique (de *baume*), *une isba, une subsistance, subsister* (*cf.* « Chercher les dérivés »).

- **Le son complexe [gz] s'orthographie *-x-*** dans les mots commençant par *(h)ex-* suivi d'une voyelle (lettre ou son) :
  exagérer, exiger, exode, exulter...
  hexagone, exhausser, exhiber, exhorter, exhumer...

123 Chercher les dérivés

On écrit -*s*- dans les mots commençant par *trans*- suivi d'un son-voyelle :

transiger, une transaction, intransigeant
transalpin, transatlantique
transhumer, la transhumance
(être) transi (on prononce parfois [tʀɑ̃si])
un transistor
un transit, transiter, une transition

124 Identifier la classe du mot

On écrit -*x*- dans les trois adjectifs numéraux ordinaux suivants :

deuxième, sixième, dixième.

Remarque :
On écrit toutefois un *sizain, un dizain* (termes de poésie) et *une dizaine.*

125 Utiliser sa mémoire

■ Il est difficile de savoir si le son [z] s'écrit *-z-* ou *-s-* quand il est entre deux voyelles. Voici quelques mots, classés selon la position de *-z-* :

-aza- *: une azalée, un bazar*
-aze- *: un blazer, une gaze, une gazelle, une gazette, un kamikaze, un topaze*
-azi- *: azimut, un magazine*
-azo- *: une amazone, un azote, le gazon, gazouiller, le mazout*
-azu- *: l'azur, le lapis-lazuli*
-azy- *: azyme*
-eza- *: un alezan, un lézard, une lézarde*
-eze- *: un mélèze, un trapèze*
-iza- *: bizarre, une dizaine, une zizanie, un sizain*
-ize- *: un alizé*
-izi- *: une rizière, seize, seizième, treize, treizième*
-izo- *: l'horizon, un rhizome*
-oze- *: un kolkhoze*
-uze- *: douze, une douzaine, douzième, une luzerne, un suzerain*
-yza- *: le coryza, byzantin*

■ Mots terminés par un *-z-* prononcé :

le gaz, un fez (calotte ; mot marocain).

■ Pour les mots comportant la graphie *-zz-*, consulter le chapitre « Consonnes doublées », n° 43.

HOMOPHONIES : J G

Les graphies du son [ʒ]

un ange *un jour* *un journal* *un régime*

La lettre consonne *-j-* se prononce toujours [ʒ] dans les mots français.

Elle se prononce [j] dans quelques mots étrangers :
un fjeld, un fjord... (Voir n° 97.)

Reste une difficulté : la rivalité entre *-j-* et *-g-* pour orthographier le son [ʒ] :
un donjon, un agent, un goujon, agir.

Distinguer les homophones 126

une plume de ***geai*** *noir comme du* ***jais*** *un* ***jet*** *d'eau*

Observer la position 127

On écrit *-g-* :

• **Dans la syllabe [ʒi] des mots français, toujours orthographiée *-gi-* ou *-gy-* :**
le givre, une angine, un gyrophare...

On ne rencontrera la graphie *-ji-* que dans quelques mots étrangers (*cf.* « Utiliser sa mémoire ».)

• **Dans la syllabe finale *-ge* :**
le chauffage, le solfège, un prodige, une luge...

On écrit *-ge-* pour obtenir le son [ʒ] devant *-a, -o, -u* :
un geai, un cageot, une gageure...

Identifier la classe du mot 128

On écrit *-ger* à la finale des verbes :
nager, manger, abréger, partager...

Exception : *galéjer.*

Chercher les dérivés 129

Les dérivés gardent généralement la graphie *-j-* ou *-g-* de leur radical.
Voici quelques exemples de mots obtenus par préfixation ou par suffixation :

- Dérivés de quelques mots divers :
  jambe : *jambage, jambon, enjamber, enjambée, entrejambe, unijambiste*
  jet(er) : *jetée, jeton, éjecter, éjection, éjectable, déjection, injecter, injection, interjection, objet, objecter, objection, rejet, rejeton, réjection (pelote de), subjectif, sujet, surjet, trajet, trajectoire...*
  joindre : *adjoindre, adjonction, disjoindre, disjoncteur, disjonction, enjoindre, injonction, conjoindre, conjoint, conjonctif, conjonction, conjoncture, conjugal, subjonctif...*
  gel : *antigel, gelée, gélatine, gélif, congeler, congélateur, congélation, dégel, dégeler, décongeler, décongélation, engelure...*
- Dérivés de mots terminés par *-ge*, dont voici quelques exemples :
  cage : *cageot*
  juge : *jugement, jugeote*
  orange : *orangeade*
  gage : *engagement, gageure*
  loge : *logement, déloger*
  rouge : *rougeoyer, rougeâtre, rouget, rougeaud*

Exceptions :
Enjôler vient de *geôle* et *cajoler* a un rapport avec le *geai* (l'oiseau).

130 *Utiliser sa mémoire*

■ **Mots contenant un *-j-* :**

-ja- : *un benjamin, un goujat, un naja, un pyjama, éjaculer*
-jau- : *une mijaurée*
-je- : *un djebel, une djellaba, une djemââ* (réunion de notables)
-ji- : *un djinn, un hadji, un moujik, un tajine, le jiu-jitsu*
-jo- : *cajoler, enjôler* (cités dans les exceptions), *un banjo, un major, un majordome, une majorité, mijoter*
-join- : *le benjoin* (et les composés de *joindre*)
-jon- : *un ajonc, un bijon* (résine du pin), *un donjon, un goujon*
-jou- : *un acajou, un cajou, un joujou, un bijou, un sapajou* (ou *sajou*).

■ **Mots contenant un *-g-* :**
Devant *-e* et *-i*, *-g-* est plus fréquent que *-j-*

-ge- : *une agence, un agenda, une bergerie, le gingembre, flageller, héberger, une hégémonie, léger, une mégère, un régent, un bourgeon*
-gi- : *agile, une angine, un argile, un cagibi, fragile, une hégire, une ogive, un régime, un régiment, rigide.*

HOMOPHONIES : X XC CC CT

Les graphies du son [ks]

un taxi *un excès* *une coccinelle* *une action* *le tocsin* *exsuder*
Le son complexe [ks] peut correspondre aux graphies *-x-*, *-xc-*, *-cc-*, ou *-ct*.

Distinguer les homophones 131

*un **accès** de fièvre* *être **axé** sur une idée*
*un **oxydant*** *l'**Occident***

Observer la position 132

On trouve la graphie *-xc-*

• prononcée [ks]
dans les mots commençant par *exce-* et *exci-* :
excellent, excentré, une exception, un excès... *exciser, exciter...*

• prononcée [ksk]
dans les mots commençant par *exca-*, *exco*, *excu*, *excl-*, *excr-* :
une excavation, excommunier, excuser, s'exclamer, une excroissance...

Chercher les dérivés 133

■ **On écrit *-xc-* à la jonction du préfixe *ex-* et d'un radical commençant par *c-* :**
un excédent, l'excentricité, une exception, une excitation...

Remarque :
Le repérage du radical peut être facilité par le remplacement du préfixe *ex-* :
excédent, antécédent *excepter, intercepter*
excentrique, concentrique *excipient, récipient...*

■ **On écrit *-cc-* à la jonction des préfixes : *ac-*, *oc-*, *suc-* et de radicaux commençant par *ce-* ou par *ci-* :**
accepter, inacceptable *accéder, inaccessible* *succéder, une succession*

Remarque :
Le repérage du radical peut être facilité par le remplacement de ces différents préfixes :
accepter, intercepter *Occident, incident* *accéder, succéder, procéder*

■ **On devine qu'il s'agit de *-ct-* si, dans un mot de la même famille, le *-c-* et le *-t-* sont prononcés distinctement** [kt] :

On entend [ks]	On entend [kt]
action	*actif, acteur*
section	*secteur, sectoriel*
instruction	*instructeur, instructif*

Exceptions :

On trouve *-x-* et non *-ct-* dans :

apoplexie, connexion, fluxion, galaxie, prophylaxie, réflexion

bien que dans leurs dérivés on entende [kt] :

apoplectique, connecter, fluctuer, galactique, prophylactique, réflecteur.

■ **On écrit *-xs-* à la jonction du préfixe *ex-* et d'un radical commençant par *s-* :**

exsangue, une exstrophie (vice de conformation), *exsuder.*

Remarque :

Le repérage du radical peut être facilité par le remplacement du préfixe *ex-* :

exsangue, consanguin   exstrophie, catastrophe   exsudation, transsudation

134 Utiliser sa mémoire

■ **Mots comportant *-cc-* :**

-acce- : *un accent*
-acci- : *un vaccin*
-occi- : *une coccinelle, un occiput, occire*
-occy- : *un coccyx*
-ucce- : *un succédané*
-ucci- : *un buccin* (mollusque ou trompette romaine), *un succin* (ambre jaune), *succinct* (bref).

■ **Mots terminés par *-x* prononcé :**

-ax : *un anthrax, un borax, un opoponax* (plante), *un thorax*
-ix : *un phénix*
-inx : *un sphinx*
-ox : *un box, un fox (-terrier), un phlox* (plante)
-ux : *un lux* (unité d'éclairement)
-yx : *un bombyx, un onyx* (agate)
-ex : *un apex* (pointe), *un cortex, un culex* (nom scientifique du moustique appelé « cousin »), *un duplex, un index, un latex, un multiplex, un narthex, un reflex* (photo), *un sphex* (sorte de guêpe qui creuse des terriers), *un silex, un triplex*
-ynx : *un larynx, un lynx, un pharynx.*

■ **Mot contenant *-cs-*** : *tocsin*

Remarque :

Le mot *fax* est l'abréviation de *fac-similé.*

■ **Mot contenant *-chs-* :**

un fuchsia, la fuchsine (colorant rouge).

■ **Mot contenant *-ks-* :**

un ksar (lieu fortifié, en Afrique du Nord).

ORTHOGRAPHE GRAMMATICALE

V ARIATIONS DU NOM ET DE L'ADJECTIF

135

Dans le hall bruyant de la gare où la foule animée des passagers
masc. sing. fém. sing. fém. sing. masc. plur.
semblait ne jamais devoir se dissiper, les annonces répétées se mêlaient à
fém. plur.
la rumeur des voix indistinctes et au bruit métallique des machines.
fém. sing. fém. plur. masc. sing. fém. plur.

Dans un groupe nominal, l'adjectif s'accorde avec le nom qu'il qualifie, et le déterminant avec le nom qu'il détermine.
Il est donc nécessaire de bien repérer le nom précédé du déterminant (ou le pronom) qui est la base du groupe et les mots qui sont liés à ce nom par l'accord, c'est-à-dire les adjectifs et les participes :

__le__ hall bruyant (...) __la__ gare (...) __la__ foule anim__ée__ __des__ passagers (...)
__les__ annonces répét__ées__ (...) __la__ rumeur __des__ voix indistinct__es__ (...) __au__ bruit métallique __des__ machines.

Le nom et l'adjectif varient en genre (masculin ou féminin) et en nombre (singulier ou pluriel).

Attention !
Quand un nom masculin est coordonné à un autre nom féminin, l'accord se fait au masculin (pluriel) :
__Deux jeunes femmes__ et __un homme âgé__, attabl__és__ à la terrasse du bar, attendaient en silence, indifférent__s__ à l'agitation qui les entourait.

Le genre des noms : masculin ou féminin

un homme, une femme — *mon frère, ma sœur* — *le voisin, la voisine*
un lion, une lionne — *un porc, une truie* — *une souris (mâle, femelle)*
le soleil, la lune — *une table, un buffet* — *une âme, un esprit.*

■ Un nom appartient à la classe grammaticale des noms masculins ou des noms féminins. **Il se distingue ainsi par le genre.**

• Cette distinction repose sur une opposition de sexe pour la plupart des noms d'êtres animés :
un garçon, une fille — *un neveu, une nièce* — *un chien, une chienne*

• Elle reste largement arbitraire pour les noms de choses, pour beaucoup de noms d'animaux et quelques noms d'êtres humains :
une chaise, un fauteuil — *un visage, une face*
un crocodile, une panthère — *une sentinelle, un otage, une victime...*

■ Certains noms du type *homme / femme, garçon / fille*, ont **deux formes globales distinctes pour le masculin et le féminin :**

un père, une mère — *un oncle, une tante* — *un neveu, une nièce*
un gendre, une bru — *un parrain, une marraine* — *un mari, une femme*
un cheval, une jument — *un bélier, une brebis* — *un bouc, une chèvre*
un sanglier, une laie — *un jars, une oie* — *un cerf, une biche...*

En cas d'hésitation, on se reportera à un dictionnaire, qui donnera la forme du féminin.

■ **Certains noms de profession ont un seul genre** et sont utilisés pour les personnes de l'un ou l'autre sexe. Au féminin, on utilise alors une périphrase :
un homme ou une femme professeur, ingénieur — *Madame le proviseur*

Les noms à double genre 136

■ **Certains noms de personne ou d'animal peuvent être indifféremment du genre masculin ou féminin :**
un / une concierge — *un / une enfant* — *un / une secrétaire...*

Pour les animaux, on précisera « femelle » ou « mâle » :
une belette mâle, une belette femelle.

■ **Quelques noms homophones et homographes**, c'est-à-dire qui se prononcent et s'écrivent de la même façon mais qui n'ont pas le même sens, **sont différenciés d'après leur genre.**

En voici quelques exemples :

un aide / une aide
un cartouche / une cartouche
un critique / une critique
un livre / une livre
un manœuvre / une manœuvre
un mode / une mode
un moule / une moule
un pendule / une pendule
un poste / une poste
un tour / une tour
un cache / une cache
un crêpe / une crêpe
un garde / une garde
un manche / une manche
un mémoire / une mémoire
un mousse / une mousse
un page / une page
un poêle / une poêle
un somme / une somme
un voile / une voile...

Nom masculin ou nom féminin ? 137

■ Aucun critère de forme n'est suffisant pour savoir si un nom est de genre masculin ou féminin.

En cas d'hésitation, notamment pour les noms commençant par une voyelle ou un *h* muet, on peut consulter un lexique ou un dictionnaire.

Voici quelques noms sur le genre desquels on hésite fréquemment :

noms féminins		noms masculins	
une acoustique	*une acné*	*un ail*	*un alcool*
une agrafe	*une algèbre*	*un amalgame*	*un amphithéâtre*
une amnistie	*une anagramme*	*un anathème*	*un aparté*
une ancre	*une anicroche*	*un apogée*	*un apologue*
une apothéose	*une atmosphère*	*un appendice*	*un arcane*
une autoroute	*une azalée*	*un armistice*	*un arôme*
une chrysalide	*une ébène*	*un artifice*	*un asile*
une ecchymose	*une échappatoire*	*un asphalte*	*un astérisque*
une écharde	*une égide*	*un augure*	*un autographe*
une encaustique	*une éphéméride*	*un automne*	*un emplâtre*
une épigramme	*une épitaphe*	*un épilogue*	*un esclandre*
une épître	*une équivoque*	*un escompte*	*un haltère*
une escarre	*des immondices*	*un hémisphère*	*un hiéroglyphe*
une mandibule	*une octave*	*un hospice*	*un hyménée*
une omoplate	*une orbite…*	*un obélisque*	*un planisphère…*

~ ***Remarque :***
On peut aussi bien utiliser le masculin que le féminin pour les mots :
après-midi, oasis, météorite (mais *un météore*), *pamplemousse.*

Le genre des adjectifs : les formes du féminin

un homme ***seul*** *- une femme* ***seule****; un* ***grand*** *garçon - une* ***grande*** *fille*
un buffet ***verni*** *- une table* ***vernie****; un dénouement* ***heureux*** *- une fin* ***heureuse****; un espoir* ***vain*** *- une espérance* ***vaine****…*

La marque graphique du féminin est E.
La variation de la forme d'un adjectif selon le genre est ainsi identique à celle des noms :
*candidat, candidat**e** / acteur, ac**trice** / ami, ami**e**…*

138 *Le féminin des adjectifs terminés par une voyelle*

■ Les adjectifs terminés par un e muet
Ils ne subissent bien entendu aucun changement :
lisse, facile, calme, triste…

■ Les adjectifs terminés par une autre voyelle au masculin
L'adjonction du e n'entraîne aucun changement de prononciation :
bleu - bleue; joli - jolie; gai - gaie; ému - émue…

Attention !
Signalons l'addition d'une consonne dans les adjectifs suivants :
*andalou - andalou**s**e* *coi - coi**t**e* *esquimau - esquimau**d**e*
*favori-favori**t**e* *rigolo - rigolo**t**e*
Rappelons également (voir « Tréma », n° 12) l'addition d'un tréma dans *aiguë* (ou *aigüe*), *ambiguë* (ou *ambigüe*), *exiguë* (ou *exigüe*) et *contiguë* (ou *contigüe*).

Le féminin des adjectifs terminés par une consonne — 139

Les adjectifs terminés par une consonne prononcée au masculin

L'adjonction du **e** entraîne des modifications variables :

- Ajout simple du ***e*** :
  amical - amicale, seul - seule, majeur - majeure...
- L'ajout du **e** entraîne une modification graphique pour noter le même son final :
  *pare**il** - pare**ille*** (pour la prononciation du yod)
  *méti**s** - méti**sse*** (pour la prononciation du [s] entre voyelles)
  *publi**c** - publi**que**, caduc - caduque, turc - turque* (pour la prononciation du son [k] devant le e final).

Attention !
***grec* donne *grecque* au féminin.**

  crue***l*** - crue***lle***, ne***t*** - ne***tte*** (le redoublement de la consonne préserve la prononciation du [ɛ] ouvert).

Mais...
Le redoublement de la consonne n'est pas concerné par la prononciation dans des mots tels que *nul - nulle...*

- L'ajout du e entraîne un changement de graphie et de prononciation :
– pour les finales en *f* :
  vif - vive, neuf - neuve, bref - brève...
– dans les suffixes suivants :
  -eur / -euse : *voleur - voleuse...*
  -teur / -trice : *séducteur - séductrice...*
  -eur / -eresse : *vengeur - vengeresse...*

Les adjectifs terminés par une consonne muette au masculin

L'adjonction du e fait apparaître cette consonne dans la prononciation :

- Consonne simple :
  *gran**d** - gran**de**, petit - petite, gris - grise, idiot - idiote...*
- Consonne doublée :
  *gro**s** - gro**sse**, gentil - gentille* (avec yod), *sot - sotte...*

- Changement de graphie dans certains cas :
  -c / -que : *franc - franque*
  -g / -gue : *long - longue, oblong - oblongue*
  -s / -che : *frais - fraîche*
  -s / -ce : *tiers - tierce*
  -c / -che : *blanc - blanche, franc - franche*
  -x / -se : *heureux - heureuse*
  - x / -sse : *faux - fausse*
  - x / -ce : *doux - douce.*

■ **Adjectifs terminés par une lettre consonne non prononcée mais entrant dans la composition d'un son voyelle final**
(par exemple *e* + *t* correspondant à [e], ou *i* + *n* correspondant à [ɛ̃])

L'adjonction du e fait apparaître cette consonne finale dans la prononciation et peut entraîner un changement de graphie :
-et / -ette : *muet - muette, blet - blette, coquet - coquette , simplet - simplette...*
-et / -ète : *discret - discrète, inquiet - inquiète, concret - concrète, secret - secrète, complet - complète, désuet - désuète...*
-er / -ère : *dernier - dernière, léger - légère...*
-on / -onne : *bon - bonne...*
-ien / -ienne : *ancien - ancienne...*
-in / -igne : *bénin - bénigne, malin - maligne.*

140 *Cas particuliers*

Beau - belle, nouveau - nouvelle, fou - folle, mou - molle, vieux - vieille.
Ces adjectifs prennent les formes *bel, nouvel, fol, mol, vieil* devant un nom commençant par une voyelle ou un *h* muet :
un bel homme, un nouvel arrivant, un fol espoir, un mol oreiller, un vieil idiot.

Pour les finales du féminin comportant des consonnes doubles, on se reportera au paragraphe 41.

Le nombre : singulier ou pluriel

un enfant joueur - des enfants joueurs - un travail pénible - des travaux pénibles - un vœu pieux - des vœux pieux...

■ **En règle générale, on note le pluriel des noms et des adjectifs en ajoutant *s* aux formes du singulier :**
une histoire drôle - des histoires drôles

Certains cas particuliers font leur pluriel en *-x* :
un beau feu - des beaux feux

Les mots qui font leur pluriel en -x 141

Les noms et adjectifs qui se terminent par *-au, -eau, -eu, -œu*

• ***-au :*** *un noyau* - ***des noyaux***

Exceptions :

un landau - des landaus *un sarrau - des sarraus*

• ***-eau :*** *un beau moineau* - ***de beaux moineaux***

• ***-eu :*** *un adieu* - ***des adieux***

Exceptions :

un bleu - des bleus *un lieu - des lieus* (poisson)
un émeu - des émeus *un pneu - des pneus*

• ***-œu :*** *un vœu* - ***des vœux***

À noter : les mots suivants ont deux formes de pluriel :
le ciel → *les cieux* ou *les ciels* (en peinture, météo et dans l'expression *ciels* de *lit*)
l'œil → *les yeux* (mais *œils-de-bœuf, œils-de-perdrix*)
l'aïeul → *les aïeux* (ancêtres) ou *les aïeuls* (grands-parents).

La série bien connue des sept exceptions en *-ou* :
des bijoux, cailloux, choux, genoux, hiboux, joujoux, poux.

Tous les autres mots en *-ou* font leur pluriel en *-ous : un clou, des clous.*

Les noms et adjectifs masculins qui se terminent par *-al* au singulier :

• *un journal* - ***des journaux***

Exceptions :

un aval - des avals *un chacal - des chacals*
un bal - des bals *un festival - des festivals*
un cal - des cals *un pal - des pals*
un carnaval - des carnavals *un récital - des récitals*
un cérémonial - des cérémonials *un régal - des régals*

• *un numéro spécial - des numéros* ***spéciaux***

Exceptions :

un cas banal - des cas banals *un vent glacial - des vents glacials*
un siège bancal - des sièges bancals *un chantier naval - des chantiers navals*
un héros fatal - des héros fatals *le lieu natal - les lieux natals*
un test final - des tests finals.

Les noms suivants, qui se terminent en *-ail* au singulier :
un bail - des baux *un corail - des coraux* *un émail - des émaux*
un fermail - des fermaux *un soupirail - des soupiraux* *un travail - des travaux*
un vantail - des vantaux *un vitrail - des vitraux*

142 Les mots qui ne varient pas

De la règle générale de formation du pluriel, il découle naturellement que : **les noms et les adjectifs qui se terminent par *-s* ou *-x* sont de fait invariables. Il en est de même pour les noms terminés par *-z*.**

Noms	Adjectifs
un/des avis, bois, bras, radis, secours, talus, univers, velours...	*bas, confus, divers, exprès, gros, précis...*
un/des choix, époux, flux, prix...	*doux, ennuyeux, fameux, faux, orageux, précieux...*
un/des gaz, nez, riz...	

143 Le pluriel des adjectifs de couleur

■ Certains noms adjectivés indiquant la couleur, **lorsque la couleur se rapporte à une matière ou à un objet précis, conservent toujours leur forme de singulier :**
des étoffes indigo (de la couleur de l'indigo : teinture exotique)
des chemises marron (de la couleur du marron)
des foulards orange (de la couleur de l'orange)...

Exceptions :
*des bas **roses**, des rubans **mauves**, des robes **pourpres**, des chevaux **fauves***

■ **Quand un adjectif vient nuancer un premier adjectif de couleur** ou que sont accolés deux adjectifs de couleur, ils restent tous les deux au **singulier :**
des yeux bleu clair, des cheveux brun foncé, des chaussures rouge carmin...

■ Quand les **deux adjectifs coordonnés** désignent la couleur du nom qu'ils qualifient, ils restent également au singulier :
des damiers noir et blanc, des fanions vert et jaune...
(= chaque fanion est vert et jaune)

Mais :
des tulipes rouges et blanches
(= des tulipes rouges et des tulipes blanches).

144 Le pluriel des noms propres

Normalement, les noms propres sont invariables :
les Dupont et les Martin, les frères Van Gogh...

On peut toutefois utiliser le pluriel :

■ **quand le nom propre désigne une dynastie, une famille illustre :**
les Bourbons, les Condés...

■ **quand le nom propre, par une figure de style, désigne un type :**
Les Mozarts sont rarissimes (= les musiciens tels que Mozart...).

Remarques :
Quand le nom propre, également par une figure de style, désigne **les œuvres d'un artiste,** on gardera de préférence le singulier :
les Titien (les tableaux du Titien), *les Watteau...*

Lorsqu'un nom propre est utilisé sans majuscule, il est alors considéré comme un nom commun et suit la règle générale :
Ce sont des tartuffes (= des personnes hypocrites).

■ **quand le nom propre désigne une réalité géographique comptable :**
les Alpes, les Amériques, les Indes...

Les noms et les adjectifs empruntés au latin ou à l'étranger 145

• Les emprunts, notamment lorsqu'ils ne sont pas parfaitement francisés, peuvent former le pluriel avec ***-s*** :
un alibi, des alibis - un bungalow, des bungalows - un flipper, des flippers...

• ou bien conserver leur pluriel étranger :
un desideratum, des desiderata - un soprano, des soprani
un maximum, des maxima ou *des maximums...*

• ou encore rester invariables :
un interim, des interim - un extra, des extra...

Rectifications orthographiques
(*cf.* Règles n° 7 du *Rapport du Conseil supérieur de la langue française)*

Singulier et pluriel des mots empruntés
Les noms et adjectifs d'origine étrangère, à l'exception des mots à valeur de citation (ex. : des *mea culpa*), font leur pluriel régulièrement :
un ravioli, des raviolis; un graffiti, des graffitis; un scénario, des scénarios; un jazzman, des jazzmans; un match, des matchs; un lied, des lieds; un solo, des solos; un maximum, des maximums; un média, des médias, etc.

Les noms de nombre 146

Pour l'écriture en toutes lettres des noms de nombre, on se reportera à la liste correspondante, n° 208.

■ **Les adjectifs numéraux cardinaux sont invariables en genre, sauf *un*** :
neuf jours, neuf heures ***un*** *jour,* ***une*** *heure*

Par ailleurs, même employés comme noms, **ils sont invariables en nombre :**

Les enfants de cinq à sept ans — *entre quatre et huit heures*
rechercher les huit — *entourer les quatre*

Attention !
Employé comme nom, *zéro* s'accorde :
*Barrer deux zéro***s***.*

■ ***Mille* est invariable.** Il peut s'écrire *mil* dans les dates :

il m'a prêté mille francs — *des mille et des cents* — *l'an mil quatre cent*

***Millier, million* et *milliard,* qui sont des noms, prennent la marque du pluriel :**

il doit un millier de francs, des milliers de francs
plusieurs millions d'habitants, à des milliards d'années-lumière

■ **Quand *vingt*** et ***cent* sont précédés d'un numéral qui les multiplie, ils s'accordent comme des noms** et **reçoivent le *-s* du pluriel, sauf quand ils sont suivis d'un autre nombre :**

*quatre-vingt***s** *ans / quatre-vingt-deux ans*
*trois cent***s** *mètres / trois cent dix mètres*

Attention !
***vingt* et *cent* ne s'accordent pas quand ils ont une valeur ordinale :**
à la page quatre-vingt = la quatre-vingtième page
en l'an mille huit cent = la mille huit centième année

■ **Les noms tels que *douzaine, vingtaine, trentaine, centaine,*** s'accordent :

deux *douzaine***s** *d'œufs,* ***plusieurs*** *centaine***s** *de personnes*

■ Les noms ***moitié, tiers, quart, cinquième... dixième... centième... millième...*** qui désignent des parties d'un tout, sont **variables :**

les ***trois*** *quart***s** *de la population, les* ***deux*** *cinquième***s** *du revenu national...*

147 Le pluriel des noms composés

L'accord en nombre des noms composés (c'est-à-dire des noms complexes dont les éléments de composition sont des mots reliés ou non par un trait d'union) s'effectue le plus souvent en fonction de critères de sens qui viennent s'ajouter aux critères de forme.

■ **Nom composé constituant une seule unité graphique**

Il suit la règle générale d'accord des noms :

*des portefeuille***s***, des contremarque***s***, les malentendant***s***...*

Quelques composés du type adjectif + nom ont conservé la forme pluriel pour chacun des mots :

des bonshommes, des gentilshommes, mesdames, messieurs, mesdemoiselles, messeigneurs

Adverbe + nom ou préposition + nom

Lorsque le nom composé est formé d'un **premier mot qui est un mot invariable,** adverbe ou préposition, ce premier terme ne prend évidemment pas la marque de pluriel :

des contre-attaques, les avant-postes, des arrière-pensées, des sous-titres...

Mis à part pour les prépositions *avant, arrière, contre* et *sous,* les deux mots peuvent rester invariables :

des hors-bord, des hors-jeu, des sans-abri, des après-midi...

Verbe + nom

Le premier terme ne peut recevoir la marque du pluriel.
L'accord du nom, qui est en position de complément du verbe, varie quant à lui selon l'usage :

des attrape-nigaud ou *des attrape-nigauds, des porte-carte* ou *des porte-cartes*
des taille-crayon ou *des taille-crayons, des pèse-lettre* ou *des pèse-lettres*
des porte-documents, des ouvre-boîtes, des casse-noisettes
mais *des serre-tête, des trouble-fête*
des presse-citron mais *des presse-fruits...*

Nom + nom

L'accord au pluriel dépend du type de rapport qui unit les deux mots.

• **Quand le second terme sert à qualifier le premier, les deux noms se mettent au pluriel :**

des wagons-lits, des décrets-lois, des cartes-lettres...

Attention !
Pour les noms composés empruntés à l'anglais, le second nom seul se met au pluriel :

des cow-boys, des week-ends, des pipe-lines (ou *des pipelines*).

• **Quand le second terme correspond à un complément prépositionnel du premier, il reste invariable :**

des timbres-poste = pour la poste ; *130 kilomètres-heure* = à l'heure...

Mots composés avec *aide-, porte-, garde-*

Il y a ambiguïté dans les composés dont le premier terme est *aide-, porte-* ou *garde-,* car **ces mots peuvent être une base nominale, donc variable, ou verbale, donc invariable.**

• **Mots composés avec *aide***
Si le premier élément a le sens de « personne qui aide », les deux éléments prennent la marque du pluriel :
des aides-comptables, des aides-maçons, des aides-cuisiniers, des aides-mécaniciens...
En revanche, *aide-mémoire* (de *aider* et *mémoire*) est invariable.

• **Mots composés avec *garde***
– Le premier élément est considéré comme une **base verbale dans les noms de choses et reste invariable :**
un garde-fou / des garde-fous, une garde-robe / des garde-robes...
– *Garde* est considéré comme une **base nominale dans les noms de personnes et varie au pluriel :**
un garde-malade / des gardes-malades
un garde-côte (ou *côtes*) */ des gardes-côtes...*

Attention !
Le second élément reste invariable si le sens l'exige :
des garde-boue, des garde-feu, des gardes-pêche...

• **Mots composés avec *porte***
– **Les deux éléments varient au pluriel quand *porte* est un nom :**
une porte-fenêtre / des portes-fenêtres
– **Lorsque *porte* est une base verbale, celle-ci ne varie pas** et le second élément varie ou ne varie pas selon le sens :
des porte-allumettes, des porte-cartes, des porte-documents, des porte-cigarettes (étui)...
des porte-bonheur, des porte-fanion, des porte-parole, des porte-cigarette (fume-cigarette)...
– Mais de nombreux noms composés peuvent avoir leur second élément au singulier ou au pluriel :
des porte-bébé(s), des porte-savon(s), des porte-drapeau(x)...

■ Adjectif + nom ou nom + adjectif

Les deux mots s'accordent au pluriel :
des courts-circuits, des cerfs-volants, des basses-cours, des longs-courriers, des petits-suisses, des rouges-gorges...

Attention !
des petits-beurre (des biscuits au beurre) et *des demi-cuillerées, des demi-cercles, des demi-heures...* (= des moitiés de cuillerées, de cercles, d'heures...) où *demi* reste invariable; à distinguer de *trois cuillerées et demie*, etc.

■ Adjectif + adjectif

Les deux mots varient normalement :
des sourds-muets, des clairs-obscurs

Exceptions :

– le premier mot ne varie pas quand il est assimilé à un adverbe :
des nouveau-nés mais *les premiers-nés* (expression nominalisée...)

On peut hésiter entre les *bras grand-ouverts* ou *grands-ouverts.*

– quand le composé est constitué de deux adjectifs désignant des noms de langue, ils sont invariables :
des dictionnaires français-allemand

– quand le composé désigne une couleur nuancée, les deux adjectifs sont également invariables (voir n° 143) :
des yeux gris-bleu, des robes bleu-mauve...

Adverbe + adjectif

• On retiendra le cas de *tout-puissant* où l'accord de *tout* ne se fait pas au masculin, mais se fait en revanche au féminin :
*des dieux tout-puissant**s**, des déesses tout**es**-puissant**es***

• L'accord de *tout* dans le nom composé suit l'usage concernant l'accord de *tout* adverbe :

Il est toujours invariable devant un adjectif masculin ou devant un adjectif féminin commençant par une voyelle :
Ils sont tout contents, elles sont tout étonnées

Il s'accorde en genre et en nombre devant un adjectif féminin commençant par une consonne ou un *h* aspiré :
Elles sont toutes contentes, toutes surprises, toutes hébétées...

Nom + préposition + nom

Le rapport de subordination entre les deux noms est ici explicite et **seul le premier nom se met au pluriel :**
des arcs-en-ciel, des chefs-d'œuvre, des pommes de terre

À noter cependant : *des tête-à-tête, des pot-au-feu, des pied-à-terre...*

Verbe + verbe

Pas de marque de pluriel :
des laissez-passer, des garde-manger, des savoir-faire, des faire-valoir...

Il en est de même pour des *pince-sans-rire* (verbe + préposition + verbe).

Cas particulier

Quand le premier élément se termine par la voyelle *-o* ou est un mot abrégé en *-a, -é, -i*, il reste invariable :
des électro-aimants, les accords franco-allemands, des ciné-clubs,
des cuti-réactions, des infra-sons...

148 Le pluriel des compléments prépositionnels

L'accord se fait ou non selon le type de relation qui unit les termes de l'ensemble **nom + préposition + nom.**
Seul un raisonnement sur le sens de chacun des termes du groupe permet de déterminer le nombre :

*un jour de pluie - des jour**s** de pluie*
*une bande d'amis - des bande**s** d'amis*
*un développement sans fin - des développement**s** sans fin*
*un homme sans préjugés - des homme**s** sans préjugés*

D'une façon générale, c'est en fonction du sens que l'on choisira le singulier ou le pluriel dans tout groupe nominal prépositionnel sans déterminant :

partir en vacances (= pour des vacances)
partir en stage (= pour un stage)
agir par amour (= sous l'effet de **l'**amour)
parler sans arrêt (= sans **un** arrêt)
absent pour raisons de famille (= pour **des** raisons de famille)

149 Accord de l'adjectif accompagnant plusieurs noms

■ Rappelons d'abord que si l'adjectif qualifie **plusieurs noms du genre masculin,** il s'accorde naturellement au masculin pluriel :

un buffet et un fauteuil anciens

S'il qualifie **plusieurs noms du genre féminin,** il s'accorde au féminin pluriel :

une commode et une armoire anciennes

Mais la convention veut qu'un adjectif qualifiant **plusieurs noms masculins et féminins** s'accorde au masculin pluriel :

un buffet et une armoire anciens

■ Quand les **noms sont coordonnés par *ni* ou par *ou*,** on accorde ou pas l'adjectif selon qu'il qualifie l'ensemble des noms ou un seul d'entre eux.
C'est le sens qui doit déterminer le choix de l'accord :

Il n'y aura ni retard ni absence injustifiés.
(= absence et retard sont injustifiés)
On n'avait prévu ni la pluie ni le vent violent. (= seul le vent est violent)
Thé ou café noir ? (= seul le café est noir, par opposition à un café crème)
Préférez-vous le tailleur ou l'ensemble vert ? (seul l'ensemble est vert)

■ Habituellement, en présence d'une **série de noms avec un effet de gradation,** l'adjectif s'accorde avec le dernier nom :

Il y mettait une volonté, un courage, une ardeur étonnante.

La personne et le nombre : l'accord du verbe conjugué

__Les quelques brumes matinales__ se lèv__eront__ rapidement et __le soleil__ brill__era__ largement sur l'ensemble du pays. __Des passages nuageux__ se développ__eront__ toutefois en fin de journée et des __orages sont__ possibles au-dessus du relief, notamment dans les Pyrénées. (Bulletin météo)

Le __brouillard__ s'__était__ levé et __le soleil,__ encore timide, répand__ait__ une douce lumière d'automne sur le jardin. __Nous__ espér__ions__ que __les nuages et la pluie__ ne viendr__aient__ pas troubler notre fête. (Récit au passé)

Aujourd'hui __il a__ pl__u__ sans discontinuer, __le vent__ s'__est__ calmé dans la soirée mais __je__ crain__s__ une nouvelle tempête. (Journal de bord)

Une forme verbale varie en mode, en temps, en personne et en nombre; seul le participe passé varie en genre.
Ces variations dépendent du choix des modes et des temps et de la règle d'accord du verbe d'une proposition avec son sujet grammatical, qui détermine le choix de la personne et du nombre.
Dans la phrase : « *Le soleil brillera largement sur l'ensemble du pays* », le verbe *brillera* s'analyse donc ainsi :
brill-e-r-a : le *r* est la marque du futur de l'indicatif (*e* sert de voyelle de transition) et *a* est la marque de troisième personne du singulier à ce temps.
Ces variations constituent l'ensemble des formes conjuguées d'un verbe.

Bien identifier le sujet du verbe 150

Afin d'éviter les erreurs d'accord, il convient avant tout de **bien repérer le nom (ou son substitut) qui est la tête du groupe sujet** (question *qui est-ce qui ?* ou *qu'est-ce qui ?*) et d'identifier sa personne et son nombre, en rappelant éventuellement le pronom personnel correspondant pour l'associer aux terminaisons du verbe.

> *« __La tombée du jour (elle)__ ven__ait__ de finir. __Les bonnes gens (ils)__ rentr__aient__ des champs (...). En tête ven__aient les jeunes filles (elles)__ (...).*
> *__Elles__ se __tenaient__ par la taille et chant__aient.__ (...) Devant l'auberge __on__ vid__ait__ des cruchons du petit vin blanc du pays (...).*
> *__Le sujet de toutes les conversations (il)__ ét__ait__ la chaleur précoce pour la saison et __la sécheresse__ qui __(elle)__ menaç__ait__ déjà la tendre moisson. »*
>
> (Cendrars, *L'Or*)

Attention !

Quand un pronom personnel complément se trouve devant le verbe, on veillera à associer la personne et le nombre du verbe avec son sujet.
On évitera ainsi que le nombre du pronom complément n'entraîne une erreur d'accord.

Les parents de Charles ont toujours un pincement au cœur quand ***ils le*** *voi****ent*** *repartir.* (= **ils** (les parents) voi**ent** Charles repartir)
Marc était toujours très heureux d'avoir des nouvelles de ses parents.
*Il est vrai qu'****il les*** *voy****ait*** *peu.* (= il (Marc) voy**ait** peu ses parents)

Accords particuliers

151 *Sujets multiples*

■ **Plusieurs noms sujets au singulier coordonnés par *et***
Le verbe s'accorde naturellement au pluriel :
La panthère et le jaguar appartiennent à la même famille.

■ **Deux sujets au singulier coordonnés par *ou***
Le verbe s'accorde au singulier ou au pluriel selon que le fait exprimé par le verbe concerne les deux sujets ou seulement l'un des deux :
Le père ou la mère aura la garde de l'enfant.
(= l'un ou l'autre exclusivement, un seul des deux)
Le père ou la mère seront autorisés à le voir.
(= l'un comme l'autre, sans exclusive, les deux)

■ **Plusieurs pronoms personnels sujets coordonnés par *ou***
Le verbe se met toujours au pluriel :
Toi ou lui pourriez venir. (2e pers. sing. + 3e pers. sing. = 2e pers. plur.)
Toi ou moi pourrions terminer le travail.
(1e pers. sing. + 2e pers. sing. = 1e pers. plur.)

■ **Plusieurs noms sujets coordonnés par *ni***
Le verbe peut se mettre au singulier mais sera le plus souvent au pluriel si *ni* est la négation de *et* :
Ni l'un ni l'autre ne viendront ou *ne viendra.*
(Ils ne viendront ni l'un ni l'autre ≠ Ils viendront l'un et l'autre)

Le verbe se met au singulier si *ni* est la négation de ***ou*** :
Ni l'un ni l'autre ne fera l'affaire. (≠ L'un ou l'autre fera l'affaire)

■ **Plusieurs sujets juxtaposés avec un effet de gradation**
Le verbe reste au singulier :
Un geste de la main, un léger hochement de tête, un clin d'œil suffira.

■ **Plusieurs sujets repris par *nul, rien, tout***
Le verbe reste au singulier car il s'accorde avec le pronom indéfini :
Le changement de climat, l'attrait de la nouveauté, l'amélioration de sa situation, ***rien*** *ne l'****a*** *décidé à partir.*
Le logement, la nourriture, les transports, ***tout est*** *prévu.*
Enfants, seuls ou accompagnés, parents, visiteurs, ***nul*** *n'****est*** *autorisé à pénétrer dans le bureau du directeur.*

C'est... Ce sont... C'étaient 152

Avec *ce* pronom démonstratif, sujet de *être* dans la forme de présentatif, **l'accord se fait en principe avec le nom qui suit.** Cependant, l'usage est variable.

C'est un ami d'enfance.	*Ce sont des amis d'enfance.*
C'était un agréable séjour.	*C'étaient des vacances sportives.*
C'est lui.	*Ce sont eux.*

Beaucoup (de)... La plupart (de)... *et autres déterminants de quantité* 153

■ Des noms sujets peuvent être introduits par des déterminants indéfinis indiquant une quantité, tels que les groupes adverbiaux ***beaucoup de... bien des...*** ou les groupes nominaux ***la plupart de... quantité de...***
Dans ces cas, le verbe s'accorde normalement au pluriel, conformément au sens, quand le nom est lui-même au pluriel :
Beaucoup d'électeurs se sont abstenus.
Bien des années ont passé.
La plupart des erreurs sont évitables.
Quantité de gens pensent la même chose.
Nombre de locataires sont mécontents.

■ Avec ***le peu de...*** on peut choisir d'accorder avec le nom pluriel ou d'insister sur l'idée de manque en choisissant le singulier :
Le peu de cheveux qui me restent sont blancs ou *est blanc.*

■ **L'accord avec *plus d'un...* se fait de préférence au singulier :**
Plus d'un a essayé avant lui.

■ **L'accord avec *moins de...* se fait au pluriel :**
Moins de cent personnes étaient présentes.

■ **Quand les adverbes ou noms introducteurs indiquant une quantité sont sujets, le verbe se met au pluriel :**
Beaucoup le savent. Peu le disent. La plupart l'ont oublié.

154 *Noms collectifs suivis d'un complément prépositionnel*

On ne confondra pas les cas précédents avec les groupes formés d'un nom collectif suivi d'un complément prépositionnel.
L'accord se fera alors normalement avec le nom qui est la tête du groupe mais l'usage varie :

*Ce soir-là, **une foule** de passants anim**ait** la rue habituellement déserte.*
***L'ensemble** des résultats **a** été communiqu**é** aux candidats.*
***Sa collection** de papillons exotiques recouvr**ait** tout un mur de la chambre.*
***Une centaine** de nouveaux cas **a** été signal**ée**.*

L'usage quotidien fait cependant souvent apparaître le pluriel :

*Une centaine de cas **ont** été signalés.*

155 *Pronoms indéfinis suivis d'un complément prépositionnel*

Quand le sujet du verbe est un pronom indéfini suivi d'un complément prépositionnel, l'accord se fait comme il se doit avec le pronom qui est la tête du groupe :

***Plus** d'un en **est** pass**é** par là.*
***Lequel** d'entre ces exemples vous semble préférable ?*
***Aucun** des deux ne me par**aît** entièrement satisfaisant.*

156 *Pronom indéfini on*

Le pronom personnel indéfini invariable *on* est toujours sujet.
Il entraîne l'accord au singulier :

On a souvent besoin d'un plus petit que soi. (= les hommes en général)
On m'a dit... (= quelqu'un)
On montrera dans un premier temps... (= je, c'est-à-dire l'auteur ou l'orateur : emploi stylistique)

Attention !

L'attribut de *on* peut s'accorder, en référence aux personnes qui sont désignées par *on* :

Alors les enfants, on est contents ?

157 *Accords dans les subordonnées relatives*

■ **Quand le sujet est le pronom relatif *qui*, c'est l'antécédent du pronom relatif qui commande l'accord.**

Il faut donc relier le pronom relatif sujet au nom qu'il représente pour savoir s'il est singulier ou pluriel.

*Les jeunes **filles** qui ven**aient** en tête chantaient avec entrain.*

■ **Quand, dans une phrase, le sujet est une proposition relative, l'accord se fait au singulier.**

Qui veut aller loin ménage sa monture. (= celui qui veut aller loin...)

Qui, relatif sans antécédent, est alors l'équivalent de *quiconque* :

Quiconque a des réclamations à faire doit s'adresser au responsable.
(= toute personne qui..., qui que ce soit qui...)

Accord avec une subordonnée complétive 158

Quand le sujet d'un verbe est une subordonnée complétive sujet (introduite par la conjonction de subordination *que*), **l'accord se fait au singulier :**

Qu'il doive prochainement se séparer de son meilleur ami l'attriste.
(= le fait qu'il doive...)

Le genre et le nombre : l'accord du participe passé

*Les yeux **fixés** sur l'engin volant, Mélanie a **cru** un instant qu'elle rêvait. Une brusque explosion l'a **sortie** de sa stupeur. Elle s'est **ressaisie** et s'est **jetée** au sol.*

• Le plus souvent, **le participe passé constitue le second élément des temps composés** avec l'auxiliaire *être* ou *avoir* :

*Mélanie a **cru**, elle s'est **ressaisie...***

Il peut cependant être aussi employé comme adjectif qualificatif.

• **Employé avec un nom, qu'il détermine, le participe passé a la fonction d'un adjectif qualificatif** et obéit donc aux règles générales d'accord en genre et en nombre avec le nom auquel il se rapporte :

*une soirée agit**ée**, une matinée bien rempl**ie**, le jour tant attend**u...***

• **Quand on hésite sur une forme de participe passé peu familière,** il peut être utile de conjuguer le verbe à un temps composé (passé composé par exemple) :

résoudre : il a résolu... (passé composé) → *résolu* (participe passé)
acquérir : il a acquis... (passé composé) → *acquis* (participe passé)

159 *Terminaisons homophones des participes passés*

■ Certaines erreurs sont dues aux confusions provoquées par l'homophonie de certaines terminaisons de participe passé :
participes passés en ***-i*** *(parti)*, ***-is*** *(assis)*, ***-it*** *(écrit)*
participes passés en ***-u*** *(reçu)*, ***-us*** *(inclus)*

Rappels :

• **Les verbes en *-er* ont un participe passé masculin singulier en *-é* :**
arriver : arrivé *acheter : acheté* *aller : allé*

De même pour les verbes *être (été)* et *naître (né).*

• **les verbes en *-ir* du deuxième groupe ont un participe passé en *-i* :**
choisir : choisi *finir : fini*

• **les autres participes passés se terminent par *-i* ou *-u* ou bien prennent en finale consonantique un *-t* ou un *-s* :**
*partir : part**i*** *venir : ven**u*** *recevoir : reç**u*** *conclure : concl**u***
*couvrir : couver**t*** *écrire : écri**t*** *acquérir : acqui**s*** *inclure : inclu**s***

■ **On peut recourir à la forme de féminin, lorsqu'elle existe.**
Elle permet, à l'oral, de vérifier la présence ou non d'une consonne finale :
*partie, assi**s**e, écri**t**e, reçue, inclu**s**e, couver**t**e*

Attention !
Font exceptions les formes en *-te* ***dissoute*** et ***absoute*** qui correspondent à des masculins en *-s dissous, absous.*

Rectifications orthographiques
(cf. Graphies particulières fixées ou modifiées n° 10 : Anomalies, du *Rapport du Conseil supérieur de la langue française)*

absout, absoute (participe, au lieu de *absous, absoute)*
dissout, dissoute (participe, au lieu de *dissous, dissoute)*

160 *Règles générales d'accord du participe passé*

■ **Nom + participe passé**
Le participe passé sans auxiliaire s'accorde, tout comme un adjectif qualificatif, en genre et en nombre avec le nom ou le pronom auquel il se rapporte :
*un travail termin**é*** *une tâche achev**ée*** *les fleurs cueill**ies*** *le jour prév**u***
*la récompense promi**se*** *le but attein**t*** *la façade repein**te**...*

Attention !
• ***Ci-joint*** **et *ci-inclus* s'accordent lorsqu'ils suivent le nom :**
La lettre ci-jointe ou *ci-incluse.*

Ils restent invariables lorsqu'ils précèdent le nom :
Veuillez trouver ci-joint ou *ci-inclus la lettre.*

• Il en va de même pour les expressions *étant donné, étant entendu, passé, excepté, mis à part, non compris, y compris, reçu, vu... :*
Vu les circonstances...; Excepté les cas suivants...; Y compris la boisson...; Passé la date...

Être + participe passé

Le participe fonctionne comme un adjectif et s'accorde donc avec le sujet :
***Le travail** est enfin terminé.*
***Le but** sera prochainement atteint.*
***L'affaire** est désormais clos**e**.*
***Les fleurs** sont cueilli**es**.*
***La façade** a été repeint**e**.*
***Des dispositions** seront pris**es**.*

Il en est de même pour les verbes employés comme verbes d'état :
***Sa position** ne semblait pas encore définitivement arrêt**ée**.*
***Nous** nous trouvions très embarrass**és**.*

Avoir + participe passé

• Le participe passé ne s'accorde pas avec le sujet.
Il s'accorde avec le complément d'objet direct du verbe, et seulement lorsque ce complément précède le verbe.
Ordre : sujet + verbe + complément d'objet direct = pas d'accord.
*Il a entrepris **une tâche** qu'il espère conclure rapidement.*

Ordre : complément d'objet direct + sujet + verbe = accord.
*Il espère conclure rapidement **la tâche** qu'il a entrepri**se**.*

La règle d'accord avec *avoir* se comprend plus facilement si l'on suit le mouvement progressif de construction de l'énoncé, de gauche à droite.
Les ouvriers ont repeint... : le complément est alors en attente *(le mur, la façade... ?)* et l'on n'a pas encore identifié son genre et son nombre; l'accord n'est donc pas possible.
La façade que les ouvriers ont repeinte : le complément est alors posé en premier; on sait qu'il s'agit d'un nom féminin et singulier.

Dans tous les cas, l'accord se vérifie ainsi par un mouvement de retour en arrière, afin de **repérer la position du complément.**

Pas d'accord :
– Les participants ont respecté tous les engagements.
– Ils ont loué un appartement à l'étranger.
– Les élèves ont résolu une grande partie des difficultés.
– On a promis aux joueurs une récompense.

Accord :
– Je me souviens des soirées que nous avons passées avec tous les amis.
(= Je me souviens des soirées passées avec tous les amis)
– La robe que j'ai achetée hier me va parfaitement.
(= La robe achetée hier me va parfaitement)

• On sera particulièrement attentif aux cas suivants :

– proposition subordonnée relative introduite par *que* (pronom complément reprenant l'antécédent) :

La personne ***que*** *tu m'as recommand****ée*** *est absente.*

– proposition subordonnée interrogative introduite par *quel(s), quelle(s)* :

Quelle *faute as-tu commis****e*** ***?***

– reprise ou annonce d'un nom par les pronoms personnels *le, la* ou *les* :

Ces histoires, je ***les*** *ai entend****ues*** *cent fois.*
Je ***les*** *ai rang****és*** *dans le haut du placard, tes chapeaux.*
Ma carte d'identité, je ***l'****avais oubli****ée*** *à l'hôtel.*

Attention !
Quand le pronom représentant le complément est *en*, le participe reste invariable.

*Des nouvelles de Jacques, je n'****en*** *ai pas reç****u*** *depuis longtemps.*

161 *Accord du participe passé des verbes pronominaux*

La règle est différente selon qu'il s'agit des **verbes dits essentiellement pronominaux** ou des **verbes dits occasionnellement pronominaux.**

■ Verbes essentiellement pronominaux

Ce sont les verbes du type *se fier (à), se méfier (de), se moquer (de), se préoccuper (de)*... c'est-à-dire ceux qui ne s'emploient que sous cette forme, avec un pronom personnel *(me, te, se, nous, vous, se),* et qui se conjuguent avec l'auxiliaire *être* aux temps composés.

Le participe passé s'accorde avec le sujet :

Les oiseaux *se sont envol****és*** *brusquement.* (s'envoler)
Les enfants *se sont longtemps souven****us*** *de leurs vacances chez l'oncle Jules.* (se souvenir)
*« André et Henri, vous êtes-vous préoccup****és*** *de réserver les places ? »* (se préoccuper de)

■ Verbes occasionnellement pronominaux

Ce sont les verbes qui ont un emploi pronominal à côté d'un emploi non pronominal, comme *(se) coucher, (se) demander, (s') endormir, (s') excuser, (se) marier, (se) promener...*

La difficulté vient du fait que ces verbes se conjuguent aux temps composés avec l'auxiliaire *être* alors que l'accord du participe passé se fait comme avec l'auxiliaire *avoir.*

c.o.d. après le verbe : pas d'accord	c.o.d. avant le verbe : accord
*Elle s'est confectionn**é** une robe étonnante.*	*La **robe** qu'elle s'est confectionn**ée** en a surpris plus d'un.*

Le verbe pronominal s'accorde avec son pronom seulement si ce dernier est complément d'objet direct de ce verbe.

*Elle **s'**est achet**é** **une nouvelle robe.***
(elle a acheté une robe à elle-même : c.o.i. : pas d'accord)
*« Quand je **me** suis v**ue** à la télévision, a déclaré Karine, je n'y croyais pas.* » (je me suis vue moi-même : c.o.d. : accord)

On sera ainsi attentif à la construction grammaticale pour vérifier la fonction du pronom personnel, en ayant éventuellement recours à la forme infinitive.

Accord :

Des milliers de personnes se sont réunies dans le stade.
(réunir quelqu'un; dans *se réunir,* se = soi, complément d'objet direct)
« Nous nous sommes parfaitement comprises », dit-elle à son associée.
(comprendre quelqu'un; dans *se comprendre,* se = soi, complément d'objet direct)
Les enfants ne se sont pas revus depuis longtemps.
(revoir quelqu'un; dans *se revoir,* se = soi, complément d'objet direct)
« Je me suis présentée sans succès à plusieurs emplois », dit-elle avec amertume.
(présenter quelqu'un à...; dans *se présenter à...,* se = soi, complément d'objet direct)

Pas d'accord :

Les deux joueurs se sont adressé des compliments.
(adresser quelque chose à quelqu'un; dans *s'adresser quelque chose ,* se = à soi, complément d'objet indirect)
Vous vous êtes enfin dit vos quatre vérités.
(dire quelque chose à quelqu'un; dans *se dire quelque chose,* se = à soi, complément d'objet indirect)
Nous nous sommes juré de nous revoir plus souvent.
(jurer quelque chose à quelqu'un; dans *se jurer quelque chose,* se = à soi, complément d'objet indirect)

Accord du participe passé complété d'un infinitif 162

■ **Le participe s'accorde avec le complément d'objet direct si ce dernier effectue l'action exprimée par le verbe à l'infinitif :**

*Il se retourna vers la personne qu'il avait senti**e** approcher.*
(c'est bien la personne qui approchait : accord)

La place qu'il avait pensé obtenir était prise.
(ce n'est pas la place qui obtient : pas d'accord)

On doit donc vérifier, par la paraphrase, si le complément d'objet direct peut être le sujet du verbe qui est à l'infinitif : question *qui est-ce qui... ?*

Accord :

Les chœurs que j'ai entendus chanter étaient formidables...
(ce sont bien les chœurs qui chantaient)

Pas d'accord :

La pièce que j'ai vu représenter par la Comédie-Française était de Charles Vildrac. (ce n'est pas la pièce qui représente)

■ **Le participe passé du verbe *faire* suivi d'un infinitif** reste invariable.
En effet, dans ce cas, le verbe *faire* joue un rôle d'auxiliaire :
Les invitations sont transmises, je les ai fait envoyer par le coursier.

■ **Le participe passé de *laisser* suivi d'un infinitif** peut varier ou non :
Les rapports, je les ai laissé(s) rédiger à Paul.

Rectifications orthographiques
(cf. Règle n° 6 du *Rapport du Conseil supérieur de la langue française)*

Le participe passé de *laisser* suivi d'un infinitif reste invariable et suit en cela la règle admise pour *faire* :
Elle s'est laissé mourir. Je les ai laissé partir. La maison qu'elle a laissé saccager.

Le genre et le nombre : participe présent ou adjectif verbal

Soufflant, râlant, éructant** des injures, il était fou de rage et déversait autour de lui paroles **blessantes** et propos **malfaisants.

■ **Le participe présent** est la forme en ***-ant*** d'un verbe.
Il est invariable.

■ **L'adjectif verbal,** qui est un adjectif dérivé d'un verbe et se comporte comme un adjectif qualificatif, a souvent la même forme que le participe présent.
Il s'accorde avec le nom qu'il qualifie.

Distinguer le participe présent de l'adjectif verbal 163

■ Un certain nombre d'adjectifs verbaux et de participes présents ont la même prononciation mais une orthographe différente : ils sont **homophones** mais **hétérographes.**

Participe présent	Adjectif verbal
*claudi**quant***	*un vieillard claudi**cant***
*coïnci**dant***	*des angles coïnci**dents***
*communi**quant***	*les vases communi**cants***
*convain**quant***	*un argument convain**cant***
*conver**geant***	*des efforts conver**gents***
*diffé**rant***	*des cas diffé**rents***
*diver**geant***	*des opinions diver**gentes***
*excel**lant***	*un excel**lent** score*
*fati**guant***	*une épreuve fati**gante***
*influ**ant***	*un homme influ**ent***
*intoxi**quant***	*un gaz intoxi**cant***
*négli**geant***	*un geste négli**gent***
*provo**quant***	*une attitude provo**cante***
*somno**lant***	*un vieillard somno**lent***
*suffo**quant***	*une chaleur suffo**cante***
*va**quant***	*un poste va**cant***

■ Certains adjectifs verbaux nominalisés deviennent des noms :
un participant, un gagnant...
Dans ce cas, ils varient en genre et en nombre :
un gagnant, des gagnantes

■ Il existe parfois un nom sans adjectif verbal correspondant : *un résident.*
Il convient dans tous ces cas de s'assurer des différentes significations des mots.

Participe présent	Adjectif verbal	Nom
adhérant	*une colle adhérente*	*un adhérent*
équivalant	*des résultats équivalents*	*un équivalent*
expédiant (envoyant)	*un moyen expédient* (littér., commode, utile)	*un expédient* (un palliatif)
fabriquant	——	*un fabricant*
intriguant	*une disparition intrigante*	*un intrigant* (personne qui recourt à des machinations)
négligeant	*un geste négligent*	——

précédant	*le jour précédent*	*un précédent* (fait antérieur)
présidant	——	*un président*
résidant	——	*un résident*
révérant (vénérant)	——	*un révérend* (titre religieux)
violant	*un caractère violent*	*un violent*

164 Le participe présent est invariable

*Poursuiv**ant** un rêve impossible, ils ont traversé les océans.*
*L'un derrière l'autre, ils avançaient en march**ant** prudemment.*

■ La forme verbale du participe présent s'obtient en ajoutant *-ant* à la base (radical) de l'imparfait de l'indicatif :

*je **march**ais : marchant* *je **choisiss**ais : choisissant* *je **pren**ais : prenant*
*je **pou**vais : pouvant* *je **recev**ais : recevant* *je **jet**ais : jetant...*

Remarque :
Les seules exceptions à cette règle de formation sont *ayant* et *sachant.*

■ **Le participe présent, en tant que forme verbale, ne varie pas en genre et en nombre.**

Il est parfois suivi de compléments *(poursuivant un rêve impossible)* et peut être soumis à la négation *ne... pas (ne poursuivant pas).*

Précédé de *en,* c'est un gérondif *(en marchant).*

■ On vérifiera la valeur verbale du participe présent en le remplaçant, dans une paraphrase, par une forme conjuguée.

***Venant** de tous les coins du pays, les spectateurs affluaient.*
(= les spectateurs, qui venaient de tous les coins du pays, affluaient)
*Elle multipliait les ruses, **cherchant** à déséquilibrer son adversaire.*
(= elle cherchait à déséquilibrer son adversaire et multipliait les ruses)
*Ne **voulant** pas le vexer, elle a préféré ne rien dire.*
(= comme elle ne voulait pas le vexer, elle a préféré ne rien dire)
*Ils se sont rencontrés en **venant** à la piscine.*
(= ils se sont rencontrés alors qu'ils venaient à la piscine)

À noter : Le pluriel du participe présent dans les expressions juridiques *les ayants droit* ou *les ayants cause* est une survivance de l'époque où l'invariabilité du participe présent n'était pas encore fixée.

L'adjectif verbal varie en genre et en nombre 165

*Étonn**ante,** cette aventure !*
*Les enfants poursuivaient leur jeu, insouci**ants.***

Quand la forme en *-ant* a la valeur et l'emploi d'un adjectif, il varie en genre et en nombre.

L'adjectif verbal est susceptible de gradation *(une aventure très étonnante, plutôt étonnante)* et de négation par *non pas (une aventure non pas étonnante mais...) :*

Ce ne sont pas des projets très enthousiasmants.
Adopte une attitude plus conciliante.
Voici une femme non pas séduisante mais cependant attrayante.

Attention !
Soi-disant (= adjectif) est invariable :
les soi-disant coupables (= les prétendus coupables), *la soi-disant chanteuse* (la prétendue chanteuse).

H OMOPHONIES GRAMMATICALES : LES MOTS HOMOPHONES

■ **De nombreux mots grammaticaux sont monosyllabes et homophones, c'est-à-dire constitués d'une seule syllabe et prononcés de façon identique,** et doivent faire l'objet d'une attention particulière.

• Ils appartiennent pour la plupart à des classes de mots différentes et ont par conséquent des valeurs et des emplois distincts :

ou conjonction de coordination	*où* pronom relatif
on pronom personnel	*ont* verbe *avoir*
se pronom personnel réfléchi	*ce* adjectif démonstratif, etc.

• D'autres mots se présentent sous une forme unique correspondant à des classes différentes.
Par exemple, *tout* peut être :
adjectif : *Tout homme est mortel;* pronom : *Il a tout perdu;*
adverbe : *Il est tout heureux.*

• D'autres encore appartiennent à une seule classe mais varient graphiquement en fonction d'un changement de genre :

cet, singulier masculin, et *cette,* singulier féminin.

■ **Il conviendra d'examiner le contexte d'emploi du mot et d'associer ce dernier à la série grammaticale dont il fait partie.**

Pour chaque cas, nous donnerons donc l'identité grammaticale du mot et nous proposerons, à partir des exemples, des paraphrases, c'est-à-dire des énoncés de sens similaire, des reformulations ou des substitutions qui permettent, en cas d'hésitation, de choisir la bonne orthographe.

166 *Distinguer a de à*

Cet enfant ***a*** *vraiment de l'imagination.*
L'animal ***a*** *senti le danger.*

■ ***a*** **est la forme conjuguée du verbe *avoir* à la 3e personne du présent de l'indicatif.**
Elle est employée seule (sens plein de *avoir*) ou comme auxiliaire dans un temps composé.

On peut facilement vérifier que l'on a affaire à la forme conjuguée ***a*** du verbe *avoir* (accompagnée du participe passé pour un temps composé).

Il suffit de remplacer *a* par une autre forme conjuguée *(avait, aura)* :

L'avocat de la défense ***a*** (avait) *admirablement plaidé la cause de son client.*
Il ***a*** (avait) *une chance inouïe.*
Récemment, au cours de fouilles archéologiques, on ***a*** (avait) *découvert un véritable trésor.*

•

Pense ***à*** *ton avenir !*
Dans les années 60 la mode était aux chemises ***à*** *fleurs.*
C'est un problème difficile ***à*** *résoudre.*
Je ne fume plus ***à*** *partir d'aujourd'hui.*

■ La **préposition *à*** introduit un complément de verbe (objet direct ou indirect), de nom (pronom), d'adjectif ou circonstanciel.
Les erreurs fréquentes de confusion graphique entre ***a*** et ***à*** sont souvent dues à une négligence et à l'oubli de l'accent sur la préposition ***à***.

On peut, quand cela est possible, vérifier qu'il s'agit bien de la préposition *à* en remplaçant celle-ci par une autre préposition :
Les coureurs sont partis ***à*** *l'aube.* (= dès l'aube)
Il portait un chapeau noir ***à*** *larges bords.* (= avec de larges bords)
En cas d'absence prolongée, laissez les clés ***à*** *la loge.* (= dans la loge)
Il craignait d'en parler ***à*** *son père.* (= avec son père)

Attention !
Les risques d'erreurs sont plus grands avec les suites ***a*** + participe passé en ***-é*** ***(-é,-és,-ée,-ées)*** et ***à*** + infinitif en ***-er*** :
Il ***a*** ***passé*** *ses vacances en Bretagne. Il lui reste une épreuve* ***à*** ***passer***.
On se reportera sur ce point aux homophonies verbales, n° 199.

Distinguer ou de où — 167

Préférez-vous la musique classique ***ou*** *le jazz ?*
Il choisira d'attendre le dernier métro ***ou*** *alors il appellera un taxi.*

■ **La conjonction de coordination *ou*** relie des mots, des groupes de mots, des propositions qui ont la même fonction.

• Elle exprime un choix, une alternative ou une équivalence entre deux termes.
Ou **peut toujours être remplacé par *ou bien*** :
J'accepte l'une ***ou*** *l'autre solution.*
(= l'une ou bien l'autre, indifféremment)
Nous serons de retour dans un quart d'heure ***ou*** *une demi-heure.*
(= dans un quart d'heure ou bien une demi-heure, selon les circonstances)
Arrêtez ***ou*** *je me fâche.* (= ou bien je me fâche, sinon je me fâche)
Ou *il est vraiment naïf* ***ou*** *il est bon comédien.* (= ou bien... ou bien... les deux solutions sont envisagées alternativement)

• ***Ou*** introduit également une rectification ou une précision :
Leurs demandes ou plutôt leurs exigences sont inadmissibles.
Vous le ferez en trois jours ou même deux.

•

Savez-vous ***où*** *il est allé ?*
Où *en est la situation ?*

■ ***Où*** peut être pronom ou adverbe **relatif** et **interrogatif.**
Le plus souvent, il indique un lieu, un état ou une situation.

Une paraphrase avec *quel(les)* ou *lequel(le), lesquel(le)s* permet de vérifier la valeur de *où*.

• Indication de lieu :
Il séjourne souvent dans la ville où il a passé son enfance.
(la ville dans laquelle...)
Je ne me souviens plus d'où je suis parti. (de quel endroit...)
Vous ne connaissez pas le pays d'où je viens. (le pays duquel...)

• Indication d'un état :
Vu la situation où nous nous trouvons, il convient de réfléchir.
(la situation dans laquelle...)

• Indication de temps :
À l'heure où nous imprimons le journal, nous n'avons pas encore les résultats définitifs. (à l'heure à laquelle...)

Où adverbe relatif est équivalent de *là où, à l'endroit où* :
Nous pouvons aller où vous voulez. (à l'endroit où vous voulez aller...)
Où que tu ailles, je te suivrai. (là où tu iras...)

Où adverbe interrogatif signifie *en quel lieu? en quel endroit ?*
Où se passe l'action du roman? (en quel lieu se passe...)
Nous ne savons pas encore où nous irons l'été prochain.
(à quel endroit nous irons...)

168 *Distinguer* on *de* ont

On *se décidera le moment venu.*
*À qui va-t-****on*** *faire croire de telles énormités !*

■ ***On*** est un **pronom personnel indéfini** de troisième personne, invariable, qui a toujours la fonction de sujet et se trouve donc toujours associé à un verbe conjugué.

On peut l'identifier en le remplaçant par divers pronoms, selon les emplois :
A-t-on pensé à lui répondre ? (quelqu'un a-t-il pensé...)

On emménagera avec les enfants quand les travaux seront terminés.
(nous emménagerons...)
On dit toujours qu'un « tiens » vaut mieux que deux « tu l'auras ».
(les gens disent..., l'opinion générale)
On fait le silence, s'il vous plaît. (vous faites...)
On montrera dans un premier temps...
(nous montrerons... ou je montrerai...)

À noter, les expressions *des on-dit* et *le qu'en-dira-t-on.*

•

*Beaucoup **ont** essayé mais peu **ont** réussi.*
*Ils **ont** réalisé un exploit qui restera longtemps inégalé.*

■ ***Ont*** est la forme de troisième personne du pluriel du **verbe *avoir*** conjugué au présent de l'indicatif.
Il est employé seul (sens plein de *avoir*) ou comme premier élément du passé composé.

On peut toujours le remplacer par une forme conjuguée *(avaient, auront...)* :
Ils ont laissé un message. (ils avaient laissé...)
Certains ont beaucoup de chance. (certains avaient...)
Juliette et Charles ont longtemps séjourné à Londres.
(Juliette et Charles auront longtemps séjourné...)

Distinguer son de sont — 169

*L'enfant a retrouvé **son** chat et... la joie de vivre.*
*C'est un véritable écrivain mais si **son** talent est évident, **son** génie l'est beaucoup moins..*

■ ***Son*** est un **adjectif possessif.**
Il détermine un nom (série *mon, ma, mes; ton, ta, tes; son, sa, ses; notre, nos; votre, vos; leur, leurs*).
Il se rapporte à une troisième personne et introduit un nom masculin singulier, ou féminin quand il introduit un nom féminin commençant par une voyelle :
son annonce, son idée...

On peut le rattacher au pronom possessif correspondant : *le sien* (ou *la sienne*).
Émile enregistrait les chants d'oiseaux. C'était son passe-temps favori.
(son passe-temps = le passe-temps d'Émile = le sien)
Théo est habile, il cache bien son jeu.
(son jeu = le jeu de Théo = le sien)
Marguerite aurait vendu son âme au diable pour satisfaire sa passion.
(son âme = l'âme de Marguerite = la sienne)

•

*Ils **sont** toujours présents aux réunions.*
*Ils **sont** restés longtemps sans rien dire.*

■ ***Sont*** est la forme conjuguée du **verbe *être*** à la troisième personne du pluriel de l'indicatif.
Il peut être employé seul ou comme auxiliaire dans un temps composé avec un participe passé.
Sont se rapporte donc à un sujet de troisième personne du pluriel.
On peut toujours le remplacer par une forme conjuguée à un autre temps *(étaient, seront...) :*

Tous les invités sont enfin là.
(tous les invités étaient...)
Les participants se sont mis d'accord pour adopter une position commune.
(les participants s'étaient mis d'accord...)
Sont reçus à l'examen les candidats qui ont obtenu un total de 240 points.
(les candidats qui auront obtenu un total de 240 points seront reçus...)

170 *Distinguer* se (s') *de* ce (c') *ou* ceux

*Il ne **se** sent pas bien.*
*Il **s'**est attribué la meilleure part.*

■ ***Se*** (*s'* devant voyelle ou *h* muet) est un **pronom personnel réfléchi** de la troisième personne du singulier ou du pluriel, masculin ou féminin.

Il représente le sujet.

Il a une fonction de complément d'objet direct d'un verbe d'emploi pronominal à sens réfléchi : *se sentir bien* (sentir soi-même) ou complément d'objet indirect d'un verbe pronominal transitif : *s'attribuer quelque chose.* (attribuer à soi-même).

On pourra toujours mettre en évidence la construction grammaticale ou, plus simplement, quand cela est possible, **changer de personne et utiliser par exemple la première ou seconde personne du singulier :**

Ils se sont inscrits à plusieurs concours administratifs.
(ils ont inscrit eux-mêmes... / je me suis inscrit)
Les deux adversaires se sont longuement observés.
(sens réciproque : l'un a observé l'autre, ils se sont observés l'un l'autre / je me suis observé)
C'est un vin qui se boit plutôt frais.
(se boire, ici au sens passif; un vin qui doit être bu...)
Au début , elle se disait qu'elle ne réussirait pas.
(se dire quelque chose à soi-même; elle se disait à elle-même... / je me disais)
Catherine et ses amis du club se sont procuré des places pour la finale.

(se procurer quelque chose à soi-même; ils ont procuré des places à eux-mêmes... / je me suis procuré)
Il s'est moqué de nous !
(se moquer de quelque chose, quelqu'un, verbe toujours pronominal / je me moque de lui)
De quoi s'agit-il ?
(s'agir, verbe pronominal impersonnel; il s'agit de + nom ou pronom = il est question de)

•

Donnez-moi ***ce*** *livre qui est sur le bureau.*
Dès ***ce*** *moment-là il comprit que tout était joué.*

■ ***Ce*** est **adjectif démonstratif** du **masculin-singulier** (série *ce/cet, cette, ces*) et introduit alors un nom.

On peut essayer de le remplacer par un autre déterminant :
Ce jour-là, il décida de prendre la situation en mains. (un jour)
Veuillez nous excuser pour ce léger retard. (le léger retard)

•

Ce *sera pour une prochaine fois.*
Il ne sait pas ***ce*** *qui l'attend.*

■ ***Ce*** est **pronom démonstratif** et fonctionne alors comme un représentant nominal (= cela). Dans ce cas, il s'écrit *c'* devant les formes du verbe *être* commençant par une voyelle.

On le remplace par *cela* :
Ce ne sera pas facile de le convaincre. (cela ne sera pas facile...)
Si c'était à refaire, je recommencerais. (si cela était à refaire...)
Ce devait être beau à voir. (cela devait être beau...)
Sur ce, je vous quitte. (= là-dessus; sur ces paroles...)

Remarques :

• On trouve également **ce** avec un relatif : ***ce qui, ce que, ce dont,*** etc. *(=* ***cela qui, que, dont...****)* :
Nous lui avons donné ce qu'il fallait.
Je sais ce dont il est capable.
Voilà ce à quoi je m'attendais !

• En tête de phrase, ***ce que*** est l'équivalent de *comme* avec sa valeur exclamative :
Ce *que tu es râleur !*
Ah ***ce*** *qu'on s'amuse !*

• À noter : les présentatifs *c'est... qui, c'est... que, ce sont... qui, ce sont... que.*

•

Les défauts que l'on voit chez les autres sont souvent ***ceux*** *que l'on pense ne pas avoir.*
Face à l'adversité, il y a ***ceux*** *qui luttent et* ***ceux*** *qui renoncent.*

■ ***Ceux*** est **pronom démonstratif masculin pluriel** et appartient à la série *celui, celle, ceux, celles.*
Il représente un nom masculin pluriel déjà exprimé ou désigne des personnes.

Il suffit, pour vérifier, de **remplacer le pronom par le nom qu'il représente** dans le contexte ou, lorsqu'il n'y a pas reprise d'un nom, par *les gens* :
Les voisins d'en face ne supportent pas la musique contemporaine, ceux du dessus sont des fanatiques de Boulez. (= ... les voisins du dessus...)
Il fait partie de ceux qui n'admettent pas leurs erreurs.
(= il fait partie des gens qui...)

Attention !
On ne confondra pas ***ceux-ci*** ou ***ceux-là***, remplaçables par *ces gens-ci, ces gens-là* avec ***ceci*** ou ***cela***, correspondant à *cette chose, ce fait.*

171 Distinguer ses de ces

Ses et ***ces*** sont tous deux des déterminants du nom.
Il convient donc de bien les différencier.

Je connais bien le peintre dont vous parlez. ***Ses*** *derniers tableaux sont exposés à la galerie J.M.B.*

■ ***Ses*** est un **adjectif possessif** de la troisième personne (série *son, sa, ses*) du pluriel masculin ou féminin.

Ses introduit un nom et rattache ce nom à **un « possesseur » que l'on doit bien identifier :**
Hector ne devrait pas trop se vanter de ses exploits.
(les exploits d'Hector ; les siens)
On a effectué un dernier contrôle moteur sur la voiture ; cela devrait permettre d'améliorer ses performances.
(les performances de la voiture ; les siennes)

•

Regardez-moi ***ces*** *imbéciles !*
Ces *hommes et* ***ces*** *femmes, qui ont fait preuve d'un grand courage, méritent la reconnaissance de la nation.*

■ ***Ces*** est un **adjectif démonstratif** (série *ce/cet, cette, ces*) pluriel, masculin ou féminin.
Il introduit un nom identifié par le contexte ou la situation.

On peut toujours renforcer *ces* par *ci* ou *là* :
À qui sont ces bagages ? (ces bagages-ci)
Je me demande d'où vous tenez ces propos. (ces propos-là)

Distinguer sa de ça ou çà — 172

Il accompagne sa sœur à l'école.

■ ***Sa*** est un **adjectif possessif** de la troisième personne (série *son, sa, ses*) féminin singulier.
Il introduit donc un nom féminin singulier et marque une relation de possession, d'appartenance, de dépendance… avec un « possesseur » de troisième personne.

On peut associer *sa* au pronom possessif *la sienne* :
Julie pleure; elle a perdu sa poupée. (la poupée de Julie; la sienne)
Je me souviens du cousin de Françoise; sa mère était une femme très autoritaire. (la mère du cousin de Françoise; la sienne)

•

***Ça** ne m'étonne guère!*

■ ***Ça*** est un **pronom démonstratif.**

On peut remplacer *ça* par *ceci* ou *cela* :
Ça, c'est un événement! (ceci est un événement)
J'ai vu son dernier film; je n'ai pas trouvé ça très intéressant.
(je n'ai pas trouvé cela intéressant)

•

*Les inspecteurs ont pu obtenir quelques renseignements **çà et là.***

■ **Çà** est un **adverbe de lieu,** il est généralement employé dans l'expression *çà et là* (de côté et d'autre).

•

***Çà** alors! en voilà une surprise.*
*Ah! **çà** par exemple.*

■ **Çà** est employé en **interjection,** pour exprimer l'étonnement ou l'indignation.

Distinguer cet de cette — 173

***Cet** endroit est magnifique!* (ce lieu…)

■ ***Cet*** est la forme que prend ***ce*****, adjectif démonstratif masculin** singulier, devant une voyelle ou un *h* muet.

•

*Comment trouvez-vous **cette** voiture?*

■ ***Cette*** qui est la forme de **féminin** de l'**adjectif démonstratif** (série *ce, cette, ces*).
On vérifiera bien que le nom introduit par ***cet*** est masculin.

Il suffit d'insérer un adjectif ne commençant pas par une voyelle entre le déterminant démonstratif et le nom :

Il n'a pas profité de cet avantage. (ce petit avantage)
Il n'a pas pu guérir cet herpès. (ce léger herpès)
Cet étrange phénomène intrigue les scientifiques. (ce curieux phénomène)
Cette aventure fut périlleuse. (cette grande aventure)
Nous n'avons pas oublié cette incroyable histoire. (cette fantastique histoire)

174 *Distinguer* leur *de* leur(s)

*Nous **leur** avons apporté une aide précieuse.*

■ ***Leur*** ne varie pas quand il correspond au **pronom personnel** de la troisième personne du pluriel, complément d'objet indirect du verbe (... = à eux, à elles). Il appartient à la série *me, te, lui, nous, vous, leur.*

On remplacera *leur* par le groupe complément qu'il représente :

Nos agents ont été contactés; les documents leur seront donnés en mains propres. (les documents seront donnés à eux = à nos agents)
Quand vous verrez vos parents, vous leur transmettrez nos salutations. (vous transmettrez nos salutations à eux = à vos parents)

•

*Ils n'ont pas terminé **leur** travail.*
*Les salariés n'ont pas obtenu satisfaction sur toutes **leurs** revendications.*

■ ***Leur(s)* adjectif possessif** est variable.

Il introduit un nom, singulier ou pluriel (série *mon, ma, mes; ton, ta, tes; notre, nos; votre, vos; leur, leurs*).
C'est le nombre de ce nom qui détermine le nombre de l'adjectif possessif *leur(s).*

On peut remplacer *leur(s),* par *le, la* ou *les* et rappeler le « possesseur » auquel il se rattache :

Catherine et Jean attendent une lettre de leur fille.
(= la fille de Catherine et Jean)
Les employés ont préféré prendre leurs congés annuels en juillet.
(= les congés annuels des employés)

•

*Mon chat est gris, le **leur** est blanc.*

■ Quand ***leur(s)*** est **pronom possessif,** il est précédé de *le, la* ou *les* et reprend un groupe nominal équivalent à *celui, celle qui est* ou *ceux, celles qui sont à eux, à elles* (série *le mien, la mienne, les miens, les miennes; le tien, la tienne, les tiens, les tiennes; le sien, la sienne, les siens, les siennes; le nôtre, la nôtre, les nôtres; le vôtre, la vôtre, les vôtres; le leur, la leur, les leurs*).

On remplacera *leur(s)* pronom par le groupe qu'il représente :

Notre chien est un braque allemand, le leur est un braque Saint-Germain.
(le leur = le chien qui est à eux)
Ma situation était délicate mais la leur n'était guère enviable.
(la leur = la situation dans laquelle ils se trouvaient)
Vos raisons sont peu acceptables, les leurs sont franchement inacceptables.
(les leurs = les raisons qu'ils avancent)

Attention !

On ne confondra pas *le leur, la leur, les leurs* où *le, la, les* sont des articles définis avec *le, la, les,* pronoms personnels compléments d'objet direct, suivis de *leur,* pronom personnel :

Gardez ces livres pour vos enfants, vous ***les leur*** *donnerez à lire.*
(= vous donnerez **ces livres à vos enfants**)

Distinguer tout(es) *de* tous — 175

__Tous__ voulaient approcher l'idole.
Merci à vous __tous.__

■ ***Tous* pronom indéfini** se prononce dans ces cas [tus]. Il n'y a donc pas de confusion possible avec une autre forme.

Attention !

Retenons l'expression *tous azimuts* (dans toutes les directions) où *tous* prononcé [tuz] devant voyelle est adjectif.

•

Les erreurs dues à l'homophonie concernent :

– les formes ***tout*** et ***tous*** prononcées [tu] :
Un dictionnaire pour tout bagage.
J'ai lu tous les livres de ma bibliothèque...

– les formes ***tout, toute, toutes*** prononcées [tut] :
tout un jour; toute une journée; des journées toutes semblables...

Le recours à l'oral, en tenant compte des liaisons, qui permet de distinguer les formes [tus], [tu] et [tut], n'est donc pas suffisant pour lever l'ambiguïté graphique.

Il faut bien identifier la nature du mot, en étant attentif à ce qui le suit.

•

__Tout__ est bien qui finit bien.
Rendez-moi __tout.__

■ ***Tout*, pronom indéfini** sujet ou complément du verbe, se prononce [tut] devant voyelle.

Il exprime un ensemble dans sa totalité et reste au masculin singulier.

•

*Les plus jeunes étaient **tout** étonnés de l'adresse du jongleur.*
(= étonnés d'une manière extrême)
*C'était une enfant **tout** admirative devant les exploits de son frère.*
(tout admirative = entièrement admirative)
*Elle restait **tout** hésitante.* (= vraiment hésitante)

■ ***Tout* adverbe** équivaut à *entièrement, complètement, vraiment, d'une manière absolue.*

Il est **invariable** devant un adjectif masculin :
Ils étaient tout étonnés.

Il est invariable devant les adjectifs féminins commençant par une voyelle ou un *h* muet :
une enfant tout admirative; elles restaient tout hésitantes.

•

*Elles sont **toutes** contentes de se retrouver.*
*Connaissez-vous la **toute** dernière nouvelle ?*
*Elle était **toute** honteuse de ce qu'elle venait de faire.*

■ ***Tout(es)* adverbe** est **variable** en genre et en nombre devant les adjectifs féminins commençant par une consonne ou un *h* aspiré.

•

*Perplexes, les observateurs étaient **tout** à leurs réflexions.*
(= complètement à leurs réflexions)
*Les amoureux voient **tout** en rose.* (= entièrement en rose)
*Venez **tout** près et parlez **tout** bas.* (= très près... très bas)
*Ce ne sera plus **tout** à fait comme avant.* (= vraiment comme avant)

■ **Devant une préposition ou un autre adverbe, *tout* adverbe est toujours invariable.**

À noter :

Il travaille tout en écoutant la musique.
Tout renforce ici le rapport de simultanéité entre deux actions.

Je suis tout ouïe.
Tout, invariable, renforce dans ce cas un nom épithète ou attribut.

Attention !

Il est parfois difficile de saisir la distinction entre ***tout à, tout en*** et ***toute à, toute en*** adjectif ou adverbe.

• Ainsi l'usage varie au féminin singulier :
*La mariée était **tout** en blanc ou **toute** en blanc.*
*Elle était **tout** à sa tâche ou **toute** à sa tâche.*

• En revanche, ***tout*** est invariable quand le sujet est pluriel :
Les femmes étaient tout de noir vêtues.

Il ne faut donc pas confondre :
*Les femmes étaient **tout** en noir.* (= entièrement vêtues de noir)
*Les femmes étaient **toutes** en noir.* (= toutes étaient en noir)

*Songez à **tous** ces malheureux.*
*La fête de la musique a lieu **tous les** ans, à la même date.*
*Que **tous vos** souhaits se réalisent!*

■ ***Tous* adjectif indéfini** prononcé [tu], précède un nom pluriel déjà introduit par un article ou un déterminant démonstratif ou possessif.
On sera donc attentif à la présence d'un déterminant après l'adjectif indéfini.
Dans certains cas, le déterminant manque :
Nous irons tous deux. (= tous les deux)
Ils arrivaient de tous côtés. (= de tous les côtés)

Attention !
***Tout(es)* adjectif,** prononcé [tut] devant voyelle, introduit un nom masculin ou féminin sans article et s'accorde avec celui-ci.
***Toute** idée nouvelle sera prise en considération.*
*Faites attention, ils ont imaginé **toutes** sortes de pièges.*
***Tout** espoir n'est pas perdu.*

On sera donc attentif à la suite adjectif indéfini + nom.

Distinguer même *de* même(s) 176

*Il ne les a **même** pas remerciés.*
***Même** ses adversaires lui reconnaissent de grandes qualités.*

■ ***Même* adverbe** est invariable.
Il sert à marquer un renchérissement, une gradation, l'inclusion dans un ensemble ou équivaut à *précisément, exactement.*

On procédera à une paraphrase en étant attentif au sens :
Ils ont tous abandonné avant la fin de la course, même les meilleurs espoirs. (= y compris les meilleurs espoirs)
Je ne me souviens même plus de la fin de l'histoire.
(= et dire que je ne me souviens plus de la fin de l'histoire)
Il parlait rapidement, nerveusement même. (= presque nerveusement)
C'est ici même que l'accident a eu lieu. (= c'est exactement ici...)

À noter :
Même adverbe est également employé dans des locutions telles que :
à même (directement sur : *dormir à même le sol*)
de même (de la même façon)
de même que (de la même façon que, ainsi que)
tout de même (pourtant, néanmoins)
quand même (malgré tout)
à même de (en mesure de : *Il est à même de se défendre seul*)

•

*Ils portaient tous le **même** chapeau noir à larges bords.*
*On entend toujours les **mêmes** chansons.*
*Je refuse pour les raisons **mêmes** que je vous ai dites.*

■ ***Même(s)* adjectif indéfini** s'accorde avec le nom qu'il détermine.

On sera attentif à la place de *même(s)* et à son sens.

• Avant un nom, souvent précédé d'un déterminant, il exprime l'identité, la similitude ou l'égalité :
Les mêmes causes provoquent toujours les mêmes effets.
(= des causes identiques... des effets identiques)
Nous étions tous du même avis. (= d'un avis similaire)

• Après le nom ou le pronom, il indique qu'il s'agit exactement de ce dont on parle :
Il incarnait la générosité même. (= une générosité exemplaire)
Ce sont les paroles mêmes qu'il a prononcées. (= les paroles exactes)

Attention !
Il ne faut pas confondre, après un nom :
même adverbe invariable et que l'on peut déplacer :
*Ses amis **même** n'y croyaient plus.*
(= même ses amis...; ses amis aussi)
et ***même*** adjectif, qui s'accorde avec le nom qu'il détermine :
*Vous acceptez aujourd'hui les idées **mêmes** que vous combattiez hier.*
(= des idées identiques à celles que vous combattiez hier)

•

*Le président a préféré démissionner de **lui-même**.*
(= de sa propre décision)
*Nous en étions **nous-mêmes** stupéfaits.*

■ ***Même(s)*** est ici utilisé avec un pronom personnel.

•

*Où as-tu acheté tes chaussures ? J'aimerais avoir **les mêmes.***
(= des chaussures identiques)

■ ***Les mêmes,*** qui reprend implicitement *les mêmes chaussures,* est ici considéré comme un **pronom indéfini.** Il en est ainsi pour *le même, la même.*

Distinguer quelque(s) *de* quelque 177

Quelque(s) variable

Auriez-vous quelques suggestions à faire ?

■ ***Quelque(s)*** est **adjectif indéfini** et introduit un nom.
Il s'accorde avec le nom qu'il introduit et signifie *un petit nombre, un certain nombre :*

Quelques invités restèrent tard dans la soirée. (= un certain nombre d'invités)
Dans quelques jours, nous serons loin. (= plusieurs jours)

Attention !
Ne pas confondre *quelques fois* avec *quelquefois* adverbe, que l'on peut déplacer :

Les quelques fois où je l'ai rencontré, il m'a paru très sympathique.
(= je l'ai rencontré plusieurs fois)
Il est revenu quelquefois. (Il est quelquefois revenu; quelquefois = parfois)

•

Quelque intérêt que vous portiez au projet, votre participation est nécessaire.

■ ***Quelque(s)... que*** est une **locution concessive** qui s'emploie dans une proposition au subjonctif indiquant une opposition ou une restriction :

Quelques sentiments que vous éprouviez, vous devez accepter ce qui a été décidé. (= que vous éprouviez n'importe quels sentiments...)
Quelque jour que nous venions, nous étions accueillis à bras ouverts.
(= que nous venions n'importe quel jour...)

Quelque(s) introduit un **nom** et s'accorde avec celui-ci.
Quelque(s) a alors la valeur de *n'importe quel (quels, quelle, quelles).*

Quelque invariable

Il sera allé à quelque fête avec des amis.
Depuis quelque temps, il ne sort presque plus.

■ ***Quelque*** est **invariable** quand il est équivalent à *un(e) quelconque, un(e) certain(e)* :
quelque fête = une fête quelconque; *quelque temps* = un certain temps

À noter : *quelque part, en quelque sorte, quelque chose.*

Il reste quelque cinquante copies à corriger.

■ Dans cet emploi ***quelque*** est un **adverbe invariable.**

• Devant un nom, il a le sens de *environ* :
Le bateau s'est échoué à quelque trois cents mètres du rivage.
(= à environ trois cents mètres)

• Dans l'expression *quelque peu* + adjectif, *quelque peu* équivaut à *un peu, sensiblement.*
Il a quelque peu abusé du tabac dans sa jeunesse.
(= il a sensiblement abusé du tabac)

178 *Distinguer* quand *de* quant (à)

Vous pouvez venir ***quand*** *vous voulez.*
Nous ne nous faisons aucun souci ***quant*** *à son avenir.*

■ Il arrive que l'on confonde graphiquement la conjonction ***quand,*** qui exprime un rapport temporel, lorsque le *d* final se prononce *t* devant voyelle, avec le premier terme de la locution ***quant à,*** qui signifie *en ce qui concerne, pour ce qui est de, relativement à.*

La paraphrase permet, s'il le faut, d'en vérifier le sens :
Un grand silence se fit quand il entra. (= au moment où…)
Quand il faudrait redoubler d'effort, il s'amuse !
(= alors qu'il faudrait… ; avec ici une nuance d'opposition)
Quant à ceux qui refuseraient, qu'ils n'attendent rien de plus.
(= en ce qui concerne ceux qui…)
Quant à le décider, il ne faut pas y compter.
(= pour ce qui est de le décider…)
Je ne puis rien vous assurer quant aux effets secondaires de ce médicament.
(= relativement aux effets secondaires…)

HOMOPHONIES GRAMMATICALES : SEGMENTATION ET HOMOPHONIES

Nous avons signalé précédemment les mots grammaticaux homophones, c'est-à-dire les cas où deux, voire plusieurs mots distincts ont la même prononciation.
Il existe d'autres cas où il y a **identité de prononciation entre un mot unique et un ensemble de deux mots qui se suivent :**
ni et *n'y, sans* et *s'en, qu'elle* et *quel(le),* etc.
Il s'agit alors d'analyser cette suite de mots afin d'opérer une segmentation correcte.
Il faut par conséquent, comme pour tous les cas d'homophonie, bien identifier la classe grammaticale de chaque mot ainsi que son emploi et sa valeur dans le contexte.

Distinguer m'a *de* ma, m'ont *de* mon, t'a *de* ta, t'ont *de* ton — 179

Je n'ai pas revu ***ma*** *tante depuis fort longtemps.*
J'ai retrouvé ***mon*** *stylo.*
Tu peux encore revenir sur ***ta*** *décision.*
Ton *cadeau lui fera certainement plaisir.*

■ ***Ma, mon, ta, ton*** **font partie de la série des adjectifs possessifs.**
Ils renvoient aux première et deuxième personnes du masculin singulier *(mon, ton)* ou féminin *(ma, ta).*
Il marquent le lien de dépendance, d'appartenance, de possession entre le nom qu'ils introduisent et la personne.

On peut remplacer l'adjectif possessif par un article et rapporter le nom à son « possesseur » :
Ce fut ma dernière chance. (= la dernière chance, pour moi)
À mon avis, il se trompe. (= selon l'avis qui est le mien)
Tu feras à ta façon. (= à la façon qui est la tienne)
Sers-toi davantage de ton imagination. (= de l'imagination qui est la tienne)

•

Il ***m'a*** *vivement encouragé.*
Ils ***m'ont*** *étonné.*
Qu'est-ce qu'il ***t'a*** *dit ?*
Ils ***t'ont*** *souvent aidé.*

■ Les formes ***m'a, m'ont, t'a, t'ont*** correspondent aux **pronoms personnels** compléments *me* et *te* élidés devant *a* ou *ont* (verbe *avoir* conjugué au présent de l'indicatif).

Afin de bien distinguer l'auxiliaire et le pronom, celui-ci peut être mis en relief avec *c'est... que* :

Votre question m'a pris au dépourvu.
(c'est moi que votre question a pris au dépourvu)
Le destin m'a joué un mauvais tour.
(c'est à moi que le destin a joué un mauvais tour)
Ces voyages successifs m'ont vraiment fatigué.
(c'est moi que ces voyages successifs ont vraiment fatigué)
Les exemples donnés m'ont beaucoup servi.
(c'est à moi que les exemples ont beaucoup servi)
Après tant d'années il ne t'a pas reconnu. (c'est toi qu'il n'a pas reconnu)
On t'a recommandé la plus grande prudence.
(c'est à toi que l'on a recommandé la plus grande prudence)
Les faits récents t'ont conduit à changer de tactique.
(c'est toi que les faits récents ont conduit à changer de tactique)
Les chiens t'ont obéi (c'est à toi que les chiens ont obéi)

180 *Distinguer* l'a(s) *de* la

*Nous étions perdus dans **la** foule.*

■ ***La*, article défini**, introduit un nom féminin.
On doit donc seulement isoler la séquence ***la*** + groupe nominal féminin.
On peut éventuellement remplacer *la* par un autre déterminant *(une)* :

La joie revient toujours après la peine. (une joie... une peine)
Il ne lui a pas fait la moindre concession. (une concession)
Il connut alors la rage de vaincre. (une rage)

•

*Quelle voix ! Je **la** trouve merveilleuse.*

■ ***La*** est **pronom personnel** complément direct du verbe.
Il représente un nom féminin et précède directement le verbe dont il est complément.
On sera attentif à la suite ***la*** + verbe.

On pourra éventuellement remplacer le pronom par ce qu'il représente.

La solution, tu la trouveras seul. (= tu trouveras la solution seul)
Élise semblait de plus en plus inquiète. Henri n'aimait pas la voir ainsi.
(= Henri n'aimait pas voir Élise ainsi)

•

*Alors, tu **l'as** eu, ton examen ?*
*Cette histoire, il **l'a** entendue des dizaines de fois.*

■ Dans la suite ***l' + a*** ou ***as***, ***l'*** est la forme élidée des ***pronoms personnels*** compléments *le* ou *la* devant *a* ou *as* (troisième ou deuxième personne du singulier du présent de l'indicatif de *avoir*).

On s'assurera de la construction grammaticale en déplaçant le pronom ou en le remplaçant par ce qu'il représente mais on sera surtout attentif au fait que le verbe est au passé composé et que ***l'*** précède l'auxiliaire.
La vérification sera facilitée par un changement de personne *(nous l'avons, vous l'avez)* :

Le bus vient de passer; tu l'as manqué de peu. (vous l'avez manqué)
Élise est réconfortée; tu l'as encouragée par ton attitude bienveillante. (vous l'avez encouragée)
L'enfant attendait. La femme s'est approchée et l'a simplement pris par la main. (nous l'avons pris par la main)
Le renseignement était exact; le détective l'a vérifié par la suite. (nous l'avons vérifié)

Distinguer on de on n' — 181

On *a eu beaucoup de chance.*

■ La lettre finale *n* du **pronom personnel indéfini *on*** est prononcée, du fait de la liaison, devant des mots commençant par une voyelle ou un *h* muet.

•

On n'*a pas le temps de finir.*

■ Le **pronom *on*** est ici suivi de ***n'*** qui est la forme élidée de l'**adverbe de négation *ne***, premier élément de la négation.

On vérifiera qu'il y a bien négation en repérant les deux termes de celle-ci (*ne... pas, ne... plus, ne... jamais, ne... aucun*, etc.) :

On n'aurait jamais pensé une chose pareille !
On n'a aucun moyen pour savoir la vérité.
On n'est plus à l'époque des locomotives à vapeur !

On peut également procéder à une substitution du pronom :

On n'est pas à l'abri d'une erreur. (= nous ne sommes pas...)
Je crains qu'on n'ait guère le temps de s'attarder. (= que nous n'ayons guère...)

Distinguer s'y de si — 182

Si *je l'avais su avant, je n'aurais pas agi ainsi.*

■ ***Si*** est une **conjonction** avec une valeur de condition ou d'hypothèse (= à condition que, au cas où) et introduit une proposition.

On peut procéder à une substitution avec une conjonction de sens équivalent :

Si le temps le permettait, nous allions en promenade; s'il pleuvait nous restions à l'hôtel. (= quand le temps le permettait...; quand il pleuvait...)
L'accord devrait être rapidement conclu, si nous nous entendons avec nos partenaires. (= à condition que nous nous entendions...)

•

Elle était ***si*** *belle !*

■ ***Si*** est ici **adverbe** avec une valeur de degré d'intensité (= aussi, tellement).

On procédera à une substitution avec un adverbe de sens équivalent.

Jamais je n'avais vu un spectacle si grandiose.
(= un spectacle aussi grandiose)
Il me parut si affligé que je renonçai à le laisser seul.
(= il me parut tellement affligé...)

•

Il aimait la région et son climat maritime. Il ***s'y*** *sentait bien.*

■ ***S'y*** est une suite de deux mots :
*s'*est la forme élidée, devant voyelle, du **pronom personnel** complément ***se*** :
Il se sentait bien.
y est le **pronom adverbial** qui rappelle le lieu où l'on est, où l'on va :
Il apprécie le charme de la région et pense y faire construire une résidence.
ou qui représente un complément précédé de *à* :
La première rencontre fut un grand moment de bonheur; nous y pensons souvent. (= à cette rencontre)

On recherchera le complément indirect du verbe pronominal qui est repris par *y*.

Elle est actuellement à la campagne, elle s'y repose.
(= elle se repose à la campagne)
La combat sera rude mais il s'y est bien préparé.
(= il s'est bien préparé au combat)

À noter les expressions : ***s'y*** *connaître*; ***s'y*** *entendre*; *(savoir)* ***s'y*** *prendre.*

183 *Distinguer* n'y *de* ni

On ne répond ***ni*** *par oui* ***ni*** *par non.*

■ ***Ni*** est une **conjonction de coordination** servant à relier deux négations *(ne... pas...* et *ne... pas...).*

On peut retrouver les deux négations *ne... pas* coordonnées par *et* :

Ce n'est ni le moment ni le lieu d'en parler.
(= ce n'est pas le moment et ce n'est pas le lieu...)

Son aspect n'avait rien de particulièrement attirant ni de plaisant.
(= n'avait rien de particulièrement attirant et rien de plaisant)
Il ne parlait jamais de sa famille ni de son passé.
(= il ne parlait jamais de sa famille et jamais de son passé)

•

*Cet exercice, je **n'y** comprends rien !*

■ ***N'y*** est la suite de deux mots : ***n'*** est la forme élidée de l'**adverbe de négation *ne***, premier élément de la négation;
y est le **pronom personnel** qui représente un complément introduit par la préposition ***à*** *(à ce…, à cette…, à ces…, à cela…).*

On vérifiera que les éléments de la négation sont bien présents.
On cherchera l'adverbe de négation (*pas, plus, jamais, guère, aucun*...) qui est nécessairement employé avec ***ne***, et on remplacera le pronom par le complément qu'il représente :

La rivière est polluée; n'y allez jamais plus vous baigner !
(= n'allez jamais plus vous baigner dans la rivière)
À cette époque de l'année, la plage était déserte. Je n'y étais pas revenu depuis longtemps.
(= je n'étais pas revenu sur cette plage...)
Que je démissionne ! N'y comptez plus…
(= ne comptez plus sur cela)
Ce sont des détails; je n'y prête guère attention.
(= je ne prête guère attention à ces détails)

Distinguer s'en *de* c'en *et* sans — 184

*Son avenir ? il ne **s'en** soucie guère.*

■ ***s'en*** est composé de :
– ***s'*** qui est la forme élidée du **pronom personnel *se* :**
Il ne se soucie guère de son avenir…
– ***en*** le **pronom personnel** qui représente un complément introduit par la préposition *de* :
Le Pakistan est un beau pays, nous en gardons un excellent souvenir…
J'en ai vraiment assez de ces racontars.

En reprenant la construction pronominale du verbe à l'infinitif avec la préposition ***de*** (ex. : *se soucier de*), on peut plus facilement **retrouver le complément représenté par *en* et procéder à la paraphrase.**

Des moments passés ensemble, il s'en souvenait avec nostalgie.
(= il se souvenait avec nostalgie des moments…)

Avec une forme verbale impersonnelle, *en* peut s'employer comme complément à valeur partitive d'un autre pronom ou d'un adverbe de quantité :

Dix candidats étaient annoncés, il s'en présenta seulement trois.
(= il se présenta seulement trois des dix candidats annoncés).
De vrais amis, il s'en trouve peu. (= il se trouve peu de vrais amis)

À noter :
On retiendra la locution verbale ***s'en** vouloir de…* (= se reprocher de…) et l'emploi de ***en*** avec certains verbes de mouvement : ***s'en** aller, **s'en** retourner, **s'en** sortir.*

•

*Est-ce vraiment de l'or ? – Oui, **c'en** est.*

■ ***c'en*** est constitué de ***c'***, forme élidée du **pronom démonstratif *ce***, et de ***en***, **pronom adverbial** attribut.
On remplacera le pronom *en* par ce qu'il représente et on vérifiera que l'on a bien affaire au démonstratif *ce* (= cela) :

*De l'or… **c'en** est* = **cela** est de l'or.

À noter l'expression : *C'en est fait de…* (= c'en est fini de…) :

C'en est fait de la vie de château. *C'en est fait, je suis perdu.*

•

*C'était un homme **sans** scrupule.*

■ La **préposition *sans*** exprime l'absence, le manque, la privation ou l'exclusion. *Sans* est le contraire de *avec*.

On peut procéder à une paraphrase avec une forme négative restituant le sens privatif de *sans* :

Il est arrivé sans bagages. (= il n'avait pas de bagages)
Sans lui, nous étions perdus. (= en son absence, s'il n'avait pas été là…)
Répondez vite, sans quoi il sera trop tard.
(= sinon, faute de quoi il sera trop tard…)

185 *Distinguer* d'en *de* dans

*Nous retenons vos objections et nous vous promettons **d'en** tenir compte.*

■ ***D'en*** est constitué de deux mots :
– ***d'*** qui est la forme élidée de la **préposition *de*** :
Nous tiendrons compte de vos objections.
– ***en*, pronom personnel** représentant un complément introduit par la préposition *de* (= *de ce(t)…ci, de cette…ci, de ces…ci, de ceci*) :
Vos objections sont justes, nous en tiendrons compte.

On peut remplacer le pronom *en* par ce qu'il représente en partant de la forme verbale à l'infinitif :

Cette histoire était ancienne mais il n'arrêtait pas d'en parler.
(= il n'arrêtait pas de parler de cette histoire)
Voulez-vous une part de gâteau ? Non, merci, je viens d'en prendre.
(= je viens de prendre de ce gâteau)

À noter :
On trouve fréquemment cette forme avec les locutions verbales composées de *en* + verbe : *en vouloir à quelqu'un, en finir avec quelque chose ou quelqu'un, en avoir assez... :*

Ils avaient hâte d'en finir avec cette affaire.
Elle lui reprochait d'en vouloir à tout le monde.

•

*Le voisin **d'en** face est bizarre.*

■ La préposition *de* élidée précède les locutions prépositives *en face, en haut, en bas.*

•

*Tout n'est pas clair **dans** cette affaire.*

■ La **préposition *dans*** indique, dans l'espace ou dans le temps, une disposition, une approximation.

Dans introduit un nom (pronom) ou groupe nominal.
Il suffit de repérer la suite *dans + nom* :

Il était assis confortablement dans un fauteuil de cuir noir.
Le billet d'entrée coûte dans les cent francs.
Le jeune garçon était dans un état d'énervement extrême.
Vous serez averti dans un délai de quinze jours.

Distinguer t'en *de* tant — 186

*J'ai bien reçu ton invitation et je **t'en** remercie.*

■ ***T'en*** est composé de ***t'***, forme élidée du **pronom personnel *te*** et de ***en* pronom personnel** représentant un complément introduit par la préposition *de.*

On peut remplacer le pronom *en* par ce qu'il représente et retrouver ainsi la forme *te (t')* :

– ***en* = *de*** *ce(t), de cette, de ces* + nom, *de ceci* :

J'ai reçu ton invitation et je t'en remercie.
(= je te remercie de cette invitation)

– ***en*** = *de* + verbe à l'infinitif :
Ne dis pas non, je t'en prie.
(= je te prie de ne pas dire non)

– ***en*** = (de ce) ***que*** + proposition :
Je sais que tu feras ton possible pour venir et je t'en remercie d'avance.
(= je te remercie de ce que tu feras ton possible pour venir)

– ***en*** pronom peut représenter un nom introduit par un article indéfini pluriel :
Des idées pareilles, je t'en fournis à volonté. (= je te fournis des idées...)

À noter : on rencontre cette suite avec les locutions verbales composées de *s'en* + verbe : *s'en faire* (= se contrarier, être soucieux), *s'en prendre à*, *s'en tirer* (= en réchapper; réussir une chose difficile), *s'en sortir...*
Arrête de t'en faire pour si peu. *Ne t'en prends qu'à toi-même.*
Tu t'en es tiré à bon compte.

•

Tant *et* ***tant*** *d'années ont passé !*

■ ***Tant*** est ***adverbe*** :

• il peut indiquer une quantité :
Il y a tant d'années que nous nous sommes vus !

• marquer l'intensité :
Vous m'avez tant fait rire autrefois !

• ou exprimer une comparaison :
Je n'ai pas tant changé que vous le pensez.

On peut le remplacer par un adverbe de sens équivalent *(tellement, autant, comme)* :
Pourquoi passer tant de temps sur ce problème ?
(= autant de temps si important)
Il y a tant de gens qui le pensent ! (= tellement de gens)
Je resterai tant qu'il le faudra. (= autant de temps qu'il le faudra)
En tant que spécialiste, je désapprouve le projet. (= comme spécialiste...)

187 *Distinguer* qui l'a *de* qu'il a

C'est un excellent joueur. L'entraîneur ***qui l'a*** *sélectionné est satisfait.*

■ Nous avons ici affaire à une suite de trois éléments :

– ***qui*, pronom relatif :**
L'entraîneur qui a sélectionné le joueur est satisfait;

– ***l'*,** forme élidée du **pronom personnel** complément ***le*** ou ***la*** :
C'est un excellent joueur; l'entraîneur l'a sélectionné sans hésiter (l'= ce joueur);

– ***a***, forme conjuguée de ***avoir*** :
L'entraîneur a sélectionné un excellent joueur.

En remplaçant le pronom *l'* par le complément qu'il représente, on retrouvera la suite *qui* + verbe + complément :
Jeanne reconnaît que c'est l'épreuve de mathématiques qui l'a troublée.
(c'est l'épreuve qui a troublé Jeanne)
*Je ne trouve plus mon dictionnaire. Je ne sais pas **qui l'a** utilisé.*
(je ne sais pas qui a utilisé mon dictionnaire)
Cet article est excellent. Qui l'a écrit ? (Qui a écrit cet article ?)

•

*Guy ne retrouve plus le livre **qu'il a** emprunté.*

L'ensemble ***qu'il a*** correspond à ***qu'*** forme élidée du **pronom relatif** complément ***que*** suivi du **pronom personnel** sujet ***il*** et de ***a***, l'auxiliaire **avoir** à la troisième personne du singulier.

•

*Pierre était très allusif. Je ne sais pas ce **qu'il a** voulu dire.*

Il s'agit ici de la **conjonction *que*** élidée, suivie également de ***il*** et de ***a***.

Il faut être attentif au sens et au contexte et isoler le pronom sujet *il*.
Attention de bien distinguer les deux types de propositions !

- ***qu'*** = *que*, **conjonction de subordination** introduisant une complétive :
  Pierre pense qu'il a échoué à l'épreuve de mathématiques.
  (Pierre pense ceci : il a échoué…)
- ***qu'*** = *que*, **pronom relatif** complément :
  Sauriez-vous reconnaître l'homme qu'il a décrit ? (il a décrit un homme)

Distinguer qu'y *de* qui — 188

*C'est une sage décision; nous ne pouvons **qu'y** souscrire.*

Dans la suite ***qu'y***, ***qu'*** est la forme élidée de la **conjonction *que*** et ***y*** est le **pronom** représentant un complément introduit par une préposition.

Il faut bien identifier, dans le contexte, le complément représenté par ***y***.
On procédera à la substitution pour avoir la suite *que* + verbe + complément indirect.
Je sais bien que nous serons en retard. Qu'y faire ?
(= que faire à cela, contre cela)
Entendu pour aller dans un autre restaurant mais qu'y trouvera-t-on de mieux ? (= mais que trouvera-t-on de mieux dans cet autre restaurant ?)

Attention !
Bien distinguer les deux pronoms dans la suite *qui y* :
Ce piège est très difficile à éviter. Attendons de voir qui y parviendra sans embûche.

•

Fermez les yeux et pensez à un être ***qui*** *vous est cher.*

■ ***Qui*** est le pronom relatif.
Il représente un antécédent nominal ou est l'équivalent de *quelqu'un, quiconque, celui qui (celle qui, ceux qui), ce qui* quand il n'y a pas d'antécédent exprimé.

Qui **est sujet du verbe de la relative et on pourra le remplacer par ce qu'il représente :**
Les consommateurs ont des droits qui ne sont pas toujours reconnus.
(ces droits ne sont pas toujours reconnus)
Je connais un avocat sur qui on pourra compter.
(je connais un avocat; on pourra compter sur lui)
Qui ne revendique rien n'obtient rien.
(celui qui ne revendique rien...)
Il peut également, dans une forme interrogative, être pronom interrogatif :
Qui prendra cette responsabilité? (qui est-ce qui... ? quel est celui qui... ?)

189 *Distinguer* quel(les) que *de* quelque(s)... (que)

Quelles que *soient les circonstances, nous poursuivrons notre objectif.*

■ La **locution conjonctive** *quel que (quels que, quelle que, quelles que)* s'emploie dans une proposition au subjonctif qui indique une opposition ou une restriction (= peu importent les circonstances).
Elle est composée de l'adjectif ***quel(les)*** qui occupe la fonction d'attribut du sujet avec le verbe *être* au subjonctif et s'accorde avec le nom.
Cet adjectif est suivi de la conjonction ***que***.

En partant du nom de la subordonnée, on peut restituer la suite nom + *pouvoir être + n'importe lequel (laquelle, lesquels, lesquelles)* :
J'y retournerai quel que soit son avis.
(= son avis peut être n'importe lequel)
Quelle que soit l'évolution de la situation, ne cédez pas.
(= l'évolution de la situation peut être n'importe laquelle)
Il se sentait la force de vaincre tous les obstacles, quels que fussent les dangers. (= les dangers pouvaient être n'importe lesquels)
Pour *quelque... que*, voir le chapitre sur les mots homophones, n° 177.

Distinguer quelques fois *de* quelquefois 190

*Les **quelques fois** où nous nous sommes rencontrés, c'était à l'occasion du salon du Livre.*

■ ***Quelques*** est adjectif indéfini.
Au pluriel, il indique une quantité et a le sens de *un petit nombre de*.
Il détermine le nom ***fois***.

•

*Il se met **quelquefois** dans des colères terribles.*

■ ***Quelquefois*** est adverbe.
Il est équivalent à *de temps en temps, parfois.*

Il est facile de procéder à la vérification en utilisant les expressions équivalentes *(un petit nombre de... / parfois)* :

Je me souviens que les quelques fois où il est venu au club, il nous avait fait part de son projet. (= le petit nombre de fois où il est venu...)
Il se prend quelquefois à rêver qu'il pourrait devenir un acteur célèbre. (= il se prend parfois à rêver...)

Distinguer qu'elle(s) *de* quelle(s) 191

*Elle est injuste envers moi et je ne comprends pas les reproches **qu'elle** me fait.*

■ ***Qu'elle(s)*** correspond à ***qu'***, forme élidée de ***que***, **pronom relatif** complément, suivi du **pronom personnel** sujet ***elle(s)***, troisième personne du féminin.

On recherchera le complément du verbe de la subordonnée afin de remplacer le pronom par ce qu'il représente.

On peut éventuellement utiliser la forme du masculin *qu'il(s)* :

L'automne est la saison qu'elle préfère.
(elle préfère l'automne ; au masc. : la saison qu'il préfère)
Les années passées au lycée sont celles qu'elles regrettent le plus.
(elles regrettent le plus les années passées au lycée ; au masc. : celles qu'ils regrettent...)

•

*Nous ignorions **qu'elles** étaient à ce point susceptibles.*

■ ***Qu'elle(s)*** correspond ici à ***qu'*** forme élidée de la **conjonction de subordination *que*** introduisant une complétive, suivi du **pronom personnel** sujet ***elle(s).***

On peut retrouver la construction avec deux phrases simples ou remplacer le pronom *elle* par *il* :

On n'imaginait pas qu'elle deviendrait célèbre.
(on n'imaginait pas quelque chose : elle deviendrait célèbre; au masc. : qu'il deviendrait...)
Je souhaite qu'elles réussissent dans leur projet.
(je souhaite quelque chose : elles réussiront; au masc. : qu'ils réussirent...)

•

*À **quelle** heure venez-vous ?*
***Quelle** chance vous avez !*

■ ***Quelle(s)*** est la forme du féminin de l'**adjectif interrogatif** ou **exclamatif** (***quel(s)*** au masculin).

Il introduit donc un nom ou est attribut (avec un verbe d'état) dans une phrase interrogative (directe ou indirecte) ou exclamative.

On sera donc attentif au type de phrase, en accordant l'adjectif avec le nom :
Quelle est la capitale de l'Ouzbekistan ? *Quelle belle histoire !*
Pour quelles raisons faites-vous la tête ? *Quelles idioties !*

192 *Distinguer* quoi que *de* quoique

***Quoi que** vous décidiez, nous respecterons votre choix.*

■ ***Quoi que*** est un pronom relatif indéfini composé.

Quoi que est équivalent à *quelle que soit la chose que*. Il s'emploie principalement avec un verbe transitif et ***quoi*** est complément du verbe.

On peut remplacer *quoi* par *n'importe quoi* en reformulant la proposition :
*Il ne sera jamais de notre avis, **quoi que** nous proposions.*
(... que nous proposions n'importe quoi)

À noter les expressions : *quoi qu'il en soit* (= de toute façon); *quoi que ce soit* (= quelque chose de quelque nature que ce soit)

•

***Quoiqu'**il manque un peu d'expérience on peut lui faire confiance.*

■ La **conjonction *quoique***, élidée devant *il(s), elle(s), on, un(e)*, introduit une proposition circonstancielle d'opposition ou de concession.

On remplacera *quoique* par *bien que* ou par *encore que*, de sens équivalent.
Je partirais bien en mer, quoique le temps ne le permette pas.
(= bien que le temps ne le permette pas; malgré le temps)
Quoique vaillant, il hésitait à se lancer dans l'aventure.
(quoiqu'il soit vaillant = bien qu'il soit vaillant; malgré sa vaillance)

Distinguer par ce que *de* parce que 193

*Il n'a pas été convaincu **par ce que** vous lui avez répondu.*

■ ***Par ce que*** est formé de la préposition ***par***, qui introduit une subordonnée relative dont le pronom relatif est ***que*** et qui est complément du pronom démonstratif neutre ***ce***.
La proposition subordonnée a une fonction de complément d'agent du verbe à la forme passive.

On fera donc attention à la valeur d'agent de la proposition en déplaçant le complément en position de sujet :
Ce que vous lui avez répondu ne l'a pas convaincu.

On pourra plus simplement remplacer *ce* par *cela même*, pour séparer *par* et *ce* :
*Nous avons tous été surpris **par ce que** tu as déclaré.*
(ce que tu as déclaré nous a surpris; tu nous as surpris par cela même que tu as déclaré)

•

*Il a été élu **parce qu'**il a su faire la preuve de son intégrité morale.*

■ ***Parce que*** est une locution conjonctive qui introduit une proposition circonstancielle de cause.

On fera attention au sens de la proposition subordonnée qui indique une cause, donne une raison.
Ce sens pourra être vérifié en remplaçant *parce que* par une locution équivalente *(étant donné que)* :
Les deux candidats ont conclu un accord parce qu'ils n'avaient pas d'autre choix. (étant donné qu'ils n'avaient pas d'autre choix...)

Distinguer pour quoi *de* pourquoi 194

***Pourquoi** les étoiles brillent-elles ?*

■ ***Pourquoi***, d'un usage très fréquent, est **adverbe** ou **conjonction** et s'utilise dans des **propositions interrogatives**, pour introduire une question sur la raison d'un fait ou l'intention d'un acte.

La question peut être reformulée autrement *(pour quelle raison)* :
Pourquoi poser tant de questions ? (= pour quelle raison...)
Nous ignorions pourquoi, contrairement à son habitude, il lui avait parlé avec une telle fermeté. (= dans quelle intention...)

•

*C'est ce **pour quoi** nous le soutiendrons.*

■ Dans la suite *pour quoi*, ***pour*** est la **préposition** et ***quoi*** est **pronom relatif**.

On peut remplacer la suite *ce pour quoi* par *pour cela* :

C'est ce pour quoi je vous ai fait venir. (= je vous ai fait venir pour cela)
Voilà justement pour quoi il a été embauché.
(= il a été embauché pour cela même)

•

*Veux-tu me laisser ta place un instant ? – **Pour quoi** faire ?*

■ ***Quoi* est pronom interrogatif.**
On peut déplacer *quoi (pour faire quoi).*
Le verbe à l'infinitif doit donc être un verbe transitif : *quoi* est complément d'objet direct.

195 *Distinguer* qu'en *de* quand, quant

*Avez-vous lu son rapport ? **Qu'en** pensez-vous ?*

■ Aux mots homophones ***quand*** et ***quant*** (voir « Mots homophones », n° 78) s'ajoute la suite ***qu'en*** où ***qu'*** est la forme élidée de la **conjonction *que*** et ***en*** **pronom personnel** (= de cela) représentant un complément introduit par la préposition *de*.

On pourra remplacer *en* par le complément indirect qu'il reprend pour retrouver la suite *que* + verbe + *de* + complément :

Et l'honneur de la famille, qu'en faites-vous ?
(= que faites-vous de l'honneur de la famille ?)
Ce tableau est magnifique. Qu'en dites-vous ?
(= que dites-vous de ce tableau ?)
Je ne sais vraiment qu'en penser. (= je ne sais vraiment que penser de cela)

À noter *qu'* + *en* + participe présent :

Ce n'est qu'en persévérant que tu obtiendras des résultats.
(= c'est seulement en persévérant…)

196 *Distinguer* plus tôt *de* plutôt

*Ce livre convient **plutôt** à des adolescents qu'à des enfants.*

■ L'**adverbe *plutôt*** indique une préférence dans une comparaison (*plutôt… que* = de préférence à, plus… que).

On vérifiera qu'on a bien la suite *plutôt... que* et la paraphrase permettra de s'assurer de cette valeur de comparaison :

Vous devriez agir plutôt que de vous plaindre sans arrêt.
(= agir serait préférable à se plaindre)
Les conseils qu'on lui donne le laissent perplexe plutôt qu'ils ne l'aident vraiment. (= plus qu'ils ne l'aident vraiment)

Plutôt est aussi utilisé pour porter une appréciation plus juste :

Lise est plutôt moins bavarde que sa sœur.
Voilà qui me semble plutôt mieux.
Hector était devenu gênant ou plutôt indésirable.

On emploie également ***plutôt*** dans le sens de *passablement, assez* :

Le temps est plutôt maussade.

•

Plus tôt *vous viendrez,* ***plus tôt*** *ce sera réglé.*

■ ***Plus tôt*** exprime aussi une comparaison avec l'adverbe de comparaison ***plus*** devant l'**adverbe *tôt***. Il s'oppose alors à *plus tard*.
On peut, pour vérifier, supprimer *plus* ou essayer l'expression de sens contraire *(plus tard).*
Le risque de confusion est surtout présent lorsqu'on a l'expression *plus tôt que.*

Ils sont arrivés plus tôt que prévu.
(ils sont arrivés tôt) (≠ plus tard que prévu)
Nous n'avons pas été prévenus plus tôt que vous.
(nous n'avons pas été prévenus tôt) (≠ plus tard que vous)

On retiendra l'emploi suivant :

Nous n'étions pas plus tôt installés qu'il fallut repartir.
(= À peine étions-nous installés, il fallut repartir)

Distinguer si tôt, aussi tôt *de* sitôt, aussitôt — 197

Pourquoi êtes-vous parti ***si tôt****?*
Vous vous levez ***aussi tôt****?*

■ Les deux **adverbes *si*** et ***aussi***, qui indiquent un degré élevé, modifient l'adverbe ***tôt***.

On opposera, pour la vérification, *aussi tôt* ou *si tôt* à *aussi tard* ou *si tard* :

Il n'était pas nécessaire de venir si tôt. (≠ si tard)
On ne pensait pas vous revoir aussi tôt. (≠ aussi tard)

•

Il est venu ***aussitôt qu'****il a pu.*
Il viendra ***sitôt que*** *possible.*

■ Les **adverbes *aussitôt*** et ***sitôt*** ont des emplois proches ou équivalents (= dans le même moment, au même instant).
Ils sont utilisés en tant qu'adverbes ou dans les **locutions conjonctives *aussitôt que, sitôt que*** qui introduisent des subordonnées circonstancielles de temps.

On peut s'assurer de la valeur temporelle de l'expression en remplaçant les locutions conjonctives *aussitôt que* et *sitôt que* par *dès que* :

Sitôt couché, il s'endormit. (= dès qu'il fut couché)
Sitôt qu'il l'aperçut, il courut se cacher. (= dès qu'il l'aperçut)
Reviens aussitôt que possible. (= dès que possible)

À noter, l'expression : *Sitôt dit, sitôt fait.* (Aussitôt dit, aussitôt fait.)

•

Le vase a glissé. Il s'est aussitôt précipité en avant pour le rattraper.

■ Dans ce cas, ***aussitôt*** est **adverbe**.
Il peut être remplacé par un terme de sens équivalent *(immédiatement, instantanément, tout de suite)* :

Il s'est immédiatement précipité pour le rattraper.

À noter, l'expression ***pas de si tôt*** écrite également ***pas de sitôt*** (= pas dans un proche avenir et peut-être jamais) :

Il ne reviendra pas de si tôt ou *pas de sitôt.*

198 *Distinguer* bien tôt *de* bientôt

Le reverrons-nous bientôt ?

■ **L'adverbe *bientôt*** indique un terme proche dans le temps (= prochainement, incessamment).

On peut lui substituer des expressions équivalentes :

La paix viendra-t-elle bientôt ? (= dans un avenir proche)
De sa maladie, il n'en fut bientôt plus question.
(= il n'en fut plus question quelque temps après)
Aurez-vous bientôt fini de vous lamenter ?
(= aurez-vous rapidement fini...)

•

*Il est **bien tôt** pour vous voir ici.*

■ Dans la suite ***bien tôt***, **l'adverbe *bien*** est utilisé pour marquer un degré d'intensité et modifier ainsi **l'adverbe *tôt*.**

On opposera alors, pour la vérification, *bien tôt* (= « très tôt ») à *bien tard* :

Vous arrivez bien tôt ! (= très tôt) (≠ Vous arrivez bien tard)
Il est bien tôt pour en être certain ! (= il est trop tôt...)

HOMOPHONIES VERBALES

Les erreurs relevant du domaine de la conjugaison verbale sont fréquentes. **L'une des causes d'erreurs, quand la maîtrise de la conjugaison des verbes est assurée, tient au fait que de nombreuses terminaisons se prononcent de la même façon.**

Il existe différents cas d'homophonie entre terminaisons verbales :

• homophonies à un temps unique, par exemple :
les terminaisons *-e, -es, -ent* au présent de l'indicatif des verbes en *-er*
les terminaisons de l'imparfait de l'indicatif *-ais, -ait, -aient...*

• homophonies entre des formes relevant de temps différents, par exemple :
la terminaison ***-ai*** au passé simple des verbes en ***-er*** avec celle de l'imparfait en ***-ais***

• homophonies entre des formes relevant également de modes différents, par exemple :
-e, -es, -ent aux présent de l'indicatif et du subjonctif des verbes en *-er* mais, dans ce dernier cas, les formes sont homographes.

Nous n'avons retenu ici que les terminaisons homophones occasionnant des erreurs persistantes.

Pour choisir la forme graphique correspondant à l'emploi d'un verbe conjugué (temps et mode), il faut bien identifier le contexte d'emploi de cette forme et procéder, si cela est nécessaire, à des substitutions.

Identifier les terminaisons en -é ou en -er 199

■ Le participe passé en ***-é*** *(-ée,-és,-ées)* des verbes en ***-er*** est souvent confondu avec l'infinitif de ces mêmes verbes.
Leurs contextes d'emploi sont pourtant bien distincts.

• Le participe passé épithète ou attribut marque un état ou un résultat :
*Blottie dans l'ombre, Clarisse se sentit agripp**ée** par une main invisible.*
(= elle sentit qu'elle était agrippée...)

• Un verbe à l'infinitif marque une action :
*Saisi d'une frayeur soudaine, Ken s'entendit pouss**er** un cri perçant.*
(= Ken entendit qu'il poussait un cri perçant)

•

*C'est un enfant gât**é**.*
*Le vase est abîm**é**.*

■ Le **participe passé,** avec sa valeur d'adjectif, peut accompagner un nom ou être attribut du sujet avec un verbe d'état.

•

Ils ont passé une agréable journée.
Elle a été nommée à Strasbourg.

■ Avec sa valeur verbale, **le participe passé** constitue le second élément d'un temps composé ou d'une forme passive (*avoir* + participe passé ou *être* + participe passé).

Dans tous les cas, on sera attentif au contexte (nom + participe passé, *avoir* + participe passé, *être* + participe passé).

La vérification peut se faire aussi en remplaçant le participe passé en *-é(es)* par une autre forme de participe passé, en *-i* ou *-u*, de sens équivalent :

Une maison en ruines, isolée dans le marais, leur servait de repaire.
(une maison ... isol**ée** = perd**ue**)

De retour d'une longue marche, ils paraissaient épuisés.
(= ils paraissaient affaibl**is**)

*Il s'**est** installé dans son nouvel appartement.* (il s'est établ**i**...)

*Il **a** travaillé une grande partie de sa vie dans l'industrie automobile.*
(... il a **eu** un emploi dans l'industrie automobile)

Pour les problèmes d'accord du participe passé, on se reportera au chapitre concerné, pages 129 à 134.

•

C'est à prendre ou à laisser.
Souffler n'est pas jouer.

■ L'**infinitif** est une forme quasi nominale. Il peut donc avoir, tout comme un nom, la fonction sujet, attribut, complément du verbe (direct ou indirect), du nom, de l'adjectif ou complément circonstanciel.
Dans ces trois derniers cas, de même que comme complément d'objet indirect, il est introduit par une préposition.

On retrouve facilement la construction verbale avec l'infinitif en remplaçant le verbe en *-er* par *faire* (éventuellement *avoir* ou *être*) :

Copier un dessin n'est pas si facile. (= faire la copie d'un dessin)
*Le médecin cherchait **à** me rassurer.* (= à être rassurant)
*Nous avions pris l'habitude **de** le saluer.* (= de lui faire un salut)

Remarque :
Les verbes *aller, devoir, pouvoir, falloir* sont suivis d'un verbe toujours à l'infinitif :

Il est allé passer les vacances en Corse.
Il devra repasser son bac.
Elle peut arriver incessamment.
Il faut cesser de se plaindre !

Attention !

On sera particulièrement attentif aux cas des verbes pronominaux suivis d'un participe passé ou d'un infinitif :

Blottie dans l'ombre, Clarisse se sentit agrippée par une main invisible.
(= elle sentit qu'elle était agrippée)
Saisie d'une frayeur soudaine, elle se sentit agripper la manche de son voisin.
(= elle sentit qu'elle agrippait la manche)

(Voir « Variations du verbe », paragraphe 162.)

Identifier les terminaisons en -ai ou -ais 200

*Je jet**ai** un coup d'œil dans la pièce; elle était vide.*

■ Le verbe *jeter* est ici à la première personne du **passé simple de l'indicatif** et exprime un événement délimité.

•

*Je jet**ais** un châle sur mes épaules quand il est entré.*

■ Le verbe *jeter* est ici à l'**imparfait de l'indicatif** et exprime plutôt une situation, les circonstances où survient un événement *(il est entré).*

■ Il est parfois délicat, dans un texte, d'avoir à choisir, pour un verbe en *-er*, entre la forme du passé simple ***-ai*** et la forme de l'imparfait ***-ais***.
Souvenons-nous qu'un passé simple est rarement seul. Temps de l'événement, il se trouve associé à une suite d'actions.
L'imparfait, lui, est plutôt le temps des états, des situations, des actions inachevées.

La procédure de vérification la plus simple reste le changement de personne (*je* → *il*) :

*Comme convenu, je rest**ais** assis* (il restait assis) *à la terrasse du café, un journal à la main. L'homme que j'attend**ais*** (qu'il attendait) *ne tarda pas à se montrer et me fit un signe de la tête. Je me lev**ai**, m'avanç**ai** vers lui et, arrivé à sa hauteur, laiss**ai** glisser discrètement le journal à terre.* (il se leva ... s'avança ... laissa glisser). *Quand je me retourn**ai**,* (quand il se retouna) *il avait disparu.*

On peut également transposer le texte au passé composé, qui remplacera les passés simples, les imparfaits restant, eux, inchangés :

... je restais assis ... L'homme que j'attendais ... n'a pas tardé ... et m'a fait ... Je me suis levé, me suis avancé ... j'ai laissé glisser ... Quand je me suis retourné, il avait disparu.

201 *Identifier les terminaisons en* -rai *ou* -rais

Quand je reviendrai, tout aura changé.

La forme en ***-rai*** correspondant à la première personne du **futur de l'indicatif** sert à situer les faits dans l'avenir, par rapport à un présent.
Il peut donc avoir une valeur d'éventualité.

•

*Je ser**ais** ravi si vous acceptiez.*

La forme en ***-rais*** correspondant à la première (ou deuxième) personne du **conditionnel présent** peut également situer un fait dans un futur mais par rapport à un passé.

Le conditionnel a par ailleurs sa valeur modale d'hypothèse, de condition, de souhait, c'est-à-dire d'éventualité.

Il convient donc d'être attentif au contexte et à la concordance des temps.

En cas d'hésitation, un simple changement de personne *(je → nous, vous)* peut suffire à trouver la bonne forme.

*Je repeindr**ai** ma maison la semaine prochaine.* (nous repeindrons…)
*Je finir**ai** mon travail quand j'aur**ai** réuni plus d'informations.*
(nous finirons... quand nous aurons réuni...)
*Je t'accompagner**ai** aux États-Unis cet été.* (nous t'accompagnerons...)

*Il s'était dit que je le remplace**rais** après sa retraite.*
(... que nous le remplace**rions**...)
*Si je travaillais plus, je réussi**rais.***
(... nous réussirions...)
*Je vous au**rais** volontiers aidé si j'avais été disponible.*
(nous vous au**rions** aidé…)

202 *Identifier les terminaisons en* -i, -is, -it *et* -u, -us, -ut

*Un repas serv**i** en terrasse :* **participe passé en *-i*** *(-is, -ie, -ies)*
*Le service est compr**is** :* **participe passé en *-is*** *(-ise, -ises)*
*L'homme a été aperç**u** à la gare :* **participe passé en *-u*** *(-us, -ue, -ues).*

*Il nous serv**it** rapidement. Je compr**is** vite pourquoi :* **passé simple en *-is, -is, -it, -îmes, -îtes, -irent***
*Il s'aperç**ut** vite de son erreur :* **passé simple en *-us, -us, -ut, -ûmes, -ûtes, -urent***

■ Pour les verbes du deuxième groupe en *-ir* et certains verbes du troisième groupe, la voyelle de terminaison du participe passé *(-i* ou *-u)* est identique à la voyelle de terminaison du passé simple *(-is, it; -us, ut).*

On peut facilement éviter le risque de confusion en raisonnant sur les emplois des formes en contexte.

On pourra éventuellement procéder à un changement de personne *(il → ils)* au passé simple.

*Au début, il suiv**it*** (ils suivirent) *l'affaire de près puis s'en désintéressa.*
Quand il pénétra (ils pénétrèrent) *dans le hall d'entrée, il sent**it***
(ils sentirent) une odeur de brûlé.
*Le juge acqu**it*** (les juges acquirent) *la conviction de l'innocence de l'inculpé à l'audition du dernier témoin.*
*Après de longues années de privations et de souffrance, il conn**ut*** (ils connurent) *enfin le repos et le bonheur.*
*Il le f**it** (ils firent) attendre dans l'antichambre puis il le reç**ut*** (ils reçurent) *dans son bureau.*
*Il voul**ut*** (ils voulurent) *avoir plus de renseignements avant de se décider.*

On peut également vérifier la forme de passé simple en proposant, quand cela est possible, un verbe de sens voisin dont la voyelle de terminaison est différente.

*Au début, il suiv**it*** (surveilla) *l'affaire de près puis s'en désintéressa.*
*Quand il pénétra dans le hall d'entrée, il sent**it*** (renifla) *une odeur de brûlé.*
*Le juge acqu**it*** (obtint) *la conviction de son innocence à l'audition du dernier témoin.*
*Après de longues années de privations et de souffrance, il conn**ut*** (éprouva) *enfin le repos et le bonheur.*
*Il le fit attendre dans l'antichambre puis il le reç**ut*** (laissa entrer) *dans son bureau.*
*Il voul**ut*** (souhaita) *avoir plus de renseignements avant de se décider.*

Pour s'assurer de la forme de participe passé, il est possible, dans certains emplois, de s'appuyer sur la présence de l'auxiliaire :

*Le mot d'ordre de grève **a été** peu suiv**i**.*
*Il **a été** reç**u** à son examen.*

On peut également essayer de substituer à ce participe passé une forme en *-é(es).*

*Sur le coup il n'**a** pas sent**i** la douleur.* (= il n'a pas éprouvé)
*C'est un fait acqu**is,** nous n'avons pas à y revenir.*
(= un fait considéré comme définitif; au fém. : une chose acquise)
*C'est un homme dont la valeur **est** reconn**ue** par tous.*
(= dont la valeur est estimée, admise par tous)

*Nous n'**avons** pas voul**u** qu'il nous accompagne.* (nous n'avons pas désiré...)

En cas de doute sur la terminaison du participe passé, consulter le paragraphe concerné, n° 159.

203 *Identifier les terminaisons en* -it, -ît *et* -ut, -ût

*Il v**it** que sa fin approchait.*
*Il conn**ut** d'immenses joies.*

■ Les verbes *voir* et *connaître* sont à la **troisième personne du singulier du passé simple** et expriment des faits, des événements dans leur réalisation.

•

*Je craignais qu'il le v**ît** souffrir.*
*Qu'il conn**ût** une telle joie l'étonnait.*

■ Les verbes *voir* et *connaître* sont à la **troisième personne du singulier du subjonctif imparfait.**

Le temps de l'imparfait se justifie par la référence au passé ; le mode du subjonctif exprime un état du sujet (sentiment, volonté, doute, incertitude) et se trouve dans une relation de subordination à un verbe exprimant une modalité *(craindre, vouloir, souhaiter, imaginer, croire...).*

■ La forme de troisième personne du singulier du passé simple en ***-it*** ou en ***-ut*** est fréquemment confondue avec la forme de troisième personne du singulier du subjonctif imparfait en ***-ît*** ou en ***-ût*** :

il vit / qu'il vît; il conçut / qu'il conçût.

On distinguera bien les deux séries de terminaisons :

passé simple	subjonctif imparfait
*-is, -is, **-it,** -îmes, -îtes, -irent;*	*-isse, -isses, **-ît,** -issions, -issiez, -issent;*
*-us, -us, **-ut,** ûmes, -ûtes, -urent;*	*-usses, -usses, **-ût,** -ussions, -ussiez, - ussent.*

La forme de subjonctif imparfait est relativement rare et l'accent circonflexe sur la terminaison de troisième personne du singulier est la marque d'un ***s*** disparu toujours présent aux autres personnes de la conjugaison.

Pour s'assurer de la bonne orthographe, on se demandera quelle est la valeur modale du subjonctif (opposition, concession, hypothèse, condition, éventualité, souhait).

On retrouve plus facilement la valeur modale du subjonctif en transposant le verbe principal et le verbe subordonné au présent.

*Je ne tenais pas à ce qu'il appr**ît** la nouvelle par la radio.*
(je ne tiens pas à ce qu'il apprenne... : expression d'un souhait)

*Qu'elle consent**ît** à venir à condition d'être accompagnée ne m'étonnait guère.* (qu'elle consente... ne m'étonne guère : expression d'un sentiment)
*Quoiqu'il **fût** sensible à nos arguments, il refusa notre proposition.*
(quoiqu'il soit sensible à..., il refuse... : expression de l'opposition)
*Il valait mieux qu'elle véc**ût** loin des siens.*
(il vaut mieux qu'elle vive... : expression d'un souhait).

Pour vérifier la terminaison du passé simple, on peut mettre le verbe au pluriel (pas d'accent circonflexe sur la troisième personne).
*Il appr**it** la nouvelle par la radio et s'empressa de prévenir ses proches.*
(ils apprirent... et s'empressèrent...)
*Elle consent**it** à venir quand elle sut qu'elle serait accompagnée.*
(elles consentirent... quand elles surent... qu'elles seraient accompagnées...)
*Il **fut** sensible aux marques d'attention de ses amis.*
(ils furent sensibles...)
*Il véc**ut** longtemps loin des siens et en f**ut** très affecté.*
(ils vécurent... et en furent...)

LISTES UTILITAIRES

HOMOPHONES LEXICAUX

204 On appelle homophones des mots qui ont une même prononciation mais un sens différent.

• S'ils ont la même orthographe, ce sont des **homophones homographes.**
Ex. : *la bière,* désignant le cercueil et la *bière,* désignant la boisson.

• S'ils ont une orthographe différente, ce sont des **homophones hétérographes.**
Ex. : *le signe* et *le cygne.*

• On appelle **quasi-homophones** des homophones qui se distinguent par une prononciation différente d'un son voyelle. Cette différence est plus ou moins accentuée selon les régions ou les personnes.
Ex. : *un sol* [sɔl] et *un saule* [sol].

La liste qui suit contient des homophones lexicaux, c'est-à-dire ceux qui concernent le vocabulaire et qui sont à distinguer des homophones grammaticaux comme *a* et *à, ni* et *n'y.*
Toutefois, certains mots ont pour homophones des formes verbales dont l'existence est simplement signalée, pour mémoire.
Exemple : *une serre, un cerf* et les formes verbales de *serrer* et de *servir.*

A

un **accord** conclu
un rocher **accore**
un serviteur **accort**
un **acore** (plante aquatique)

s'**accoter** au comptoir
un **à-côté** de la question

l'acide **acétique**
une vie **ascétique**

une **ache** (plante ombellifère)
la **hache** du bûcheron

les **acquêts** d'un conjoint
le **haquet** d'un charretier

un **acre** de terrain
une fumée **âcre**

aïe ! je souffre
une gousse d'**ail**
les formes verbales de aller

l'**aile** d'un oiseau
elle pleure
les formes verbales de héler

une fourmi **ailée**
héler un taxi

le pli de l'**aine**
la **haine** du revanchard

l'**aîné** de la famille
des cheveux teints au **henné**

avoir l'**air**
une **aire** d'atterrissage
l'**aire** d'un aigle
l'**ère** quaternaire
continuer sa lancée sur son **erre**
les **erres** (traces de gibier)
un **ers** (plante fourragère)
une **haire** (chemise rude)
le vagabondage d'un pauvre **hère**
la ruade d'un **hère** (jeune cerf)
les formes verbales de errer

l'**alêne** *ou* **alène** du cordonnier
l'**allène** (hydrocarbure)
avoir bonne ou mauvaise **haleine**

du papier d'**alfa** (plante)
la lettre grecque **alpha**

l'**allaitement** maternel
le **halètement** d'un asthmatique

une **allée** bordée de platanes
aller et venir
haler une péniche
hâler sous le vent

allier l'or et l'argent
l'aide d'un **allié**
une bête tapie dans un **hallier**

allô ! je vous entends mal
le **halo** de la lune

une population **allogène**
une lampe (à) **halogène**

un gâteau aux **amandes**
une **amende** à payer

alpha *cf.* alfa

une réponse **amène**
dire **amen**
les formes verbales de amener

bon **an,** mal an
en voiture !
han ! soupire le bûcheron

le sphincter **anal**
des **annales** littéraires

les statistiques d'un **analyste**
la chronique d'un **annaliste**

l'**anche** d'une clarinette
l'articulation de la **hanche**

l'**ancrage** d'une bouée
l'**encrage** d'un papier

une **ancre** marine
l'**encre** de l'imprimeur
les formes verbales de encrer *et de* ancrer

l'**anse** d'un panier
une **hanse** (association de marchands au Moyen Âge)

annales *cf.* anal

l'**antre** du lion
lire **entre** les lignes

les **appas** d'une femme
l'**appât** du pêcheur

un tissu plein d'**apprêts**
après la pluie, le beau temps

les plumes d'un **ara**
le manège d'un **haras**

l'**archer** et son arc
l'**archet** du violonniste

un jardin de cinq **ares**
saigner un cheval aux **ars**
l'**art** du sculpteur
verser des **arrhes** lors d'un achat
un **hart** (lien d'osier)

armer un revolver
l'**armée** de terre

l'**arôme** du café
un bouquet d'**arums**

un **arrêt** d'autocar
un chat **haret** (retourné à l'état sauvage)

l'**as** de pique
une **asse** de tonnelier

ascétique *cf.* acétique

un **atèle** (singe araignée)
une **attelle** pour os fracturé
les formes verbales de atteler

le matérialisme **athée**
hâter le pas

un pot-**au**-feu
un ail, des **aulx**
l'**eau** de cologne
de **haut** en bas
ho ! venez ici...
ô ciel !
oh ! quelle surprise !
un os, des **os**

le tronc d'un **aulne** (*ou :* aune)
une longueur d'une **aune**

sous d'heureux **auspices**
l'**hospice** des vieux

le mistral et l'**autan**
autant en emporte le vent

l'**autel** d'une église
l'**hôtel** de ville

un **auteur** de romans
la **hauteur** et la largeur
avant et après
les dimanches de l'**Avent**

avouer un crime
l'avocat et l'**avoué**

B

jouer au **baccara**
une verre en **baccarat**

bah ! n'en parlons plus !
enfiler des **bas**
des mulets de **bâts**
les formes verbales de battre

un cheval **bai**
ouvrir une **baie**
rester bouche **bée**
le **bey** et le sultan

vous me la **baillez** bonne
bâiller comme une carpe
bayer aux corneilles

un **bal** masqué
une **balle** de tennis
une **balle** de coton

aller en **balade**
réciter une **ballade**

un **balai**-brosse
un danseur de **ballet**

ballade *cf.* balade
balle *cf.* bal
ballet *cf.* balai

publier les **bans**
s'asseoir sur un **banc**
un **banc** de poissons

pêcher le **bar**
un **bar**-tabac
transporter sur un **bard**
des **barres** parallèles
les formes verbales de barrer

un **barbu**
les arêtes d'une **barbue**

un toit de **bardeaux** (planchette)
atteler un **bardot** (bête de somme)

bas *cf.* bah

un **basilic** (reptile ou plante aromatique)
les vitraux d'une **basilique**

bât *cf.* bah
baux *cf.* beau
bayer *cf.* bailler

un **beau**-frère
un bail, des **baux**
un pied **bot**

une **bête** sauvage
manger des **bettes** (*ou :* blettes)

un **bit** (unité de mesure informatique)
une **bitte** d'amarrage

un épi de **blé**
un fruit **blet**

une **bolée** de cidre
un **bolet** (champignon)

bon pied, bon œil
un **bon** d'achat
prendre la balle au **bond**

la **bonace** de la mer (calme plat)
un air **bonasse**

boom *cf.* boum

le **bord** de mer
le **bore** (corps chimique)
le **bort** (diamant)

un **bordé** (galon bordant un tissu)
border un lit
tirer des **bordées**

bore, bort *cf.* bord
bot *cf.* beau

une **botte** de radis
une main **bote** (déformée)
une paire de **bottes** en cuir
les formes verbales de botter

boucher un trou
une **bouchée** de pain

une **boulaie** (plantation de bouleaux)
un **boulet** de canon

le tronc d'un **bouleau**
un homme **boulot** (rondelet)

boum ! patatras !
un **boom** économique

un **bourg,** une bourgade
la **bourre** d'un coussin
les formes verbales de bourrer

bourrer le crâne
danser la **bourrée**

le **bout** du tunnel
un garde-**boue**
les formes verbales de bouillir

le **box** des accusés
un combat de **boxe**
les formes verbales de boxer

brick *cf.* brique

un quart de **brie**
un **bris** de verre

un mur de **briques**
la voile d'un **brick**
les formes verbales de briquer

bris *cf.* brie

briser la glace
marcher sur les **brisées**

un **brocard** (raillerie ou chevreuil mâle d'un an)
un tissu de **brocart**

brocher un livre
la mâchoire d'un **brochet**

du pétrole **brut**
des manières de **brute**

marquer un **but**
une **butte** de terre

une **butée** de porte
buter contre un obstacle
butter des choux

C

ça va
çà et là
sa femme
le **sas** d'une écluse

cacher la vérité
le **cachet** de la poste
un **cachet** d'aspirine

un golfeur et son **caddie**
emplir un **Caddie** de denrées
un **cadi** (juge musulman)

un **cadran** d'horloge
le **quadrant** d'une circonférence

un **cahier** de brouillon
cailler le lait

les **cahots** d'un véhicule tout-terrain
le **chaos** de Gavarnie, dans les Pyrénées
un boxeur **K.-O.** *(knock-out)*

cailler *cf.* cahier

un **cal** (durillon, callosité)
à fond de **cale**
les formes verbales de caler

un **camp** de prisonniers
un **kan** (*ou :* khan, étape des caravanes)
un **khan** (titre d'un souverain mongol)
quand on veut, on peut
quant à moi, je suis trop vieux

un canal, des **canaux**
un **canot** de sauvetage

la **cane** et le canard
une **canne** d'aveugle

canot *cf.* canaux

un **cantique** de Noël
la mécanique **quantique**

franchir un **cap**
un roman de **cape** et d'épée

un **capital** et ses intérêts
la **capitale** d'un pays

un conducteur de **car**
je ne sors pas **car** il pleut
les **carres** d'un ski
un **quart** d'heure

un mètre **carré**
la **carrée** d'un soldat
un **caret** (tortue ou gros fil)

carier une dent
un ouvrier **carrier**

un jeu de **cartes**
une **quarte,** une quinte

un **cartier** (fabricant de cartes)
un **quartier** de lune

un **catarrhe** pulmonaire
l'hérésie **cathare**

le **causse** du Quercy
une **cosse** de haricot

le maître de **céans**
être sur son **séant**

le **céleri** rémoulade
la **sellerie** d'une écurie

celle, celui
du **sel** et du poivre
une **selle** de cheval
les formes verbales de celer, sceller *et* seller

le vin dans le **cellier**
le cuir chez un **sellier**

cène *cf.* saine

le **cens** électoral
un **sens** giratoire
les cinq **sens**

nul n'est **censé** ignorer la loi
un jugement **sensé** ou insensé

cent (une centaine)
une transfusion de **sang**
sans foi ni loi
les formes verbales de sentir

un **cep** de vigne
des **cèpes** (champignons)
le **cep** de la charrue

les bois d'un **cerf**
une culture en **serre**
une **serre** de rapace
les formes verbales de serrer *et de* servir

une **cession** de parts
une **session** parlementaire

cet homme
cette femme
un **set** de table
un **sept** de pique
un match en trois **sets**

le **chah** (*ou :* shah, schah) de Perse
le **chas** d'une aiguille
un **chat** de gouttière

les alcools d'un **chai**
rester **chez** soi

une **chaîne** de montagnes
les racines d'un **chêne**

en **chair** et en os
la **chaire** d'un professeur
mon **cher** ami
faire bonne **chère**

un **champ** de blé
le **chant** du rossignol
posé de **chant** (sur la face étroite)

chaos *cf.* cahot
chas *cf.* chah

la **chasse** à courre
une **châsse** vitrée

la **chassie** des paupières
un **châssis** de voiture

chat *cf.* chah

le **chaud** et le froid
le blanc de **chaux**
peu me **chaut** (*verbe* chaloir)

chaumer dans un champ
chômer un jour de fête

chaux *cf.* chaud

un **cheik** (*ou :* cheikh, scheik, chef de tribu arabe)
un **chèque** sans provisions

chêne *cf.* chaîne
chèque *cf.* cheik
cher *cf.* chair

un enfant **chéri**
un verre de **cherry** (liqueur de cerise)
un verre de **sherry** (xérès)

un **chérif** (prince arabe)
un **shérif** (*ou :* sheriff, chef de la police aux É.-U.)

chez *cf.* chai

un costume **chic**
mâcher une **chique**
les formes verbales de chiquer

c'est du **chiqué !**
chiquer du tabac

une odeur de **chlore**
clore la porte

le **chœur** de l'Opéra
les battements du **cœur**
le vibrion **cholérique**
un tempérament **colérique**

chômer *cf.* chaumer

un chant **choral**
une **chorale**
des bœufs dans un **corral**

cindre d'un **chrême** (huile)
une **crème** pâtissière

chut ! silence !
faire une **chute**
les formes verbales de chuter

ci-gît Untel, mort pour la France
la **scie** du menuisier
avec des **si** on mettrait Paris en bouteille
le **si** bémol
un château **sis** en Normandie
six francs

l'étoffe rude d'un **cilice**
du verre de **silice**

cinglé (fou)
cingler en direction du Groenland

le **cirre** *ou* **cirrhe** (cil, poil animal)
la **cire** des abeilles
un triste **sire**
les formes verbales de cirer

une **cité** commerçante
citer un témoin

clac !
donner une **claque**
les formes verbales de claquer

une **clause** de contrat
une porte **close**

une **clé** (*ou :* clef) de serrure
faire sécher des fruits sur une **claie**

un **clair** de lune
des huîtres fines de **claire**
un **clerc** de notaire

clic !
une **clique** de politiciens
prendre ses **cliques** et ses claques

clore *cf.* chlore
close *cf.* clause
cœur *cf.* chœur

rester **coi,** coite
qui ? **quoi ?**

au **coin** du feu
des confitures de **coings**

le **coke** métallurgique
la crête d'un **coq**
un œuf à la **coque**

un **col** de chemise
de la **colle** à bois
du **khôl** dans les yeux
les formes verbales de coller

colérique *cf.* cholérique

coller un timbre
la main au **collet**
un chien **colley**

un **colon** d'Afrique
l'inflammation du **côlon**

passer une **commande** à un fournisseur
une **commende** (dépôt d'un bénéfice ecclésiastique)

payer **comptant**
être **content** de soi

les **comptes** d'un commerçant
le **comte** et la comtesse
un **conte** de Noël
les formes verbales de compter *et de* conter

compter son argent
le gruyère et le **comté**
le duché et le **comté**
conter une histoire

le **compteur** à gaz
une poète **conteur**

déguster un **consommé**
consommer de l'essence

conte *cf.* compte

content *cf.* comptant
conter *cf.* compter
conteur *cf.* compteur
coq, coque *cf.* coke

un **cor** au pied
à **cor** et à cri
les **cors** d'un cerf
le **corps** humain

premier de **cordée**
corder du chanvre

un épiderme **corné**
la **cornée** de l'œil
corner aux oreilles
un **cornet** à pistons
corner les pages d'un livre

un diable **cornu**
une **cornue** à distiller

corps *cf.* cor
corral *cf.* choral

un café **corsé**
corser du vin
un **corset** orthopédique

cosse *cf.* causse

la **cote** d'alerte
grimper une **côte**
se fracturer une **côte**
une **cotte** de mailles
payer sa **quote**-part
les formes verbales de coter

un cheval **coté**
coter un dessin industriel
le **côté** d'un rectangle

cotte *cf.* cote

les vertèbres du **cou**
un **coup** de téléphone
le **coût** d'une installation
les formes verbales de coudre

la carrosserie d'un **coupé**
une échelle de **coupée**
couper du bois

un **couplé** gagnant
coupler des bœufs
le **couplet** d'une chanson

la **cour** de récréation
faire la **cour**
la chasse à **courre**
le **cours** d'un fleuve
suivre un **cours** de français
le **court** de tennis
couper **court**
les formes verbales de courir

coût *cf.* cou

crac !
un **crack** en histoire
le **krac** (*ou :* crac, château fort des croisés en Syrie)
un **krach** boursier
les formes verbales de craquer

un bâton de **craie**
un **crêt** (sommet) enneigé

crème *cf.* chrême
crêt *cf.* craie

creuser la terre
épurer au **creuset**

un **cric** hydraulique
une **crique** accueillante

croquer une pomme
un arceau de **croquet**

la **crosse** d'un fusil
le **cross**-country

un aliment **cru**
un vin de cru
la **crue** d'une rivière
les formes verbales de croire *et de* croître

le **cuir** chevelu
cuire de la viande

un **cuisseau** de veau
un **cuissot** de gros gibier

le **curé** d'une paroisse
curer un canal
sonner la **curée**

la **curie** romaine
le **curie** (unité de radio-activité)
une volaille au **curry**

le chant du **cygne**
un **signe** précurseur
les *formes verbales de* signer

D

un **dais** de lit
un **dé** à coudre
un **dé** à jouer
un, une, **des**
dès l'aube
le **dey** d'Alger

la peine du **dam**
dans le temps
une **dent** creuse

une **danse** folklorique
un brouillard **dense**
les formes verbales de danser

la **date** de naissance
manger une **datte**
les formes verbales de dater

dé *cf.* dais

une tenue **décente**
une **descente** en parachute

un mur **décrépi**
un vieillard **décrépit**

déférer un coupable à la justice
déferrer un cheval

dégoûter d'un plat
dégoutter du toit

délacer ses souliers
délasser l'esprit

dense *cf.* danse
dent *cf.* dam

des, dès *cf.* dais

desceller une grille
desseller un cheval

descente *cf.* décente

un **dessein** (projet, visée)
un **dessin** industriel

desseller *cf.* desceller

dessin cf. dessein

détoner (une détonation)
détonner d'un demi-ton

dey *cf.* dais

régler un **différend** entre voisins
avoir un avis **différent**

do majeur, do mineur
un **dos** voûté

la bague au **doigt**
un **doit,** supérieur à l'avoir
les formes verbales de devoir

le **don** d'un organe
voici l'homme **dont** je vous ai parlé

dos *cf.* do

un **doublé** or
doubler un véhicule
doubler un vêtement
« hôpital » et « hôtel » sont des **doublets**

manger **du** pain
payer son **dû**

la **durée** des vacances
faire **durer** le plaisir

E

eau *cf.* au

l'**échappée** d'un coureur
laisser **échapper** sa chance

un **écho** radar
payer son **écot**
un **écot** (tronc d'arbre)

elle *cf.* aile
en *cf.* an
encrage *cf.* ancrage

enter (greffer) un prunier
hanter l'esprit

entre *cf.* antre

un brouillard **épais**
le tranchant d'une **épée**

épicer une sauce
épisser deux câbles ou deux cordages

une folle **équipée**
équiper un navire

ère, erre *cf.* air

soutenir par un **étai**
l'**été** indien
les formes verbales de être *et* étayer

un pot en **étain**
un feu **éteint**

l'**étal** d'un boucher
une mer **étale**

un cheval **étique** (maigre)
un jugement **éthique**

un **être** humain
les racines d'un **hêtre**

elles et **eux**
des **œufs** sur le plat

exaucer un vœu
exhausser un mur

une lettre **exprès**
un train, un café **express**

F

un **fa** dièse
un air **fat,** suffisant

avoir **faim** et soif
la **fin** de l'histoire
le **fin** mot de l'histoire
les formes verbales de feindre

faire le bien
un **fer** à repasser
les formes verbales de ferrer

prendre quelqu'un sur le **fait**
ployer sous le **faix**
la **fée** du logis
les formes verbales de faire

le **faîte** du toit
une **fête** foraine
les formes verbales de faire *et de* fêter

faix *cf.* fait

l'idole et ses **fans**
une **fane** de radis

un **far** aux pruneaux
du **fard** pour le teint
du **fart** (graisse) pour le ski
un **phare** pour les navigateurs

fat *cf.* fa

la **faune** et la flore

un **faune** (dieu champêtre)
un bruit mesuré en **phones**

une perle **fausse**
la **fosse** aux lions
les formes verbales de fausser

fausser un résultat
une voix de **fausset**
tomber dans le **fossé**

fée *cf.* fait
fer *cf.* faire

un **ferment** lactique
le **ferrement** d'un cheval

le réseau **ferré**
ferrer un poisson
des **ferrets** de diamants

ferrement *cf.* ferment
fête *cf.* faîte

danser sous la **feuillée**
les **feuillets** mobiles d'un agenda

faire **fi** de quelque chose
phi (lettre grecque)

un **fil** d'araignée
une **file** de voitures
les formes verbales de filer

filer de la laine
filer un bas
un **filet** de pêcheur
un **filet** d'eau

un café-**filtre**
un **philtre** de sorcier

fin *cf.* faim

un point **final**
remporter la **finale**
le **finale** d'un opéra

flac!
une **flaque** d'eau

un **Flamand** et un Wallon
un **flamant** rose

faire une **flambée** pour se réchauffer
flamber sa fortune au jeu

un **flan** aux pruneaux
se coucher sur le **flanc**

flaque *cf.* flac

fleurer bon la lavande
s'exercer au **fleuret**

le **foc** d'un voilier
la fourrure de **phoque**

sous la **foi** du serment
avoir mal au **foie**
il était une **fois**

le **fond** d'un puits
un **fonds** de commerce
les **fonts** baptismaux
les formes verbales de faire *et de* fondre

un **fondé** de pouvoir
fonder un foyer

fonds, fonts *cf.* fond

le **for** intérieur
frapper **fort**
un **fort** militaire
« tout est perdu, **fors** (excepté) l'honneur »
les formes verbales de forer

forer une roche
un **foret** de bijoutier
une **forêt** de pins

fors, fort *cf.* for
fosse *cf.* fausse
fossé *cf.* fausser

les **foulées** du cerf
fouler le sol

un gazon **fourni**
le **fournil** du boulanger
les formes verbales de fournir

un **fourré** de broussailles
se **fourrer** le doigt dans l'œil

du **frai** de carpes
un temps **frais**
un avion de **fret**

la **fumée** de cigarette
fumer un champ
le **fumet** (arôme) d'un rôti

une **fusée** mise sur orbite
laisser **fuser** un éclat de rire

G

gai comme un pinson
le hareng **guai** (*ou :* **guais**)
passer une rivière à **gué**
un complice faisant le **guet**

mauvais comme la **gale**
les **galles** du chêne

les **galons** de sergent
le **gallon** anglais se divise en huit pintes

un **gang** de malfaiteurs
la **gangue** d'un minerai

la **gaule** du pêcheur
le **goal** d'une équipe
les formes verbales de gauler

se chauffer au **gaz**
la **gaze** d'un pansement
les formes verbales de gazer

les plumes d'un **geai**
noir comme du **jais**
un **jet** d'eau

éprouver de la **gêne**
un **gène** et la génétique
les formes verbales de gêner

les fleurs de **genêt**
la croupe d'un **genet**
un **jeunet,** une jeunette
jeûner pendant le carême

le pelage d'une **genette**
une **jeunette,** un jeunet

la **gent** canine
les **gens** du Nord

un verre de **gin**
une veste en **jean**

l'érosion **glaciaire**
une **glacière** pour le camping

goal *cf.* gaule

mal ajusté, ce col risque de **goder**
une roue à **godets**

le **golfe** de Gascogne
jouer au **golf**

une **goulée** d'air
un **goulet** dans un port

goûter un plat
laisser un robinet **goutter**

accorder une **grâce**
une plante **grasse**

un **grau** (chenal débouchant sur la mer)
avoir le cœur **gros**

un visage **grave**
déguster un verre de **graves**

bon **gré**, mal gré
une carrière de **grès**
les formes verbales de gréer

cuire sur le **gril**
un ciel **gris**

gros *cf.* grau

guai, gué, guet *cf.* gai

n'avoir **guère** le temps
la **guerre** et la paix

H

hache *cf.* ache

haine *cf.* aine

bruni par le **hâle**
la **halle** aux vins
les formes verbales de hâler

le **halage** d'une péniche
le **hallage** (redevance aux halles)

haleine *cf.* alène
haler, hâler *cf.* aller
halètement *cf.* allaitement
halle *cf.* hâle
hallage *cf.* halage
hallier *cf.* allié
halo *cf.* allô
han! *cf.* an
hanche *cf.* anche
hanse *cf.* anse
hanter *cf.* enter
haquet *cf.* acquêts
haras *cf.* ara
hâter *cf.* athée

la **hausse** des prix
un **os** à moelle
les formes verbales de hausser

haut *cf.* au

la marée **haute**
une chambre d'**hôte**
une **hotte** de vendangeur
les formes verbales de ôter

hauteur *cf.* auteur

un **heaume** de joute
l'intimité d'un **home**
la loi d'**Ohm**
l'**homme** et la femme

hère *cf.* air

le message apporté par un **héraut**
un **héros**, une héroïne

hêtre *cf.* être

avoir l'**heur** de plaire
être à l'**heure**
un **heurt** (action de heurter)

hile *cf.* il
hombre *cf.* ombre

avoir le **hoquet**
le **hockey** sur glace
d'accord, c'est **O.K.!**

un modèle **hors**-série
un lingot d'**or**
or (cependant)
d'**ores** et déjà

hospice *cf.* auspices
hôte *cf.* haute
hôtel *cf.* autel
hotte *cf.* haute

hou!
biner à la **houe**
une feuille de **houx**
l'un **ou** l'autre
où vas-tu?

un gisement de **houille**
ouille! quelle douleur!

les **hourdis** d'un plancher maçonné
un complot **ourdi**

huer un mauvais orateur
s'enfuir sous les **huées**
parler à **huis** clos
sept, **huit** francs

la **hune** du mât
la **une** des journaux

une **hutte** de paille
une symphonie en **ut** mineur
forme verbale de avoir

un rire de **hyène**
payer en **yens**

une **hyphe** (filament de champignon)
une haie d'**ifs**

I

if *cf.* hyphe

il pleut
une **île** déserte
le **hile** (point noir) de la fève

l'intercession (action d'intercéder)
l'**intersession** parlementaire

J

jais *cf.* geai

le **jar** (*ou :* **jard**) charrié par la Loire
l'huile dans une **jarre**
le **jars** (mâle de l'oie)

je sais
un **jeu** de cartes

jean *cf.* gin

une **jeune** fille
le **jeûne** du carême

jeûner, jeunet *cf.* genêt

une **jonchée** de feuillages
joncher le sol

embrasser sur la **joue**
un **joug** pour l'attelage
les formes verbales de jouer

messieurs les **jurés**
jurer sur l'honneur

K

kan, khan *cf.* camp

le chêne **kermès**
des œufs de **kermès** (cochenille)
les stands d'une **kermesse**

khôl *cf.* col
krach *cf.* crac

L

la lune
donner le **la**
ici et **là**
les **lacs** et les entrelacs
être **las** d'attendre
las ! (hélas !)

les eaux du **lac**
la **laque** pour les cheveux
les formes verbales de laquer

lacer ses souliers
nouer ses **lacets**
lasser la patience

lacs *cf.* la

un frère **lai** (non prêtre)
réciter un **lai** (poème)
laid comme un pou
le sanglier et la **laie**
boire du **lait**
un **lé** (bande) de toile
les lois
bénéficiaire d'un **legs**
Plessis-**lez**-Tours
Sotteville-**lès**-Rouen

l'habit d'un **laquais**
laquer un meuble

une barde de **lard**
les dieux **lares**, chez les Romains

las *cf.* la
lasser *cf.* lacer
lé *cf.* lai

le printemps
à la queue **leu** leu

legs, les, lès *cf.* lai

lâcher du **lest**
avoir la main **leste**
les formes verbales de lester

leu *cf.* le

c'est **leur** affaire
dresser un oiseau au **leurre**
les formes verbales de leurrer

la **levée** du facteur
lever son verre
le **lever** du soleil

lez *cf.* lai

un **li**, mesure chinoise
la **lie** de vin
le **lit** de la rivière
les formes verbales de lier *et de* lire

entrer en **lice**
un tapis de haute **lice** **(***ou :* **lisse)**
la **lice** (femelle d'un chien de chasse)
une surface **lisse**
la fleur de **lys** **(***ou :* **lis)**

un **lieu** public
les ouïes d'un **lieu**
les bottes de sept **lieues**

le **limbe** d'une feuille, d'un astre
les **limbes** ou le paradis

lire un roman
la **lire** italienne
jouer de la **lyre**

lis, lisse *cf.* lice

lisser sa moustache
un professeur de **lycée**

lit *cf.* li

la **livrée** d'un valet
livrer un colis
un **livret** militaire

marquer un but grâce à un **lob**
le **lobe** de l'oreille

jeter le **loch** pour mesurer la vitesse d'un navire
le monstre du **loch** Ness
un vêtement en **loques**

enduire de **lut**
jouer du **luth**
une tortue **luth**
la **lutte** armée
les formes verbales de luter *et de* lutter

luter un vase
lutter contre le froid

un **lux** (unité d'éclairage)
vivre dans le **luxe**
les formes verbales de luxer

lycée *cf.* lisser
lyre *cf.* lire
lys *cf.* lice

M

ma mère
un **mas** de Provence
un **mât** de voilier

un **magister** (un pédant)
un **magistère** (autorité doctrinale *ou* diplôme du second cycle)

le mois de **mai**
le pain dans la **maie**
mais pourtant…
mes parents
un **mets** et un entremets
les formes verbales de mettre

se promener sur un **mail**
les **mailles** d'un filet
les formes verbales de mailler

mailler une voile
le **maillet** de l'ébéniste

une **main** gantée
en **maint** endroit

le **maire** et ses conseillers municipaux
la **mer** Méditerranée
la **mère** et le père
la **mère** de vinaigre

mais *cf.* mai

un **maître** d'hôtel
un **mètre** carré
mettre la clé sous la porte

le bien et le **mal**
le **mâle** et la femelle
la **malle** et la valise

les **mânes** des ancêtres
la **manne** tombée du ciel
la **manne** (suc) du frêne
une **manne** (panier) d'œufs

la **mante** religieuse
l'alcool de **menthe**
les formes verbales de mentir

un **marais** salant
la **marée** montante

le **marc** de café
la **mare** aux canards
il y en a **marre** !

marée *cf.* marais

le **mari** et sa femme
être **marri** (consterné)

le **mark** allemand
la **marque** de fabrique
les formes verbales de marquer

le peuple **marocain**
un sac en **maroquin**

marque *cf.* mark
marre *cf.* mare
marri *cf.* mari

un enfant **martyr**
souffrir le **martyre**

mas *cf.* ma, masse

une **masse** d'air
un **mas** de Provence (*prononcé aussi* [ma])
les formes verbales de masser

mât *cf.* ma

un teint **mat**
faire échec et **mat**
un professeur de **maths**
formes verbales de mater

mater une révolte
mâter un navire

la rosée du **matin**
les crocs d'un **mâtin**

maure *cf.* mors
maux *cf.* mot
menthe *cf.* mante
mer, mère *cf.* maire
mes *cf.* mai

assister à une grand-**messe**
le **mess** des officiers

mètre *cf.* maître
mets *cf.* mai

un **mi** bémol
la **mi**-temps
du pain de **mie**
les formes verbales de mettre

mille francs
un grain de **mil** (millet)

la ligne de **mire**
l'encens et la **myrrhe**
les formes verbales de mirer *et de* mettre

troué aux **mites**
un **mythe** antique

toi et **moi**
le **mois** de janvier

un **mol** oreiller
une pâte **molle**
une **mole** (masse moléculaire)
le **môle** dans un port
le **môle** ou poisson-lune

mon ami
le sommet du **mont**

le **mors** aux dents
être **mort** de peur
un café **maure** (*ou :* **more)**
les formes verbales de mordre

écrire un **mot**
de deux **maux,** il faut choisir le moindre

un fromage **mou**
un morceau de **mou** (abats)
faire la **moue**
le **moût** de pomme ou de raisin
formes verbales de moudre

mu (lettre grecque)
la **mue** d'un serpent
les formes verbales de muer *et de* mouvoir

muer (changer)
sourd et **muet**

un **mur** de clôture
un fruit **mûr**
la confiture de **mûres**
les formes verbales de murer

un **musée** d'art
aimer **muser** (flâner)

myrrhe *cf.* mire
mythe *cf.* mite

N

ne... pas
un **nœud** coulant

un **nez** aquilin
les formes verbales de naître

ni l'un, ni l'autre
un **nid** d'oiseau
les formes verbales de nier

un **niais,** une niaise
nier l'évidence

une **nichée** dans un feuillage
« où la vertu va-t-elle se **nicher ?** » (Molière)

nid *cf.* ni
nier *cf.* niais
nœud *cf.* ne

le **nom** et le prénom
pour un oui, pour un **non**

nu (lettre grecque)
nu comme un ver
tomber des **nues**

les adjectifs **numéraux**
tirer le bon **numéro**

O

l'Orient et l'**Occident**
le chlore est un **oxydant**

œufs *cf.* eux
oh ! *cf.* au

ohm *cf.* heaume
O.K. *cf.* hoquet

l'**ombre** et la lumière
l'**hombre** (jeu de cartes espagnol)
les formes verbales de ombrer

avoir l'**onglée**
une boîte à **onglets**

or, ores *cf.* hors

un rose **orangé**
la fleur d'**oranger**

os *cf.* au, hausse
ou, où *cf.* hou !

un tampon d'**ouate**
une consommation en **watts**

oui ou non
les **ouïes** d'un poisson
les formes verbales de ouïr

ouille *cf.* houille
ourdi *cf.* hourdi
oxydant *cf.* Occident

P

un bulletin de **paie**
la guerre et la **paix**
un **pet**-de-nonne
les formes verbales de paître *et de* payer

la mie de **pain**
une pomme de **pin**
les formes verbales de peindre

un nombre **pair**
les **pairs** et les notables
une **paire** de lunettes
le **père** et la mère
des yeux **pers**
les formes verbales de perdre

paix *cf.* paie

le supplice du **pal**
une **pale** d'hélice
pâle comme la mort

le **palais** des sports
un **palet** de marelle

des voisins de **palier**
pallier un manque

pan !
un **pan** de mur
des plumes de **paon**
les formes verbales de pendre

une **panne** d'essence
la **panne** d'un cochon
la **panne** d'un marteau
un tissu en **panne** de velours
un œufs de **paonne**
les formes verbales de paner

panser une plaie
une **pensée** amicale
une plate-bande de **pensées**
un maître à **penser**

par-ci, par-là
une **part** d'héritage
les formes verbales de partir *et de* parer

parquer des bestiaux
un **parquet** ciré
les magistrats du **Parquet**

prendre **parti** pour
une **partie** de tennis
les formes verbales de partir

le **passé** et le présent
passer son temps

être **pat** aux échecs
pétrir une **pâte**
marcher à quatre **pattes**

un **pâté** de campagne
la **pâtée** du chien

réciter un **pater** et un ave
un vêtement accroché à une **patère**
une **patère,** vase sacré

patte *cf.* pat

la **paume** de la main
la **pomme** d'Adam

la **pause** café
la **pose** de la première pierre

un **pavé** humide
paver une cour

une **peau** de lapin
un **pot** de fleurs

le muscle **peaucier**
un artisan **peaussier**

un **péché** mignon
pécher par omission
les racines d'un **pêcher**
pêcher à la ligne

la **peine** de mort
un **pêne** de serrure
une **penne** d'oiseau
les formes verbales de peiner

peiner à escalader
la feuille **pennée** du dattier

pêne, penne *cf.* peine
pensée, penser *cf.* panser

un cri **perçant**
un chat **persan**

mettre en **perce** (en tonneau)
une ville **perse**
les formes verbales de percer

une **percée** dans une forêt
percer du cuir

père *cf.* pair
pers *cf.* pair
persan *cf.* perçant
perse *cf.* perce

la **pesée** d'un nourrisson
peser le pour et le contre

pet *cf.* paie

un **peu** d'eau
peuh !
les formes verbales de pouvoir

phare *cf.* far
phi *cf.* fi !
philtre *cf.* filtre
phone *cf.* faune
phoque *cf.* foc

la valeur de **pi** est 3,14
bavard comme une **pie**
une œuvre **pie** (charitable)
une jument **pie**

aller de mal en **pis**
un **pis** de vache

piauler *cf.* piolet

un **pic** enneigé
un **pic** de mineur
l'as de **pique**
la **pique** du picador
les formes verbales de piquer

un **pieu** pour une clôture
un **pieux** mensonge

pin *cf.* pain

un **pinçon** au doigt
gai comme un **pinson**
les formes verbales de pincer

un **piolet** d'alpiniste
piauler comme un oisillon

pique *cf.* pic

une attaque en **piqué**
faire **piquer** un vieux chien
un **piquet** de tente

pis *cf.* pie

fixer un **piton**
un **piton** volcanique
le serpent **python**

jouer **placé**
placer un meuble
un référé sur **placet**

le jugement d'un **plaid** (tribunal féodal)
une **plaie** purulente
les formes verbales de plaire

plain *cf.* plein

la **plaine** et la montagne
le **pleine** lune

porter **plainte**
poser une **plinthe** au bas d'un mur

le **plan** de l'architecte
le **plant** de l'horticulteur

un bracelet en **plaqué**
plaquer ses cheveux

un attentat au **plastic** (explosif)
la chirurgie **plastique**
une matière **plastique**

faire le **plein** d'essence
le **plain**-chant,
de **plain**-pied
les peaux trempées dans un **plain**
les formes verbales de plaindre

pleine *cf.* plaine

le **pli** du pantalon
les ouïes d'une **plie**
les formes verbales de plier

plinthe *cf.* plainte

la **plumée,** fournie par un oiseau
plumer un poulet
le **plumet** d'un casque
les formes verbales de plumer

une **poêle** à frire
un **poêle** à charbon
les cordons du **poêle** (drap recouvrant le cercueil)
une touffe de **poils**

un **poids** lourd
écosser des **pois**
une cravate à **pois**
encoller à la **poix**
pouah !

une **poignée** de mains
à la force du **poignet**

poil *cf.* poêle

un coup de **poing**
un **point** d'interrogation
un bon **point**
une mise au **point**
un **point** de couture
les formes verbales de poindre

pois, poix *cf.* poids
pomme *cf.* paume
pool *cf.* poule

sale comme un **porc**
un **pore** de la peau
un **port** fluvial
un **port** de tête
des frais de **port**
une **portée** de chiots
une **portée** musicale
porter une valise

pose *cf.* pause
pot *cf.* peau

un **pou** dans la tête
un **pouls,** une pulsation

pouah ! *cf.* poids

le **pouce** et l'index
une **pousse** de printemps
les formes verbales de pousser

poucier *cf.* poussier

un œuf de **poule**
une **poule** à l'épée, au pistolet
le **pool** du charbon et de l'acier

pouls, *cf.* pou
pousse *cf.* pouce

une **poussée** de fièvre
pousser à la consommation

un coup de **poussier**
protégé par un **poucier**
le **poucier** d'un loquet

un **pré** fleuri
habiter tout **près**
un **prêt** immobilier
se tenir **prêt**

les **prémices** de l'hiver
les **prémisses** d'un raisonnement logique

un **profilé** métallique
profiler une carlingue

peu ou **prou**
la **proue** d'un navire

le printemps, **puis** l'été
l'eau d'un **puits**
la chaîne des **puys,** en Auvergne

python *cf.* piton

Q

quadrant *cf.* cadran
quand, quant *cf.* camp

quantique *cf.* cantique
quart *cf.* car
quarte *cf.* carte
quartier *cf.* cartier

que dis-tu ?
une **queue** de poisson
un maître **queux**
aiguiser à l'aide d'une **queue**

quoi *cf.* coi

R

un **ra** (roulement) de tambour
couper **ras**
un **rat** d'égout
un **raz** de marée

le **racket** d'un gang
une **raquette** de tennis

le **radian** (unité de mesure d'angle)
un corps **radiant** comme l'uranium

un **rai** de lumière
la **raie** au milieu
une **raie** au beurre noir
do, **ré,** mi
capturer dans des **rets**
un **rez**-de-chaussée
les formes verbales de rayer

un **raid** aérien
la corde **raide**

le coassement d'une **rainette**
les pépins d'une **reinette**

raisonner avant d'agir
faire **résonner** un gong

danser sous la **ramée**
ramer à contre-courant

raquette *cf.* racket
ras *cf.* ra

une voix **rauque**
solide comme un **roc**
danser le **rock**
le petit ou le grand **roque** aux échecs

raz *cf.* ra

ré *cf.* rai

être **recru** de fatigue
un **recrû** de taillis
une nouvelle **recrue**

un **régal** (délice)
un **régale** (jeu d'orgue)
l'eau **régale** (dissolvant)
une **régal** (droit monarchique)

la **reine** des abeilles
les **rênes** d'un attelage
un troupeau de **rennes**

reinette *cf.* rainette

le **relevé** d'un compteur
relever la tête

rêne, renne *cf.* reine

un **repaire** de brigands
un point de **repère**
les formes verbales de repérer *et de* reperdre

résonner *cf.* raisonner
rets *cf.* rai
rhô *cf.* rot

le **ris** de veau
le **ris** d'une voile
les jeux et les **ris**
un gâteau de **riz**
les formes verbales de rire

roc *cf.* rauque

creuser dans le **rocher**
le **rocher**, os temporal
les manches d'un **rochet**

roder un moteur
rôder dans les parages

un **roman** d'amour
l'art **roman**
parler le **romand**

un **rondeau** (poème)
un **rondo** (finale en musique)

boire du **rosé**
la **rosée** du matin
roser un visage

faire un **rot**
le **rot** (maladie) de la vigne
le fumet d'un **rôt**
rhô (lettre grecque)

une **roue** de voiture
un poil **roux**
un **roux,** pour lier une sauce
les formes verbales de rouer

un homme **roué** (habile et rusé)
rouer de coups
une fileuse à son **rouet**

roux *cf.* roue

le filet d'eau d'un **ru**
une **rue** piétonne
la **rue** (plante des prés)
les formes verbales de ruer

S

sa *cf.* ça

le **sacré** et le profane
sacrer un évêque

un **saigneur** de porcs
le **seigneur** du château

sain et sauf
les lieux **saints**
donner le **sein**
un acte sous **seing** privé
cinq (*dans* cinq cents)
les formes verbales de ceindre

une cave **saine**
la **scène** d'un théâtre
pêcher avec une **seine** ou **senne**
la **cène** du Jeudi saint

sale comme un cochon
une **salle** à manger
les formes verbales de saler

un petit **salé** aux lentilles
saler et poivrer

salle *cf.* sale
sang, sans *cf.* cent

boire tout son **saoul** (*ou :* soûl)
économiser **sou** à sou
des cochons dans leur **soue**
un oreiller **sous** la tête

sas *cf.* ça

écrire une **satire** contre quelqu'un
les obscénités d'un **satyre**
les ailes d'un **satyre** (papillon)

un **saule** pleureur
le **sol** natal
la clé de **sol**
un filet de **sole**
la **sole** d'un sabot de cheval

un hareng **saur**
conjurer le mauvais **sort**
les formes verbales de sortir

un **saut** en hauteur
le garde des **sceaux**
un **seau** d'eau
il n'y a pas de **sot** métier

une **saute** d'humeur, de vent
une réponse **sotte**
les formes verbales de sauter

sceller un anneau dans un mur
poser les **scellés**
seller un cheval

scène *cf.* saine

les doutes d'un **sceptique**
une fosse **septique**

scie *cf.* ci

un **scieur** de long
le **sieur** Untel

le peuple **scythe**
un **site** historique
les formes verbales de citer

se *cf.* ce
séant *cf.* céans
seau *cf.* saut

la gorge **sèche**
un os de **seiche**
les formes verbales de sécher

sein *cf.* sain
sel, selle *cf.* celle

seller *cf.* sceller
sellier *cf.* cellier
sellerie *cf.* céleri
sens *cf.* cens
sensé *cf.* censé

sep *cf.* **cep**

le verbe **seoir**
matin et **soir**
sept *cf.* cet
septique *cf.* sceptique

un ciel **serein**
un **serin** dans une cage

sous la foi du **serment**
un **serrement** de cœur

serre *cf.* cerf
serrement *cf.* serment
ses *cf.* ces
session *cf.* cession
set *cf.* cet
shah *cf.* chah
shérif *cf.* chérif
sherry *cf.* chéri
si *cf.* ci
sieur *cf.* scieur

siffler comme un merle
le **sifflet** de l'arbitre

signe *cf.* cygne

signer un chèque
un **signet** pour marquer une page

silice *cf.* cilice
sire *cf.* cire
sis *cf.* ci
site *cf.* scythe
six *cf.* ci

un **soc** de charrue
la semelle en bois d'un **socque** (chaussure)

être content de **soi**
un fil de **soie**
soit l'un, soit l'autre
*les formes verbales d'*être

soir *cf.* seoir
soit *cf.* soi

sol, sole *cf.* saule
sommer un squatter de vider les lieux
le **sommet** d'une montagne

un **son** de cloche
du pain de **son**
son ami
forme verbale de être

un boxeur **sonné**
sonner les cloches
réciter un **sonnet**

sort *cf.* saur
sot *cf.* saut
sotte *cf.* saute
sou *cf. saoul*
soue *cf. saoul*

un **soufflé** au fromage
souffler les bougies
attiser le feu à l'aide d'un **soufflet**
recevoir un **soufflet** sur la joue

soûl, sous *cf.* saoul

les **spores** mâles et femelles
un terrain de **sport**

s'en tenir au **statu** quo
immobile comme une **statue**
le **statut** des fonctionnaires
les formes verbales de statuer

un domestique **stylé**
la lame d'un **stylet**
les formes verbales de styler

au vu et au **su** de tous
une prime en **sus**
sus à l'ennemi !
les formes verbales de suer *et de* savoir

sur le toit
une pomme **sure** (aigre)
une information **sûre**

T

ta chemise
un **tas** de sable

une **tache** de vin
accomplir sa **tâche**
les formes verbales de tacher *et de* tâcher

une **taie** d'oreiller
une **taie** (tache) sur la cornée
le **té** d'un dessinateur
tes affaires
le **têt** d'une laborantine
une tasse de **thé**

une glace sans **tain**
un **teint** mat
un navire soutenu par un **tin**
le **thym** et le laurier
les formes verbales de teindre *et de* tenir

faire **taire** des bavards
bis, **ter**
une **terre** fertile
les formes verbales de terrer

du **tan** pour le cuir
tant et si bien que...
une piqûre de **taon**
le **temps** de vivre
les formes verbales de tendre

l'oncle et la **tante**
une **tente** de camping
les formes verbales de tenter

taon *cf.* tan

un braconnier **tapi** dans les fourrés
un **tapis** d'Orient

se coucher **tard**
un plateau de balance équilibré avec une **tare**
une **tare** (un défaut)
les formes verbales de tarer

tarer (ternir) une réputation
une carène rongée par des **tarets** (mollusques)

tas *cf.* ta

tau (lettre grecque)
un **taud** (bâche pour bateau)
le **taux** de l'argent
se lever **tôt**

un prisonnier dans sa **taule**
un toit en **tôle** ondulée

myope comme une **taupe**
au quatrième **top...**
tope là !
les formes verbales de toper

coiffé d'un **taupé** (chapeau de feutre)
toper pour conclure un marché

un veau et une **taure**
un fil **tors**
un **tore** magnétique
causer du **tort**
les formes verbales de tordre

té *cf.* taie
teint *cf.* tain

teinter une peinture
faire **tinter** une clochette

temps *cf.* tan
tente *cf.* tante
ter, terre *cf.* taire

payer à **terme** échu
parler en **terme**s clairs
une cure dans des **thermes**

une colonie de **termite**s
la **thermite** (en métallurgie)

tes *cf.* taie
têt *cf.* taie
thé *cf.* taie
thermes *cf.* terme
thermite *cf.* termite

la pêche au **thon**
ton père
un **ton** criard
les formes verbales de tondre

thym *cf.* tain

avoir un **tic** nerveux
du sang sucé par des **tiques**
les formes verbales de tiquer

un **ticket** de quai
des propos qui font **tiquer**

tinter *cf.* teinter
tique *cf.* tic
tiquer *cf.* ticket

le **tir** à l'arc
le vol à la **tire**
les formes verbales de tirer

un **tirant** d'eau
le despotisme d'un **tyran**

faire un **tiré** à part
parcourir une **tirée** (terme familier)
tirer une balle
des mots séparés par un **tiret**

un bijou en **toc**
coiffé d'une **toque**
les formes verbales de toquer

toi et moi
un **toit** de chaume

tôle *cf.* taule

un **tolet** pour l'aviron
pousser un **tollé** contre une décision arbitraire
la neige **tôlée**

le **tome** d'un ouvrage littéraire
la **tomme** de Savoie

ton *cf.* thon
top, tope *cf.* taupe
toper *cf.* taupé
toque *cf.* toc

les bizarreries d'un **toqué**
toquer à la porte
coiffé d'un **toquet**

tore *cf.* taure
tors, tort *cf.* taure

un esprit **tortu**
la carapace d'une **tortue**

tôt *cf.* tau

embarquer dans une **toue**
tous les gens
tout le monde
une **toux** sèche ou grasse
les formes verbales de touer

du lait **tourné**
la **tournée** du facteur
tourner la page

tout, toux *cf.* toue

le **trac** d'un acteur
la **traque** du gibier
les formes verbales de traquer

tirer un **trait**
très bien, très mal
les formes verbales de traire

un **traité** de paix
traiter une affaire

creuser une **tranchée**
trancher une difficulté
le **tranchet** d'un bourrelier

très *cf.* trait

une **tribu** indienne
payer un **tribut** (dû)

un cheval au **trot**
trop ou pas assez

une **trouée** dans une haie
trouer son pantalon

un **turbo** (mollusque)
un moteur **turbo**
un **turbot** (poisson)

tyran *cf.* tirant

U

une *cf.* hune
ut *cf.* hutte

V

un espoir **vain**
du **vin** en fût
dix, **vingt,** trente
les formes verbales de vaincre *et de* venir

une attente **vaine**
une **veine** pulmonaire

une pantoufle de **vair**
un **ver** de terre
un **verre** de vin
l'un **vers** l'autre
un poème en **vers**
un lézard **vert**

une **vallée** encaissée
le **valet** de trèfle
un **valet** de menuiserie

les anses d'un **van** (panier)
un cheval transporté dans un **van** (véhicule)
le **vent** du large
les formes verbales de vendre

vanter les mérites de quelqu'un
venter, pleuvoir et tonner

un **varan** (reptile)
un **warrant** (billet à ordre pour un commerçant)

un **vau** pour une voûte
par monts et par **vaux**
le **veau** et la génisse
vos parents
les formes verbales de valoir

veine *cf.* vaine
vent *cf.* van
venter *cf.* vanter
ver *cf.* vair

du papier **vergé**
les arbres fruitiers d'un **verger**

un bois **verni**
le **vernis** d'un tableau

verre, vers, vert *cf.* vair

un homme **versé** dans les arts et les lettres
verser à boire
les **versets** de la Bible

un **vice** de construction
serrer la **vis**
les formes verbales de visser *et de* voir

un **vil** criminel
une **ville** touristique

vin, vingt *cf.* vain

violer la loi
le bleu, le rouge, le **violet**

vis *cf.* vice

avoir des **visées** sur un poste
viser juste

une **voie** de chemin de fer
chanter à pleine **voix**
les formes verbales de voir

y **voir** clair
de longs mois, **voire** des années

voix *cf.* voie

un liquide **volatil**
les **volatiles** de la basse-cour

lancer à toute **volée**
voler à haute altitude
voler de l'argent
fermer les **volets**

voir **voleter** une chauve-souris
faire **volter** un cheval

un **volt** (unité en électricité
une **volte** en équitation

vos *cf.* veau

W

warrant *cf.* varan
watt *cf.* ouate

Y

yen *cf.* hyène

PARONYMES

205 Les paronymes sont voisins des homophones.
Ce sont des mots proches par la sonorité ou la graphie, pouvant provoquer des méprises de sens.

abjurer *sa religion, la renier*	***adjurer*** *quelqu'un (au nom de Dieu) de faire quelque chose*
*l'****acceptation*** *d'une traite à payer*	*l'****acception*** *(le sens) d'un mot*
une fumée ***âcre***	*une lutte* ***âpre*** *(dure)*
affleurer, *être au niveau de*	***effleurer,*** *toucher à peine*
agonir *d'injures*	***agoniser*** *(être à l'agonie)*
percevoir une ***allocation*** *(somme attribuée)*	*prononcer une* ***allocution*** *(discours bref)*
monter en ***altitude***	*avoir toute* ***latitude*** *(toute facilité pour)*
aménager *un local (l'installer)*	***emménager*** *dans un local (s'installer dedans)*
une ***amnistie*** *annulant des condamnations*	*un* ***armistice*** *(arrêt des combats)*
amoral *(sans moralité)*	***immoral*** *(contraire à la morale)*
anoblir *en conférant un titre de noblesse*	***ennoblir*** *en conférant de la noblesse, de la dignité*
apurer *des comptes reconnus exacts*	***épurer*** *une eau trouble*
la langue ***arabe***	*une terre* ***arable*** *(labourable)*
*l'****arborisation*** *(dessins de ramifications)*	*l'****herborisation*** *(cueillette de plantes médicinales)*
*l'****aspiration*** *de l'air dans les poumons; le désir*	*l'****inspiration*** *(l'entrée d'air ou souffle créateur)*
*l'****astrologie*** *(art se fondant sur l'influence supposée des astres)*	*l'****astronomie*** *(sciences étudiant les corps célestes)*

•

la ***cangue,*** *supplice chinois*	*la* ***gangue*** *(enveloppe) d'un minerai*
une ***cession*** *de parts*	*une* ***session*** *parlementaire* *la* ***scission*** *d'un parti politique*
circoncire *(la circoncision d'un garçon)*	***circonscrire*** *un cercle dans un polygone*
coasser *comme la grenouille*	***croasser*** *comme le corbeau*
une ***collision*** *(un choc)*	*une* ***collusion*** *(une complicité)*
un juge ***compréhensif*** *(bienveillant)*	*un raisonnement* ***compréhensible*** *(clair)*
se perdre en ***conjectures*** *(en hypothèses)*	*la* ***conjoncture*** *(la situation) économique*
consommer *au comptoir d'un bar*	*le feu a tout* ***consumé*** *(détruit)*

•

dénoter *un trait de caractère*	*faire* ***détoner*** *un mélange gazeux*
	des couleurs ***détonnant*** *l'une à côté de l'autre*
des ***dissensions*** *au sein d'un ménage*	*un* ***dissentiment*** *(un jugement différent)*
mener une vie ***dissolue*** *(déréglée)*	*du sucre* ***dissous*** *(désagrégé)*
le ***donataire*** *reçoit un don*	*le* ***donateur*** *donne*

•

édicter *la peine de mort*	***éditer*** *un roman*
un vol avec ***effraction*** *(bris de clôture)*	*une* ***infraction*** *(violation de la loi)*
égayer *(rendre gai)*	*s'****égailler*** *(se disperser)*
élucider *un mystère et le comprendre*	***éluder*** *une question pour ne pas y répondre*
un médecin ***éminent***	*un danger* ***imminent*** *(très proche)*
émigrer *(quitter son pays)*	***immigrer*** *(entrer dans un pays)*
enduire *de colle*	***induire*** *en erreur*
épancher *sa bile, ses sentiments*	***étancher*** *ses larmes (les faire cesser)*
une ***éruption*** *de furoncles*	*une* ***irruption*** *de manifestants*
esquisser *un portrait*	***esquiver*** *un coup*
estamper *une feuille de métal*	***estomper,*** *rendre flou*
évoquer *(rendre présent à l'esprit)*	***invoquer*** *(prier)*
exciter *(rendre plus vif)*	***inciter*** *(pousser à)*
un ***exode*** *(émigration)*	*un* ***exorde*** *(entrée en matière)*
expansible *(dilatable)*	***extensible*** *(étirable, ductile)*

•

une ***faction*** *(ligue subversive)*	*une* ***fraction*** *(partie d'un tout)*

•

*l'****habileté*** *(adresse)*	*l'****habilité*** *(aptitude légale)*
hiberner *comme la marmotte*	***hiverner*** *comme des troupes se mettant à l'abri de l'hiver*

•

imprudent *(téméraire)*	***impudent*** *(cynique, effronté)*
infecter *une plaie*	***infester*** *(envahir)*

•

une ***lucane*** *(insecte)*	*une* ***lucarne*** *(petite fenêtre)*
la ***lymphe*** *(liquide organique)*	*la* ***nymphe*** *entre la larve et l'imago*
un salon ***luxueux***	*un tempérament* ***luxurieux*** *(porté à la luxure)*
	une végétation ***luxuriante***

•

maudire *(vouer au malheur)*	***médire*** *(dire du mal de)*
une information ***officielle*** *(émanant d'une autorité reconnue)*	*une information* ***officieuse*** *(sans garantie officielle)*
une place ***ombragée*** *(à l'ombre)*	*un caractère* ***ombrageux*** *(méfiant)*
une ***paraphrase*** *(énoncé synonyme d'un autre énoncé)*	*une* ***périphrase*** *(groupe de mots synonymes d'un seul mot)*
un jugement ***partial*** *(sans souci de justice ni de vérité)*	*une vision* ***partielle*** *(qui ne concerne qu'une partie)*
un ***pastiche*** *(une imitation)*	*un* ***postiche*** *(une perruque)*
un ***patricien*** *romain (aristocrate)*	*un* ***praticien*** *(celui qui pratique)*
un ***pédicule*** *de champignon*	*un* ***pédoncule*** *(queue de fleur)*
un ***percepteur*** *collectant les impôts*	*un* ***précepteur*** *(éducateur)*
le ***péricarde*** *(enveloppe du cœur)*	*un* ***péricarpe*** *(partie d'un fruit)*
perpétrer *un crime (l'accomplir)*	***perpétuer*** *une tradition (la maintenir)*
une ***prédication*** *(sermon)*	*une* ***prédiction*** *(prophétie)*
un ***prodige*** *(miracle)*	*les dépenses d'un* ***prodigue***
la ***quantité*** *(le nombre)*	*une* ***quotité*** *(le montant d'une part)*
rabattre *un capot*	***rebattre*** *les oreilles*
recouvrer *la vue*	***recouvrir*** *(couvrir entièrement)*
une ***stalactite*** *(concrétion calcaire qui pend)*	*une* ***stalagmite*** *(concrétion qui s'élève)*
une ***suggestion*** *(idée d'un tiers)*	*une* ***sujétion*** *(soumission)*
tordu *(tourné de travers)*	***tortu*** *(retors, tortueux, irrégulier)*
usagé *(qui a beaucoup servi)*	***usé*** *(détérioré)*
	usité *(couramment employé)*
vénéneux *comme certaines plantes*	***venimeux*** *comme certains serpents*
une ***vigie*** *(marin en observation)*	*un* ***vigile*** *(veilleur de nuit)*

MOTS INVARIABLES

Les mots invariables ont une forme fixe.
Ils ne connaissent pas de variation grammaticale selon le genre, le nombre, la personne, le temps et le mode, la fonction.

L'ensemble des mots invariables comprend les adverbes et locutions adverbiales, les prépositions et locutions prépositives, les conjonctions et locutions conjonctives ainsi que les interjections.

Adverbes, conjonctions, locutions... 206

Dans la liste suivante, nous avons privilégié les formes graphiques simples qui doivent être saisies et mémorisées globalement et qui entrent, pour la plupart, dans des formes complexes (locutions, expressions figées).

Afin de favoriser leur reconnaissance, nous les présentons en les regroupant selon leurs emplois dominants, même si beaucoup sont polyvalents, et sous forme de séries qui peuvent avoir un intérêt mnémotechnique.

Nous ne mentionnons pas les très nombreux adverbes formés avec le suffixe *-ment : évidemment, savamment, longuement, sûrement, énormément...*

■ Termes de relation ou connecteurs

et, ou, soit, ni
encore, même, (en) outre,
surtout, quant à
avec, parmi
selon, sauf, sans, hormis
quoique, bien que
car, parce que, puisque,
si, sinon, aussi, ainsi
d'abord, ensuite, enfin,
afin, pour
mais, malgré, pourtant, cependant,
or, d'ailleurs, néanmoins, toutefois,
donc, en effet

■ Localisation dans l'espace et le temps

à, de, par
vers, envers
près, après, auprès, loin
derrière, à l'arrière
jusque, jusqu'à
quelquefois, parfois, autrefois,
jadis, naguère, jamais
hier, demain, aujourd'hui
dès, désormais, d'ores et déjà
dorénavant, maintenant
pendant, durant, tandis que,
lors, alors, lorsque, soudain
en, dans, dedans
sur, sous, dessous, dessus
avant, auparavant, devant
entre, chez, parmi
autour, hors, dehors
ici, là, partout, ailleurs
souvent, encore, toujours, déjà
longtemps
tôt, bientôt, tantôt, sitôt, aussitôt
au fur et à mesure
puis, depuis

■ **Modalisations** (point de vue et appréciation)

très, plutôt, mieux, peut-être, en effet, certes, volontiers

■ **Quantification**

beaucoup
trop, davantage
moins
tant, autant, tellement
assez, peu, guère, plus
environ

207 *Les interjections*

Les interjections sont des mots pouvant être utilisés seuls pour manifester une attitude ou une réaction affective du locuteur (surprise, indignation...), pour accomplir certains actes (appeler, se moquer...) ou pour évoquer des bruits (onomatopées : *plouf, vlan, cocorico, hi-han,* etc.).
Nous ne mentionnons pas ici les onomatopées, dont la liste est ouverte et dont la création graphique est relativement libre.

Ah ! (sentiment vif de plaisir, admiration, douleur, etc. ou insistance, rappel)
Bah ! (indifférence, insouciance)
Fi ! (dédain)
Hé !, Hep !, Ho ! Holà ! Ohé (interpellation)
Hé là ! (mise en garde)
Heu ! ou Euh ! (souvent redoublée : embarras, doute)
Hello ! (salut, interpellation)
Ho ! (étonnement ou indignation)
Hou ! (pour railler, faire honte ou pour faire peur)
Hum ! Hem ! (doute, réticence)
*Oh ! (*surprise, admiration, emphase)
Ouille ! ou Ouïe (douleur physique)
Pff(t), Pfut ! (indifférence, mépris)
Psitt ! Pst ! (pour appeler, attirer l'attention)
Youpi ! (joie)
Zou ! (pour encourager un mouvement vif)

Aïe ! (douleur physique, contrariété)
Bof ! (indifférence, lassitude)
Ha ! (souvent redoublée : rire)
Hé ! Hé ! (appréciation ou moquerie)
Hélas ! (plainte, regret)
Hein ! ou Hein ? (surprise, étonnement, question)
Hi ! (répétée : rire)
Hop ! Hop là ! Houp ! (pour stimuler, faire sauter par jeu)
Hourra ! (enthousiasme, acclamation)
Hue ! (pour faire avancer un cheval)
Ô ! (pour invoquer : ô ciel ! ô mon Dieu !)
Ouf ! (soulagement)
Peuh ! (indifférence, dédain)
Pouah ! (dégoût)
Youp ! (pour encourager un mouvement)
Zut ! (mécontentement, déplaisir)

NOMS DE NOMBRES

Chiffres et numéraux cardinaux

208

Les numéraux cardinaux sont des adjectifs qui désignent une quantité et indiquent un nombre précis :

trois, quatorze, cinquante et un...

■ L'écriture en chiffres romains

Elle repose sur la combinaison des signes I *(un)*, V *(cinq)*, X *(dix)*, L *(cinquante)*, C *(cent)*, D *(cinq cents)*, M *(mille)*.

Pour lire ou écrire une suite de signes correspondant à un chiffre, on utilise :
• soit un procédé par addition : tout signe placé à droite d'un autre signe supérieur s'ajoute à celui-ci : *LVI = cinquante-six;*
• soit un procédé par soustraction : tout signe placé à gauche d'un autre signe supérieur se soustrait à celui-ci : *XC = quatre-vingt-dix.*
Quand, dans un nombre écrit en chiffres arabes, 4 ou 9 sont en position d'unité, de dizaine ou de centaine, on utilise, pour l'écriture en chiffres romains, le procédé par soustraction du signe supérieur.
Ainsi, 4 s'écrit IV (et non pas IIII), 9 s'écrit IX (et non pas VIIII), 40 s'écrit XL, 90 s'écrit XC, 99 s'écrit IC, 400 s'écrit CD, 900 s'écrit CM, 999 s'écrit IM.

■ L'écriture des chiffres avec notre système alphabétique

Elle repose sur la combinaison de *un, deux, trois, quatre, cinq, six, sept, huit, neuf, dix, onze, douze, treize, quatorze, quinze, seize, vingt, trente, quarante, cinquante, soixante, cent, mille, million, milliard.*

Ainsi 47 s'écrit *quarante-sept*, 291 s'écrit *deux cent quatre-vingt-onze*, 5 683 s'écrit *cinq mille six cent quatre-vingt-trois.*

■ Règle du trait d'union

Les adjectifs numéraux cardinaux composés s'écrivent avec un trait d'union *(vingt-huit, quatre-vingt-deux)* sauf quand ils sont associés à *cent* et *mille* *(deux cents, trois cent soixante-dix-huit, neuf mille, six mille trente-sept, mille trois)* ou s'ils sont reliés par *et (cinquante et un, cent vingt et un).*

Rectifications orthographiques

(cf. Règle n° 1 *du Rapport du Conseil supérieur de la langue française)*

On lie par un trait d'union tous les numéraux formant un nombre complexe *(vingt-huit, quatre-vingt-deux, deux-cents, trois-cent-soixante-dix-huit, neuf-mille, six-mille-trente-sept, cinquante-et-un, cent-vingt-et-un mille-trois).*

Nous indiquerons entre parenthèses, dans la liste qui suit, les formes en orthographe rectifiée.

■ Règle d'accord des adjectifs numéraux

Les adjectifs numéraux cardinaux sont invariables sauf *un* (*une* au fém.), *million* et *milliard* qui s'accordent au pluriel ainsi que *vingt* et *cent* lorsqu'ils sont multipliés par un nombre et ne sont pas eux-mêmes suivis d'un nombre *(quatre-vingts* mais *quatre-vingt-huit, six cents* mais *six cent dix).*

Chiffres arabes, chiffres romains, numéraux cardinaux

1	I	*un*
2	II	*deux*
3	III	*trois*
4	IV	*quatre*
5	V	*cinq*
6	VI	*six*
7	VII	*sept*
8	VIII	*huit*
9	IX	*neuf*
10	X	*dix*
11	XI	*onze*
12	XII	*douze*
13	XIII	*treize*
14	XIV	*quatorze*
15	XV	*quinze*
16	XVI	*seize*
17	XVII	*dix-sept*
18	XVIII	*dix-huit*
19	XIX	*dix-neuf*
20	XX	*vingt*
21	XXI	*vingt et un (vingt-et-un)*
22	XXII	*vingt-deux*
23	XXIII	*vingt-trois*
29	XXIX	*vingt-neuf*
30	XXX	*trente*
31	XXXI	*trente et un (trente-et-un)*
32	XXXII	*trente-deux*
39	XXXIX	*trente-neuf*
40	XL	*quarante*
41	XLI	*quarante et un (quarante-et-un)*
42	XLII	*quarante-deux*
49	IL	*quarante-neuf*
50	L	*cinquante*
51	LI	*cinquante et un (cinquante-et-un)*
52	LII	*cinquante-deux*
60	LX	*soixante*
61	LXI	*soixante et un (soixante-et-un)*
62	LXII	*soixante-deux*
70	LXX	*soixante-dix (régional : septante)*
71	LXXI	*soixante et onze (soixante-et-onze)*
72	LXXII	*soixante-douze*
80	LXXX	*quatre-vingts (régional : octante, huitante)*
81	LXXXI	*quatre-vingt-un*
90	XC	*quatre-vingt-dix (régional : nonante)*
91	XCI	*quatre-vingt-onze*
100	C	*cent*
101	CI	*cent un (cent-un)*
102	CII	*cent deux (cent-deux)*
200	CC	*deux cents (deux-cents)*
201	CCI	*deux cent un (deux-cent-un)*
300	CCC	*trois cents (trois-cents)*
325	CCCXXV	*trois cent vingt-cinq (trois-cent-vingt-cinq)*
400	CD	*quatre cents (quatre-cents)*
476	CDLXXVI	*quatre cent soixante-seize (quatre-cent-soixante-seize)*
500	D	*cinq cents (cinq-cents)*
514	DXIV	*cinq cent quatorze (cinq-cent-quatorze)*
600	DC	*six cents (six-cents)*
666	DCLXVI	*six cent soixante-six (six-cent-soixante-six)*

900	CM	*neuf cents (neuf-cents)*	1 101	MCI	*mille cent un (mille-cent-un) onze cent un (onze-cent-un)*
998	CMXCVIII	*neuf cent quatre-vingt-dix-huit (neuf-cent-quatre-vingt-dix-huit)*	1 200	MCC	*mille deux cents (mille-deux-cents)*
999	IM	*neuf cent quatre-vingt-dix-neuf (neuf-cent-quatre-vingt-dix-neuf)*	1 400	MCD	*mille quatre cents (mille-quatre-cents)*
1 000	M	*mille*	1 500	MD	*mille cinq cents (mille-cinq-cents)*
1 001	MI	*mille un (mille-un)*			
1 002	MII	*mille deux (mille-deux)*			
1 015	MXV	*mille quinze (mille-quinze)*	1 900	MCM	*mille neuf cents (mille-neuf-cents)*
1 084	MLXXXIV	*mille quatre-vingt-quatre (mille-quatre-vingt-quatre)*	2 000	MM	*deux mille (deux-mille)*
1 100	MC	*mille cent (mille-cent) onze cents (onze-cents)*			

Les chiffres romains sont rarement utilisés au-delà de deux mille…

5 673	*cinq mille six cent soixante-treize (cinq-mille-six-cent-soixante-treize)*	101 000	*cent un mille (cent-un-mille)*
9 946	*neuf mille neuf cent quarante-six (neuf-mille-neuf-cent-quarante-six)*	200 000	*deux cent mille (deux-cent-mille)*
10 000	*dix mille*	1 000 000	*un million*
99 000	*quatre-vingt-dix-neuf mille (quatre-vingt-dix-neuf-mille)*	10 000 000	*dix millions*
100 000	*cent mille*	1 000 000 000	*un milliard*
100 001	*cent mille un (cent-mille-un)*	10 000 000 000	*dix milliards*

À noter :

un billion (= un million de millions, soit 10^{12})
un trillion (= un milliard de milliards, soit 10^{18})
un quatrillion (= un million de trillions, soit 10^{24})
un quintillion (= un million de quatrillions, soit 10^{30}).

209 Numéraux ordinaux

Les adjectifs numéraux ordinaux indiquent un rang précis :
premier, deuxième, troisième...

Remarque :
Les adverbes d'origine latine *(primo, secundo...)* ne sont utilisés que jusqu'à *decimo.*

Numéraux ordinaux	Adverbes formés avec le suffixe -ment	Adverbes d'origine latine
premier ou *prime* (anc.)	*premièrement*	*primo*
deuxième ou second	*deuxièmement*	*secundo*
troisième ou *tiers* (anc.)	*troisièmement*	*tertio*
quatrième ou *quart* (anc.)	*quatrièmement*	*quarto*
cinquième ou *quint* (anc.)	*cinquièmement*	*quinto*
sixième	*sixièmement*	*sexto*
septième	*septièmement*	*septimo*
huitième	*huitièmement*	*octavo*
neuvième	*neuvièmement*	*nono*
dixième	*dixièmement*	*decimo* (*décimo)*
vingtième	*vingtièmement*	
vingt et unième	*vingt et unièmement*	
vingt-deuxième	*vingt-deuxièmement*	
centième	*centièmement*	
cent dixième	*cent(-)dixièmement*	
deux centième	*deux(-)centièmement*	
millième	*millièmement*	
millionième		
milliardième		

210 Fractions et multiples

1/2	(un, le) *demi* (une, la) *moitié*	2	*(le) double*
1/3	(un, le) *tiers*	3	*triple*
1/4	(un, le) *quart*	4	*quadruple*
1/5	(un, le) *cinquième*	5	*quintuple*
1/6	(un, le) *sixième*	6	*sextuple*
2/3	(les) *deux tiers*	10	*décuple*
3/4	(les) *trois quarts*	100	*centuple*
4/5	(les) *quatre cinquièmes*		
7/8	(les) *sept huitièmes*		
etc.			

Ensembles ou nombres approximatifs 211

(une, la) *huitaine*
(une, la) *dizaine,* (deux) *dizaines*
(une, la) *vingtaine*
(une, la) *trentaine*
(une, la) *quarantaine*
(une, la) *cinquantaine*
(une, la) *soixantaine*
(une, la) *centaine* ou (un) *cent,* (des) *centaines*
(un, le) *millier,* (des) *milliers*

Âges 212

Ces termes, qui vont par dizaines à partir de *quarante,* servent à qualifier ou à désigner une personne ayant atteint un âge déterminé.

quarante ans	*quadragénaire*
cinquante ans	*quinquagénaire*
soixante ans	*sexagénaire*
soixante-dix ans	*septuagénaire*
quatre-vingts ans	*octogénaire*
quatre-vingt-dix ans	*nonagénaire*
cent ans	*centenaire*

Éléments grecs et latins 213

Nous avons retenu ici les éléments dont le sens renvoie à un nombre, un rang ou à une quantité.

Éléments	Signification	Étymologie	Exemples
mon(o)-	seul, unique	gr. *monos*	*monoculture, monopole, monarchie*
uni-	un	lat. *unus*	*uniforme, unilatéral, univoque, unisson*
prim(o)-; prém-	premier, tout premier	lat. *primus*	*primaire, primordial, primitif, primeur, prémices*
pri(n)-	premier	lat. *primus, prior*	*prince, principe, principal, printemps, prieur, priorité*

Éléments	Signification	Étymologie	Exemples
prot(o)-; proté-	premier	gr. *prôtos*	*prototype, protohistoire, protozoaire, protéine*
ambi-	tous les deux	lat. *ambo*	*ambidextre, ambivalent*
amph(i)-	deux, double; des deux côtés	gr. *amphô*	*amphibie, amphibologie* (double sens, ambiguïté)
be(s)-	deux	lat. *bis*	*besace* (sac à deux poches)
bi-	deux, deux fois	lat. *bis*	*bicolore, bipède*
bin-	par deux	lat. *bini*	*binaire, binocle*
bis-	deux, deux fois	lat. *bis*	*bisannuel(le), bisaïeul(le)*
di-; dis-	deux, double	gr. *dis*	*diptère* (insecte à deux ailes), *dissyllabique*
du(o)-; do;- dou-	deux	lat. *duo*	*duo, duodécimal, dualité, duel duplicité, dodécagone, double*
tri-; tr-; tré-;	trois	lat. *tria;*	*triple, triangle, tricycle,*
trin-; tris-		gr. *treis*	*trente, trinité, trisaïeul*
tern-	par trois	lat. *terni*	*ternaire*
terti-	troisième	lat. *tertius*	*tertiaire, tertio*
quadr-; quadra-; quadri-; quadru-	quatre	lat. *quattuor*	*quadrangulaire, quadragénaire quadrilatère, quadriller, quadrupède, quadruple*
quar(r)-; carr-	quatre	lat. *quattuor*	*quarante, carrefour*
quart-; quat -; -cart-	quatre	lat. *quartus*	*quart, quartette, quartier, quatuor, écarteler*
quartern-	par quatre	lat. *quaterni*	*quaternaire*
tétra-	quatre	gr. *tetra*	*tétralogie, tétraplégie*
quinqu(a)-	cinq	lat. *quinque*	*quinquagénaire, quinquennal*
quint-	cinquième, cinq	lat. *quintus*	*quintette, quintuple, quinte*
hexa-	six	gr. *hexa*	*hexagone, hexamètre, hexaèdre*
hepta-	sept	gr. *hepta*	*heptagone, heptamètre, heptaèdre*
oct-	huit	lat. *octo* gr. *oktô*	*octave, octogénaire, octogone, octosyllabe*
ennéa-	neuf	gr. *enneas*	*ennéade, ennéagone*

Éléments	Signification	Étymologie	Exemples
non(a)-	neuf	lat. *nonus*	*nonagénaire, nonante*
déc(a)-	dix	gr. *deka*	*décimal, décennie, décupler*
déci-	dixième partie	lat. de*cimus*	*décigramme, décimètre, décilitre*
hect(o)-	cent	gr. *hekaton*	*hectare, hectogramme, hectomètre*
centi-	centième	lat. *centum*	*centimètre, centigramme*
kilo-	mille	gr. *khilioi*	*kilogramme, kilomètre, kilowatt*
hémi-	demi	gr. *hêmi*	*hémisphère, hémiplégie*
semi-	demi	lat. *semi*	*semi-circulaire, semi-conducteur*
olig(o)-	petit, peu nombreux	gr. *oligos*	*oligarchie, oligo-élément*
plur(i)-; plusi-	plus d'un	lat. *plures*	*pluriel, pluralisme, pluridisciplinaire, plusieurs*
poly-	multiplicité	gr. *polus*	*polycopie, polyculture, polygone*
multi-	nombreux, beaucoup (de), plusieurs	lat. *multus*	*multicolore, multiforme, multiple, multitude*
myria-	dix mille, très nombreux	gr. *murias*	*myriade, myriapode* (animal à nombreuses pattes)

MOTS D'ORIGINE ÉTRANGÈRE

214 Si 95 % environ des mots français modernes sont d'origine latine, le français a accueilli au cours de l'histoire et accueille encore de nombreux mots étrangers. Des milliers de mots ont ainsi été incorporés par emprunt aux langues étrangères (notamment à l'anglais, à l'italien, à l'allemand et aux dialectes germaniques, mais aussi à l'arabe, à l'espagnol, aux langues d'Asie, aux langues slaves, etc.).

La plupart de ces mots ont été adaptés oralement et graphiquement au système phonétique et graphique du français.

Si *chenapan* a bien un air de famille avec le mot allemand *schnappahn* (« maraudeur »), la langue française ne pouvait recevoir sans changement une telle forme graphique.

Il est vrai qu'un mot emprunté a pu suivre un circuit d'une langue à une autre avant d'être intégré. Et qui reconnaîtrait dans le mot *azur* le mot persan *lâdjavard* (« lapis-lazuli ») ? Du persan *lâdjavard,* l'arabe a fait *lâzaward* qui est devenu en latin médiéval *lazarus.*

abdomen n. m. [abdɔmɛn] latin
after-shave n. m. [aftœʀʃɛv] anglais
album n. m. [albɔm] latin
alcool n. m. [alkɔl] arabe
alléluia n. m. [a(l)leluja] hébreu
aluminium n. m. [alyminjɔm] anglais
amen n. m. [amɛn] hébreu
auburn n. f. [obœʀn] anglais

baby-foot n. m. [babifut] anglais
baby-sitter n. [ba(e)bisitœʀ] anglais
baby-sitting n. m. [ba(e)bisitiŋ] anglais
bacon n. m. [bekɔn] francique
badminton n. m. [badmintɔn] anglais
barman n. m. [barman] anglais
base-ball n. m. [bɛzbol] américain
basket-ball n. m. [baskɛtbol] anglais
bazooka n. m. [bazuka] anglais
bégum n. f. (princesse) [begɔm] hindi
best-seller n. m. [bɛstsel(œ)ʀ] anglais
black-out n. m. [blakawt] anglais
blazer n. m. [blaz(ɛ)œʀ] anglais
bloomer n. m. [blumœʀ] américain
blue-jeans ou *blue-jean* n. m. [bludʒin(s)] anglais
blues n. m. [bluz] anglais
bluff n. m. [blœf] anglais
bobsleigh ou *bob* n. m. [bɔbslɛg] anglais
bonsaï ou *bonzaï* n. m. [bɔnzaj] japonais
bookmaker n. m. [bukmɛkœʀ] anglais
boom n. m. [bum] anglais
boomerang n. m. [bumʀɑ̃g] anglais
boots n. m. [buts] anglais
bowling n. m. [bɔliŋ] anglais
boy n. m. [bɔj] anglais
brainstorming n. m. [bʀɛnstɔʀmiŋ] anglais
brain-trust n. m. [bʀɛntʀœst] anglais
break n. m. [bʀɛk] anglais
breakfast n. m. [bʀɛkfœst] anglais
brushing n. m. [bʀœʃiŋ] anglais
building n. m. [bildiŋ] anglais
bulldozer n. m. [buldozœʀ] anglais
bungalow n. m. [bœ̃galo] hindi et anglais
bunker n. m. [bunkœʀ] allemand

cake n. m. [kɛk] anglais
call-girl n. f. [kɔgœʀl] anglais
cameraman n. m. [kameʀaman] anglais
camping n. m. [kɑ̃piŋ] anglais
camping-car n. m. [kɑ̃piŋkaʀ] anglais
caravaning n. m. [kaʀavaniŋ] anglais
cash adv. [kaʃ] anglais
charleston n. m. [ʃaʀlɛstɔn] américain
charter n. m. [tʃaʀtœʀ ou ʃaʀtɛʀ] anglais
check-up n. m. [(t)ʃɛkœp] anglais
chewing-gum n. m. [ʃwiŋgɔm] anglais
chips n. f. pl. [ʃip(s)] anglais
clown n. m. [klun] anglais
club n. m. [klœb] anglais
cobaye n. m. [kɔbaj] tupi-guarani et portugais
cocker n. m. [kɔkɛʀ] anglais
coolie n. m. [kuli] hindi et anglais
copyright n. m. [kɔpiʀajt] anglais
corned-beef n. m. [kɔʀnbif] anglais
corner n. m. [kɔʀnɛʀ] anglais
cover-girl n. f. [kɔvœʀgœʀl] anglais
cow-boy n. m. [kawbɔj] anglais
crawl n. m. [kʀol] anglais
crescendo n. m. [kʀeʃɛndo] italien
curling n. m. [kœʀliŋ] anglais
curriculum vitae n. m. [kyʀikylɔmvite] latin
cyclamen n. m. [siklamɛn] bas-latin

dealer n. m. [dilœʀ] anglais
derrick n. m. [deʀik] anglais
design n. m. [dizajn ; dezajn] anglais
discount n. m. [diskunt ; diskaunt] anglais
dispatching n. m. [dispatʃiŋ] anglais

éden n. m. [edɛn] hébreu
ersatz n. m. [ɛʀzats] allemand

fading n. m. [fa(ɛ)diŋ] anglais
fair-play n. m. [fɛʀplɛ] anglais
fan adj. et n. m. [fan] anglais
farniente n. m. [faʀnjɛnte ; faʀnjɑ̃t] italien
far-west n. m. [faʀ wɛst] anglais
ferry-boat n. m. [fɛʀibot] anglais
finish n. m. [finiʃ] anglais
flash-back n. m. [flaʃbak] anglais
flipper n. m. [flipœʀ] anglais
flirt n. m. [flœʀt] anglais
football n. m. [futbol] anglais
footing n. m. [futiŋ] anglais
forcing n. m. [fɔʀsiŋ] anglais
forsythia n. m. [fɔʀsisja] anglais
free-jazz n. m. [fʀidʒaz] anglais

gadget n. m. [gadʒɛt] anglais
gangster n. m. [gɑ̃gstɛʀ] anglais
geisha n. f. [gɛʃa ; gɛjʃa] japonais
gentleman n. m. [dʒɛntləman] anglais
geyser n. m. [ʒɛzɛʀ] anglais
ghetto n. m. [gɛto] italien
gin n. m. [dʒin] anglais
globe-trotter n. m. [glɔbtʀɔtœʀ] anglais
gnocchi n. m. [ɲɔki] italien
goal n. m. [gol] anglais
golden n. f. [gɔldɛn] anglais
grœnendael n. m. [gʀɔ(n)ɛndal] flamand
groom n. m. [gʀum] anglais
gymkhana n. m. [ʒimkana] anglais et hindi

hall n. m. ['ol] anglais
hamburger n. m. ['ɑ̃buʀgœʀ] anglais
hamster n. m. ['amstɛʀ] allemand
handball n. m. ['ɑ̃dbal] anglais
happening n. m. ['ap(ə)niŋ] anglais
harem n. m. ['aʀɛm] arabe
hold-up n. m. ['ɔldœp] anglais
hooligan ou *houligan* n. m. ['uligan ; 'uligɑ̃] anglais et russe
hot-dog n. m. ['ɔtdɔg] anglais
hovercraft n. m. [ovœ(ɛ)ʀkʀaft] anglais

iguane n. m. [igwan] espagnol
interview n. f. ou m. [ɛ̃tɛʀvju] anglais
interviewer v. [ɛ̃tɛʀvjuvœʀ] anglais
islam n. m. [islam] arabe

jaguar n. m. [ʒagwaʀ] portugais
jazz n. m. [dʒaz] anglais
jean ou *jeans* n. m. [dʒin(s)] anglais
jeep n. f. [(d)ʒip] anglais
jerk n. m. [(d)ʒɛʀk] anglais
jet n. m. (avion) [dʒɛt] anglais
job n. m. [dʒɔb] anglais
jogging n. m. [dʒɔgiŋ] anglais

kart n. m. [kaʀt] anglais
karting n. m. [kaʀtiŋ] anglais
ketchup n. m. [kɛtʃœp] anglais
klaxon n. m. [klaksɔn] américain

lad n. m. [lad] anglais
leader n. m. [lidœʀ] anglais
leasing n. m. [liziŋ] anglais
leitmotiv n. m. [laj(ɛ)tmɔtiv] allemand
lento adv. [lɛnto] italien
lied n. m. [lid] allemand
lifting n. m. [liftiŋ] anglais
listing n. m. [listiŋ] anglais
living n. m. [liviŋ] anglais
loden n. m. [lɔdɛn] allemand
loggia n. f. [lɔdʒja] italien
looping n. m. [lupiŋ] anglais

macadam n. m. [makadam] écossais
marketing n. m. [markətiŋ] anglais
meeting n. m. [mitiŋ] anglais
memorandum ou *mémorandum* n. m. [memɔʀɑ̃dɔm] anglais et latin
mezzanine n. f. [mɛdzanin] italien
mezzo-soprano n. m. ou f. [mɛd-zosɔpʀano] italien
music-hall n. m. [myzikol] anglais

night-club n. m. [najtklœb] anglais
no man's land n. m. [nomanslɑ̃d] anglais
nurse n. f. [nœʀs(ə)] anglais

offset n. m. (technique d'impression) [ɔfsɛt] anglais
oued n. m. [wɛd] arabe

pacemaker n. m. [pɛsmɛkœʀ] anglais
parking n. m. [paʀkiŋ] anglais
patchwork n. m. [patʃwœʀk] anglais
patio n. m. [pasjo, patjo] espagnol
pickpocket n. m. [pikpɔkɛt] anglais
pick-up n. m. [pikœp] anglais
ping-pong n. m. [piŋpɔ̃g] anglais
pin-up n. f. [pinœp] anglais
pizza n. f. [pidza] italien
pizzeria n. f. [pidzeʀja] italien
pizzicato n. m. [pidzikato] italien
planning n. m. [planiŋ] anglais
play-boy n. m. [plɛbɔj] anglais
poker n. m. [pɔkɛʀ] anglais
polder n. m. [pɔldɛʀ] néerlandais
polenta n. f. [pɔlɛnta] italien
poncho n. m. [pɔ̃tʃo] espagnol
pool n. m. [pul] anglais
pressing n. m. [pʀesiŋ] anglais
pudding n. m. [pudiŋ] anglais
pull-over n. m. [pulɔvœʀ] anglais
punch n. m. (boisson) [pɔ̃ʃ] anglais
punching-ball n. m. [pœnʃiŋbol] anglais
putsch n. m. [putʃ] allemand

quantum n. m. [kwɑ̃tɔm] latin

quorum n. m. [k(w)ɔʀɔm] anglais et latin

racket n. m. [ʀakɛt] anglais
raid n. m. [ʀɛd] écossais
ramdam n. m. [ʀamdam] arabe
ranch n. m. [ʀɑ̃tʃ] espagnol
recordman n. m. [ʀəkɔʀdman] anglais
revolver n. m. [ʀevɔlvɛʀ] anglais
rhum n. m. [ʀɔm] anglais

ring n. m. [ʀiŋ] anglais
rocker n. m. [ʀɔkœʀ] anglais
rocking-chair n. m. [ʀɔkiŋ(t)ʃɛʀ] anglais
round n. m. [ʀaʊnd ; ʀund] anglais
rugbyman n. m. [ʀygbiman] anglais
rumba n. f. [ʀumba] espagnol
rush n. m. [ʀœʃ] anglais

samba n. f. [sɑ̃mba] portugais
samouraï ou *samuraï* n. m. [samuʀaj] japonais
sanatorium n. m. [sanatɔʀjɔm] anglais
sandwich n. m. [sɑ̃dwitʃ] anglais
scanner n. m. [skanɛʀ] anglais
scoop n. m. [skup] anglais
scooter n. m. [skutœʀ ; skutɛʀ] anglais
set (au tennis) n. m. [sɛt] anglais
setter n. m. [setɛʀ] anglais
shaker n. m. [ʃɛkœʀ] anglais
shérif n. m. [ʃeʀif] anglais
shetland n. m. [ʃɛtlɑ̃d] anglais
shoot n. m. [ʃut] anglais
shooter v. [ʃute] anglais
shopping n. m. [ʃɔpiŋ] anglais
short n. m. [ʃɔʀt] anglais
show n. m. [ʃo] anglais
show-business n. m. [ʃobiznɛs] anglais
side-car n. m. [sidkaʀ ; sajdkaʀ] anglais
silicium n. m. [silisjɔm] anglais
skateboard n. m. [skatbɔʀd] anglais
slogan n. m. [slɔgɑ̃] gaélique

slow n. m. [slo] anglais
smash n. m. [smaʃ] anglais
smoking n. m. [smɔkiŋ] anglais
sodium n. m. [sɔdjɔm] anglais
speaker n. m. [spikœʀ] anglais
speech n. m. [spitʃ] anglais
spleen n. m. [splin] anglais
sprint n. m. [spʀint] anglais
squatter n. m. [skwatœʀ, -tɛʀ] anglais
standing n. m. [stɑ̃diŋ] anglais
starter n. m. [startɛʀ] anglais
steak n. m. [stɛk] anglais
stencil n. m. [stɛnsil] anglais
steward n. m. [stjuwaʀd] anglais
story-board n. m. [stɔʀibɔʀd] anglais
strip-tease n. m. [stʀiptiz] anglais
supporter n. m. [sypɔʀtɛʀ] anglais
surf n. m. [sœʀf] anglais
suspense n. m. [syspɛns] anglais
sweat-shirt n. m. [switʃœʀt ; swɛtʃœʀt] anglais
symposium n. m. [sɛ̃pɔzjɔm] anglais

talkie-walkie n. m. [tɔkiwɔlki ou tɑlki-walki] anglais (walkie-talkie)
tandem n. m. [tɑ̃dɛm] anglais
tee(-)shirt n. m. [tiʃœʀt] anglais
thriller n. m. [sʀilœʀ] anglais
toast n. m. [tost] anglais
totem n. m. [tɔtɛm] anglais

tract n. m. [tʀakt] anglais
tramway n. m. [tʀamwɛ] anglais
transit n. m. [tʀɑ̃zit] italien et latin
travelling ou *traveling* (au cinéma) n. m. [tʀavliŋ] anglais
tweed n. m. [twid] anglais
twist n. m. [twist] anglais

viking n. m. [vikiŋ] ancien scandinave

volley-ball n. m. [vɔlɛbol] anglais

water-closet(s), water ou *w.-c.* n. m. pl. [waterklozɛt] anglais
water-polo n. m. [waterpɔlo] anglais
watt n. m. [wat] écossais
week-end n. m. [wikɛnd] anglais
white-spirit n. m. [wajtspirit] anglais

yatch n. m. [jɔt] anglais
zoom n. m. [zum] anglais

Rectifications orthographiques
(cf. Règle n° 7 du *Rapport du Conseil supérieur de la langue française)*

Singulier et pluriel des mots empruntés : les noms et adjectifs d'origine latine ou étrangère forment leur pluriel régulièrement, comme en français :
un graffiti, des graffitis; un scénario, des scénarios; un jazzman, des jazzmans; un match, des matchs; un maximum, des maximums; un média, des médias...
De fait les mots terminés par *-s, -x, -z,* ne varient pas *(un boss, des boss; un box, des box; un kibboutz, des kibboutz...).*

Mots d'origine grecque et latine

215

> Ces éléments sont des **affixes (préfixes** et **suffixes)** et des **radicaux** qui entrent dans la formation des mots complexes.
> Ainsi, le mot complexe *attractif* est formé du préfixe *a-*, du radical *trac(t)-* et du suffixe *-if.*

Nous ne donnons ici que les éléments grecs ou latins qui posent des problèmes particuliers d'orthographe et dont les graphies ne sont justifiables que par le recours à l'étymologie : lettres muettes, lettres doubles sans relation avec l'oral, graphies difficiles d'origine grecque : ***y, ch*** *prononcé* [k], ***ph.***

Il convient de les mémoriser globalement en relation avec leurs significations et en s'appuyant sur des exemples.

Le tiret placé à gauche indique que l'élément est à la fin du mot :
-ptyque (ex. : *diptyque*)

Le tiret placé à droite indique que l'élément est au début du mot :
arch- (ex. : *archéologie*)

Le tiret placé à la fois à gauche et à droite indique que l'élément peut être au début ou à la fin, ou encore à l'intérieur du mot :
-curr- (ex. : *concurrent*)

Certains éléments prennent plusieurs formes :
gyn-, gynec(o)-; glypto-, glyph-.

Les lettres entre parenthèses ne sont pas toujours présentes.

Élément	Signification	Étymologie	Exemples
-aie	lieu planté de	lat. *-etam*	*châtaigneraie, roseraie*
-all(o)-	autre	gr. *allos*	*allergie, parallèle*
amph(i)-	deux, double des deux côtés	gr. *amphô*	*amphibie, amphore*
annul(o)-	anneau	lat. *annulus*	*annulaire*
-anth(èm)-	fleur	gr. *anthos*	*chrysanthème, exanthème* (éruption cutanée), *hélianthe*
-anthrop(o)-	homme	gr. *anthrôpos*	*anthropoïde, misanthrope*
appét-	désir	lat. *appetire*	*appétit, appétence*
approb-	approuver	lat. *approbare*	*approbation, désapprobateur*
arachn(é)-	araignée	gr. *arakhnê*	*arachnéen, arachnide*
arch-	arc	lat. *arcus*	*arche, archer, archet* (de violon)
arch(éo)-	ancien	gr. *arkhaios*	*archaïque, archéologie, archives*
arch(i)-	commandement suprême	gr. *arkhein*	*archange, archevêque, archiduc*
-arithm-	nombre	gr. *arithmos*	*arithmétique, logarithme*
arthr(o)-	articulation	gr. *arthron*	*arthrite, arthrose*

Élément	Signification	Étymologie	Exemples
-athl-	combat	gr. *athlon*	*athlète, décathlon*
authent-	vrai	gr. *authentês*	*authentique, authentifier*
baptis(m)-	baptême	lat. *baptizare*	*baptiser, baptistère*
bary-	lourd	gr. *barus*	*barycentre* (centre de gravité), *barysphère* (noyau de la Terre)
bathy-	profondeur	gr. *bathus*	*bathyscaphe, bathymétrie* (mesure des profondeurs sous-marines)
brachy-	court	gr. *brakhus*	*brachycéphale* (au crâne arrondi), *brachydactyle* (aux doigts courts)
broncho-	bronches	gr. *brogkhia*	*broncho-pneumonie, bronchoscopie*
bryo-	mousse	gr. *bruos*	*bryologie* (étude des mousses), *bryophyte* (végétal)
bucc(o)-	bouche	lat. *bucca*	*buccal, bucco-dentaire*
-bull(io)-	bouillir	lat. *bullire*	*ébullition, ébulliomètre* (appareil de mesure)
butyr(o)-	beurre	gr. *bouturon*	*butyreux* (ayant l'apparence du beurre), *butyrique* (acide des corps gras)
calli-	beau	gr. *kallos*	*calligraphie, callipyge* (qui a de belles fesses)
capill(i)-	cheveu	lat. *capillus*	*capillaire, capilliculture* (soins de la chevelure)
carr-	char, voiture	lat. *carrus*	*carrosse, carriole*
céphal(o)-	tête	gr. *kephalê*	*céphalée, céphalique*
chir(o)-	main	gr. *kheiros*	*chiromancie, chirurgie*
chloro-	vert	gr. *khloros*	*chlorophylle, chlorose*
-c(h)ol(é)-	bile	gr. *kholê*	*cholestérol, coléreux, mélancolie*
chor-	chœur	gr. *khoros*	*choral, choriste*
choré-	danse	gr. *khoreia*	*chorégraphie, chorée* (maladie nerveuse, danse de Saint-Guy)
christian-	chrétien	lat. *christianus*	*christianisme, christianiser*
-chrom(o)-	couleur	gr. *khrôma*	*chromatique, mercurochrome, chromosome*
chron(o)-	temps	gr. *khronos*	*chronologie, chronomètre*
chrys(o)-	or	gr. *khrusos*	*chrysalide* (nymphe des papillons), *chrysanthème*
-chym-	humeur	lat. *chymus*, du gr. *khumos*	*cacochyme* (d'une santé déficiente), *parenchyme* (tissu d'un organe, d'une glande)
-clys(t)-	laver, inonder	gr. *kluzein*	*clystère* (lavement), *cataclysme*

Élément	Signification	Étymologie	Exemples
corrup(t)-	corrompre	lat. *corruptum*	*corruption, incorruptible*
cristallo-	cristal	lat. *crystallus*	*cristallographie* (étude des formes cristallines), *cristallophyllien* (roche cristalline et feuilletée)
cryo-	froid, glacial	gr. *kruos*	*cryogène* (qui produit du froid), *cryoscopie* (étude des lois de la congélation)
crypt(o)-	caché	gr. *kruptein*	*crypte, cryptogramme* (écrit en caractères secrets)
-curr-	courir, aller	lat. *currere*	*concurrent, occurrence, récurrent*
cyan(o)-	bleu sombre	gr. *kuanos*	*cyanose* (coloration de la peau), *cyanure*
-cycl(o)-	cercle	gr. *kuklos*	*cyclone, cyclope, encyclopédie*
cyn(o)-	chien	gr. *kuôn*	*cynodrome* (piste pour les courses de lévriers), *cynocéphale* (singe à museau allongé)
cyst(o)-	vessie, sac	gr. *kustis*	*cystique, cystite* (inflammation de la vessie)
cyt(o)-	cavité, cellule	gr. *kutos*	*cytologie, cytoplasme* (substance de la cellule)
-dactyl(o)-	doigt	lat. *daktulos*	*dactylographe, ptérodactyle* (aux doigts reliés par une membrane)
dicho-	en deux parties	gr. *dikha*	*dichotomie, dichopétale* (dont les pétales sont fendus en deux)
dolicho-	allongé	gr. *dolikhos*	*dolichocéphale, dolichopode* (sauterelle à longues pattes)
dory-	lance, en forme de lance	gr. *doru*	*doryphore* (insecte), *doryanthe* (plante)
dynam(o)-	force	gr. *dunamis*	*dynamique, dynamite*
dys-	mal, mauvais	gr. *dus-*	*dysfonctionnement, dyslexie*
-ée 1	action, fait de	lat. *-ata*	*entrée, envolée, percée*
-ée 2	ensemble, quantité	lat. *-ata*	*assiettée, bouchée, maisonnée, nichée, tablée*
-ée 3	affection, trouble	lat. *-aea*	*céphalée, onglée* (engourdissement des doigts)
embryo-	embryon	gr. *embruon*	*embryologie, embryonnaire*
éry-	rouge	gr. *eruthros*	*érythème, érythémateux*
-esthés-	sensation	gr. *aisthêsis*	*anesthésie, kinesthésique*
esthét-	beauté	lat. *aesthetica*	*esthétique, esthéticienne*

Élément	Signification	Étymologie	Exemples
ethn(o)-	peuple, groupe humain	gr. *ethnos*	*ethnie, ethnologue*
éth(o)-	mœurs, comportement	gr. *êthos*	*éthique, éthologie*
étymo-	(sens) vrai	gr. *etumos*	*étymologie, étymon*
ferr(o)-	fer	lat. *ferrum*	*ferroviaire, ferrugineux*
-flamm-	irritation	lat. *flammare*	*enflammer, inflammation*
gallic-	français	lat. *gallicus*	*gallican, gallicisme*
gallo-	gaulois, français	lat. *Gallus*	*gallo-romain*
glyc(o)-	sucre	gr. *glukus*	*glycémie, glycérine*
glypto-/ -glyph-	gravure	gr. *gluptos* de *gluphein*	*glyptographie* (étude des pierres gravées), *hiéroglyphe*
-gramm-	lettre, écriture	gr. *gramma*	*grammaire, télégramme*
graph(o)-	écrire, écriture	gr. *graphein*	*graphie, graphologie*
gymn-	(athlète) nu	gr. *gumnos*	*gymnaste, gymnastique*
-gyn-	femme	gr. *gunê, gunaikos*	*gynécologie, gynécée, misogyne*
gyro-	tourner	gr. *guros*	*gyroscope, gyrostat* (solide tournant autour de son axe)
hallucin(o)-	hallucination	lat. *hallucinari*	*hallucinant, hallucinogène*
hipp(o)-	cheval	gr. *hippos*	*hippique, hippopotame*
-horr(i)-	se hérisser, frissonner	lat. *horrere*	*horreur, horrible, horrifiant, horripilant, abhorrer*
hydr(o)-	eau	gr. *hudôr*	*hydrater, hydraulique, hydravion, hydrocution*
-(h)yl-	matière	gr. *hulê*	*acétylène* (gaz), *éthylisme* (intoxication par l'alcool)
hymén(o)-	membrane	gr. *humên*	*hymen, hyménoptère* (insecte)
hyper-	au-dessus, excessif	gr. *huper*	*hypermarché, hyperbolique, hypernerveux, hypertrophie*
hypn(o)-	sommeil	gr. *hupnos*	*hypnose, hypnotiseur*
hypo-	sous, au-dessous	gr. *hupo*	*hypotension, hypoderme, hypoglycémie, hypothèse*
hyster(o)-	utérus	gr. *hustera*	*hystérectomie* (ablation de l'utérus), *hystérographie*
ichty(o)-	poisson	gr. *ikhthus*	*ichtyoïde* (qui ressemble à un poisson), *ichtyologie*
immun(o)-	exempt de	lat. *immunis*	*immuniser, immunitaire*
lacrym(o)-	larme	lat. *lacryma*	*lacrymal, lacrymogène*
laryng(o)-	larynx	gr. *larugx*	*laryngologie, laryngite*

Élément	Signification	Étymologie	Exemples
lét(h)-	mort	gr. *letum (lethum)*	*létal* (mortel), *léthifère*
-lith(o)-	pierre	gr. *lithos*	*lithographie, aérolithe* (météorite), *monolithique*
-lit(t)ér-	lettre	gr. *littera*	*littéral, allitération, oblitérer*
lympho-	lymphe	lat. *lympha*	*lymphatique* (relatif à la lymphe ; apathique, lent), *lymphocyte* (globule blanc)
-lys-/-lyt-	dissoudre	gr. *lusis*	*analyse, catalyseur, paralysie, psychanalyse*
mam(m)-	sein	lat. *mamma*	*mammifère, mammaire mamelle, mamelon*
maxill-	mâchoire	lat. *maxilla*	*maxillaire, maxillite* (inflammation)
méth(yo)-	boisson fermentée	gr. *methu*	*méthane* (gaz), *méthyle, méthylène* (alcool méthylique)
-morph(o)-	forme	gr. *morphê*	*morphologie, amorphe, métamorphoser, polymorphe*
myc(o)-	champignon	gr. *mukês*	*mycose, mycologie*
-myél(o)-	moelle	gr. *muelos*	*poliomyélite*
myria-	dix mille, très grand nombre	gr. *murios*	*myriade, myriapode*
myst-	chose secrète	gr. *mustês*	*mystère, mystérieux*
mytho-	mythe	gr. *muthos*	*mythologie, mythomane*
myx(o)-	mucus	gr. *muxa*	*myxomatose, myxœdème*
néphr(o)-	rein	gr. *nephros*	*néphrétique, néphrectomie*
-nihil-	rien	lat. *nihil*	*nihilisme, annihiler*
onych(o)-	ongle	gr. *onux, onukhos*	*onychophagie* (habitude de se ronger les ongles), *onychalgie*
-onym-	appellation, nom	gr. *onoma*	*anonymat, antonyme, homonyme, pseudonyme*
ophtalm(o)-	œil	gr. *ophtalmos*	*ophtalmologue, ophtalmie*
ornitho-	oiseau	gr. *ornis, ornithos*	*ornithologie, ornythorynque*
ortho-	droit, correct	gr. *orthos*	*orthographe, othodoxe, orthogonal, orthopédie*
-oxy- 1	aigu	gr. *oxus*	*paroxysme, oxyton* (qui a l'accent tonique sur la dernière syllabe)
-oxy- 2	acide	gr. *oxus*	*oxyde, inoxydable, bioxyde*

Élément	Signification	Étymologie	Exemples
pachy-	épais	gr. *pakhus*	*pachyderme, pachycéphalie*
parthéno-	jeune fille, vierge	gr. *parthenos*	*parthénogenèse* (reproduction sans mâle), *parthénologie*
-path-	ressentir, être	gr. *pathein*	*pathétique, antipathie, apathie, homéopathie*
-path(o)-	maladie	gr. *pathos*	*pathologie, névropathe*
-phag(o)-	manger	gr. *phagein*	*phagocyter* (absorber et détruire), *aérophagie, anthropophage, sarcophage*
phall(o)-	phallus	gr. *phallos*	*phallique, phallocrate*
-phan-	clair	gr. *phanein*	*diaphane* (translucide), épiphanie
pharmac(o)-	médicament	gr. *pharmakon*	*pharmacie, pharmacopée*
pharyng(o)-	pharynx	gr. *pharugx*	*pharyngite, pharyngien*
-phém-/ -phét-	parler	gr. *phêmi*	*euphémisme, prophète*
phén-	briller, paraître	gr. *phanesthai*	*phénomène, phénol*
-phil(o)-	aimer, rechercher	gr. *phileîn*	*francophile, cinéphile, philanthrope, philosophe*
phléb(o)-	veine	gr. *phlebos*	*phlébite, phlébologue*
-phob-	avoir peur de	gr. *phobos*	*phobie, xénophobe*
-phon(o)-	voix, son	gr. *phonê*	*phonographe, aphone, cacophonie, téléphone*
-phor-/ -phér-	porter	gr. *phoros*	*amphore, euphorique, métaphore, phosphorescent, sémaphore, téléphérique*
phos-	lumière	gr. *phôs*	*phosphore, phosphorescence*
phot(o)-	lumière	gr. *phôs, phôtos*	*photographie, photogénique, photosynthèse*
-phras(éo)-	expression	gr. *phrazein*	*phraséologie, paraphrase*
-phrén(o)-	intelligence, esprit	gr. *phrên*	*phrénologie, schizophrène*
-phyc(o)-	algue	gr. *phukos*	*phytologie, rhodophycées* (algues rouges), *cyanophycées* (algues bleues)
-phyll(o)-	feuille	gr. *phullon*	*chlorophylle, phylloxéra* (puceron parasite)
phyl(o)-	tribu, espèce, race	gr. *phulon*	*phylogenèse, phylarque* (chef de tribu)
-phys-	pousser, croître	gr. *phuein*	*hypophyse* (glande), *apophyse* (protubérance d'un os)
physio-	nature	gr. *phusis*	*physiologie, physionomie*
phyt(o)-	plante	gr. *phuton*	*phytothérapie, phytozoaire* (animal à l'apparence de plante)
-pithéc(o)-	singe	gr. *pithêkos*	*pithécanthrope* (singe à caractères humains), *anthropopithèque*

Élément	Signification	Étymologie	Exemples
poly-	beaucoup	gr. *polus*	*polyglotte, polygonal, polytechnique, polyvalent*
-préhens-	prendre	lat. *prehensum*	*préhensible, appréhender, compréhension*
psittac-	perroquet	gr. *psittacos*	*psittacisme* (répétition mécanique de phrases), *psittacidés* (oiseaux exotiques)
psych(o)-	âme, esprit	gr. *psukhê*	*psychologie, psychanalyse, psychique, psychodrame*
-ptyque-	volet	gr. *ptux, ptukhos*	*diptyque, triptyque, polyptyque*
pusill(i)-	petit	lat. *pusillus*	*pusillanime* (craintif, timoré), *pusilliflore* (à petites fleurs)
pyo-	pus	gr. *puon*	*pyorrhée* (écoulement de pus), *pyogène* (qui produit du pus)
pyr(o)-	feu	gr. *pur, puros*	pyrogravure, pyromane
		•	
quar(r)- 1/ carr-	quatre	lat. *quattuor*	*quarante, carrefour*
-quarr- 2	carré	lat. *quadrare*	*équarrir* (couper en quartiers), *équerre*
		•	
rhin(o)-	nez	gr. *rhis, rhinos*	*rhinite, rhinopharyngite, rhinocéros*
rhiz(o)-	racine	gr. *rhiza*	*rhizome* (tige souterraine), *rhizotome* (instrument pour couper les racines)
rhodo-	rose	gr. *rhodon*	*rhododendron, rhodophycées* (algues rouges)
rhomb-	losange	gr. *rhombos*	*rhombique* (à forme de losange), *rhomboïdal*
rhumat(o)-	rhumatisme	gr. *rheumatos*	*rhumatisant, rhumatologue*
-r(r)a(g)-	s'écouler après rupture	gr. *-rrhagia*	*hémorragie, cataracte* (chute d'eau; affection de l'œil)
-(r)rh-/ rhéo-/-rr-	couler	gr. *rhein*	*diarrhée* *logorrhée, rhume, rhéostat, hémorroïde*
-rynque	bec	gr. *rhugkhos*	*ornithorynque, échinorynque* (ver parasite)
		•	
sacchar-	sucre	lat. *saccharum*	*saccharine, saccharose*
sagitt-	flèche	lat. *sagitta*	*sagittaire, sagittal(e)*
-scaph-	bateau	gr. *skaphê*	*scaphandre, scaphandrier, bathyscaphe*

Élément	Signification	Étymologie	Exemples
-scend-/ -scens-	gravir	lat. *scandere*	*ascension, descendre, transcendance*
scéno-	scène	lat. *scena*	*scénique, scénographie*
schiz(o)-/ schis-	schizophrénie (fendre, séparer)	gr. *skizein*	*schizoïde, schizonévrose schisme, schisteux*
-sci-	savoir	lat. *scire*	*science, conscience, escient* (à bon escient), *plébiscite*
sciss(i)-	division	lat. *scissum*	*scission, scissure* (ligne de soudure entre certains os)
somm-/ summ-	le point le plus élevé	lat. *summus*	*sommet, sommité, summum*
-soph-	sage	gr. *sophos*	*philosophie, théosophie*
staphyl(o)-	luette, graine de raisin	gr. *staphulê*	*staphylocoque, staphylite* (inflammation de la luette)
stétho-	poitrine, thorax	gr. *stêtos*	*stéthoscope*
-still-	goutte	lat. *stilla*	*distillation, instiller* (verser goutte à goutte)
-stroph-	tourner	gr. *strophê*	*apostrophe, catastrophe*
-styl(o)-	colonne	gr. *stulos*	*péristyle* (colonnade), *stylobate* (soubassement supportant une colonnade)
suppli(c)-	prier qqn. avec insistance	lat. *supplicare*	*supplier, supplique, supplication*
sylv(i)-	forêt	lat. *sylva*	*sylvestre, sylviculture*
sy(n)-/ syl-/sym-	ensemble	gr. *sun*	*syncope syndrome, synonyme, syntaxe, synthèse, syllogisme, sympathie*
tachy-	rapide	gr. *takhus*	*tachycardie, tachymètre*
-taph-	tombe	gr. *taphos*	*cénotaphe* (tombeau vide), *épitaphe*
techn(o)-	art, métier, procédé	gr. *tekhnê*	*technique, technologie*
terr-	avoir une grande peur	lat. *terrere*	*terreur, terrible, terrifiant, terrorisme*
thalass(o)-	mer	gr. *thalassa*	*thalassothérapie, thalassémie*
-thé(o)-	dieu	gr. *theos*	*théologie, monothéisme, athée, panthéon, apothéose*
-thèqu-	rangement	gr. *thêkê*	*bibliothécaire, discothèque*
-thérap-	soigner	gr. *therapeuein*	*thérapeute, kinésithérapie*
therm(o)-	chaud, chaleur	gr. *thermos*	*thermal, thermomètre*
-thès-	ce qui est posé	gr. *thesis*	*thèse, antithèse, synthèse hypothèse, épithète*

Élément	Signification	Étymologie	Exemples
thrombo-	caillot	gr. *thrombos*	*thrombose, thrombocyte* (plaquette du sang)
-thym-	affectivité, humeur	gr. *thumos*	*thymie, cyclothymie*
torr-	dessécher, brûler	lat. *torrere*	*torréfier, torréfaction, torride*
trachéo-	trachée	gr. *trakheia*	*trachéotomie*
trich(o)-	cheveu	gr. *thrix, thrikos*	*trichine* (petit ver filiforme), *trichologie, trichomanie*
-troph-	se nourrir	gr. *trephein*	*(s')atrophier, hypertrophie*
typh-	typhus	gr. *tuphos*	*typhique, typhoïde*
-typ(o)-	empreinte, caractère (d'imprimerie)	gr. *tupos*	*typographie, ronéotyper*
vil(l)-	ferme, domaine rural	lat. *villa*	*villa, village, villégiature*
xylo-	bois	gr. *xulon*	*xylophage, xylophone*
-zym-	levure, ferment	gr. *zumê*	*azyme, enzyme*

ABRÉVIATIONS

Il est courant d'abréger certains mots fréquents, notamment dans les annotations accompagnant un texte, dans des formules codées ou, pour son usage personnel, dans la pratique de la prise de notes.

L'abréviation consiste à couper un mot pour n'en conserver que les premières lettres ou syllabes nécessaires à sa reconnaissance.

216 *Les procédés d'abréviation*

■ **Pour signaler visuellement une forme abrégée, on utilise un point d'abréviation après la coupure, toujours derrière une consonne ou un groupe de consonnes :**

M. (Monsieur), *chap.* (chapitre), *art.* (article), *introd.* (introduction)

■ Le point abréviatif est cependant absent lorsque le procédé d'abréviation consiste à supprimer certaines lettres ou syllabes d'un mot tout en gardant sa lettre finale :

Mme (Madame), *Dr* (Docteur)

■ **L'abréviation est marquée, dans certains cas, par des lettres en petits caractères placées en exposant** après la première lettre de l'abréviation :

n° (numéro), *M*^{me} (Madame)

■ **L'abréviation du prénom** se fait par la notation de la première lettre ou du digramme consonantique (deux consonnes correspondant à un seul son) :

J. (Jean, Jacques, etc.), *D.* (Daniel, Denis, etc.), *Ch.* (Charles), *Ph.* (Philippe)

Lorsque les lettres initiales sont suivies des consonnes R ou L, celles-ci sont notées :

Cl. (Claude, Claudine, etc.), *Fr.* (François, Frédéric, etc.)
Chr. (Christian, Christine, etc.)

■ **On se sert de plusieurs procédés distincts pour indiquer le pluriel d'un mot abrégé :**

• addition de la marque du pluriel *s :*
Mlles (Mesdemoiselles), Éds (éditions)

• redoublement de la lettre (ou dernière lettre) de l'abréviation :
p. pour *page, pp.* pour *pages*
sq. pour l'expression latine *sequiturque* (et suivant)
sqq. pour le pluriel *sequuntur que* (et suivants)

• redoublement des lettres de la forme de pluriel lorsque celle-ci est différente du singulier :
S.E. (Son Excellence), *LL.EE.* (Leurs Excellences)

Abréviations usuelles 217

On peut, par nécessité personnelle, abréger toutes sortes de mots, aussi la liste suivante n'est-elle qu'un rappel des abréviations les plus fréquentes.

adj.	adjectif
adv.	adverbe
apr. J.-C.	après Jésus-Christ
art.	article
av. J.-C.	avant Jésus-Christ
bibiogr.	bibliographie
boul. ou bd	boulevard
bull.	bulletin
c.-à-d.	c'est-à-dire
cap.	capitale
cf. ou conf.	*confer* (comparer avec)
chap.	chapitre
Cie	compagnie
coll.	collection
dép.	département
Dr	docteur
E	est
éd.	édition(s)
édit.	éditeur(s)
env.	environ
etc.	*et caetera* (et cétéra)
étym.	étymologie
ex.	exemple ou exercice
fasc.	fascicule
fig.	figure
hab.	habitant
ibid.	*ibidem* (au même endroit)
id.	*idem* (le même)
i.e.	*id est* (c'est-à-dire)
ill.	illustration
inf.	*infra* (ci-dessous)
inf.	inférieur
introd.	introduction
ital.	italique
loc. cit.	*loco citato* (à l'endroit cité)
M., MM.	monsieur, messieurs
math.	mathématique
Me, Mes	maître, maîtres
Mgr, Mgrs	monseigneur, messeigneurs
Mlle, Mlles	mademoiselle, mesdemoiselles
Mme, Mmes	madame, mesdames
ms.	manuscrit
N.	nord
N.B.	*nota bene* (prenez bonne note)
N.-D.	Notre-Dame
N.D.A.	note de l'auteur
N.D.E.	note de l'éditeur
N.D.L.R.	note de la rédaction
n°	numéro
O	ouest
obs.	observation
op. cit.	*opere citato* (dans l'ouvrage cité)
ouvr. cit.	ouvrage cité
P.C.C.	pour copie conforme
p. ex.	par exemple
p., pp.	page, pages
paragr.	paragraphe
p.i.	par intérim
pl.	planche
P.-S.	*post-scriptum* (écrit après)
Q.G.	quartier général
R.P.	révérend père
r°	*recto* (endroit)
S	sud
S.A.	société anonyme ou Son Altesse
sq., sqq.	*sequiturque, sequunturque* (et suivant, et suivants)
subst.	substantif
suiv.	suivant
sup.	*supra* (au-dessus)
sup.	supérieur
suppl.	supplément
S.V.P.	s'il vous plaît
t.	tome
trad.	traduction ou traducteur
v.	vers ou verset
v°	*verso* (envers)
var.	variante
vol.	volume
vs	*versus* (opposé à)
zool.	zoologie

218 Abréviations et symboles

Certaines abréviations sont utilisées pour noter des symboles scientifiques. Dans ce cas, le point d'abréviation disparaît et ces abréviations ne prennent pas la marque du pluriel.
Voici la liste des abréviations des principales unités de mesure qui sont des symboles courants :

Dimension				Volume		Masse	
Grandeur		***Superficie***					
mm	millimètre			ml	millilitre	mg	milligramme
cm	centimètre	ca	centiare	cl	centilitre	cg	centigramme
dm	décimètre			dl	décilitre	dg	décigramme
m	mètre	a	are	l	litre	g	gramme
dam	décamètre			dal	décalitre	dag	décagramme
hm	hectomètre	ha	hectare	hl	hectolitre	hg	hectogramme
km	kilomètre					kg	kilogramme
						q	quintal
						t	tonne

Temps		Puissance		Monnaie	
ms	millième de seconde	W	watt	F	franc
s	seconde	kW	kilowatt	c	centime
min	minute				
h	heure				
j	jour				

RÉPERTOIRE ORTHOGRAPHIQUE ET INDEX

RÉPERTOIRE ORTHOGRAPHIQUE

Le choix des mots

■ La liste suivante comporte environ 15 000 mots, sélectionnés en raison de leurs particularités orthographiques : consonnes doublées *(griotte, fourrure...)*, changement d'accent à l'intérieur d'une même famille *(sévère, sévérité, verglas, verglacé)*, etc.

■ Ne figurent donc pas les mots dont l'orthographe ne pose aucun problème et est connue *(livre, robe, table...)* ainsi que les mots appartenant à la même famille qu'un mot cité et ne comportant pas d'autres difficultés, par exemple *docile, docilement* (*docilité* étant cité).

Les indications qui suivent les mots

■ en abrégé :
- la nature des mots et leur genre : *choix,* nm
- le nombre, si le mot ne s'emploie qu'au singulier ou au pluriel : *entrailles,* nf pl
- l'invariabilité : *pousse-café,* nm inv
- les terminaisons du féminin et du pluriel : *animal, e, aux*

■ les féminins et les pluriels particuliers : *nouveau-né, nouveau-née, nouveau-nés*

■ les participes passés des verbes du 3e groupe : *clore,* pp *clos.*

Les abréviations utilisées

abrév	abréviation
adj	adjectif
adj num ord	adjectif numéral ordinal
adj poss	adjectif possessif
adv	adverbe
art contr	article contracté
aux	auxiliaire
dém	démonstratif
ind	indirect
indéf	indéfini
interj	interjection
inv	invariable
loc adv	locution adverbiale
loc conj	locution conjonctive
loc prép	locution prépositive
loc verb	locution verbale
n	nom (féminin ou masculin)
n dép	nom déposé
nf	nom féminin
nm	nom masculin
pl	pluriel
pp	participe passé
prép	préposition
pron int	pronom interrogatif
pron poss	pronom possessif
pron rel	pronom relatif
sing	singulier
v impers	verbe impersonnel
v intr	verbe intransitif
v pr réfl	verbe pronominal réfléchi
v tr ind	verbe transitif indirect

L'index signale et précise la graphie des mots.
On pourra s'y reporter afin de mieux comprendre les raisons d'une graphie particulière.

A

adjacent, *e,* adj
adjectif, nm et adj
adjoindre, v tr ; pp ***adjoint, e***
adjonction, nf **119**
adjudant, nm
adjuger, v tr ; ***adjudication,*** nf
adjurer, v tr
adjuvant, nm
admettre, v tr ; pp ***admis, e***
administrer, v tr
admirer, v tr
admissibilité, nf **51 ;** ***admission,*** nf **119**
admonester, v tr
adolescence, nf **118**
adonis, nm inv **120**
adonner (s'), v pr
adoption, nf **118**
adorateur, *trice,* n **117**
adosser, v tr **118**
adoucissement, nm **77**
adresse, nf
adroitement, adv **77**
aduler, v tr
adulte, adj et n
adultère, nm et adj ; ***adultérin, e,*** adj
advenir, v intr impers ; pp ***advenu***
adverbe, nm
adverbial, *e, aux,* adj
adversaire, n ; ***adversité,*** nf
aède, nm
aération, nf **119**
aérien, *ne,* adj **41**
aérodynamique, nf et adj
aérolithe, nm **27, 215**
aéronaval, *e, als,* adj et nf
aérophagie, nf **215**
aéroport, nm
aérosol, nm **118**
aérospatial, *e, aux,* adj **114**
aérostat, nm
aérotrain, nm
affabilité, nf **51**
affabulation, nf **40**
affadissement, nm **40, 77**
affaiblissement, nm **40, 77**
affaire, nf
affaissement, nm **40, 77**
affaler (s'), v pr
affamé, *e,* adj **40**
affect, nm ; ***affectation,*** nf
affectionner, v tr **40**
affectueux, *euse,* adj
afférent, *e,* adj
affermissement, nm **40, 77**
affichette, nf **40**
affiler, v tr **40**
affiliation, nf **40, 119**
affinage, nm **40**
affinité, nf **39, 51**
affirmation, nf **119**
affixe, nm
affleurement, nm **40**
affliction, nf ; ***affligeant, e,*** adj
affluence, nf ; ***affluent,*** nm
afflux, nm inv **34**
affolement, nm **40**
affranchissement, nm **40, 77**
affres, nf pl **43**
affrètement, nm ; ***affréter,*** v tr
affreux, *euse,* adj **43**
affriolant, *e,* adj
affrontement, nm **40**
affubler, v tr
affût, nm
africain, *e,* adj
agaçant, *e,* adj ; ***agacerie,*** nf **30, 114**
agapes, nf pl
agate, nf
agave, nm
âgé, *e,* adj **6, 47**
agencement, nm **77**
agenda, nm
agenouillement, nm **93**
agent, nm
agglomérat, nm **34, 40**
agglutiner, v tr **40**
aggravation, nf **40, 119**
agilité, nf **51, 127**
agio, nm ; ***agioteur,*** nm
agir, v tr ; ***agissements,*** nm pl
agitation, nf **119**
agneau, *x,* nm ; ***agnelle,*** nf **64**
agnostique, adj et n
agonie, nf ; ***agoniser,*** v intr **29**
agonir, v tr
agoraphobie, nf **30, 215**
agrafeuse, nf
agraire, adj
agrandissement, nm **77, 114**
agréablement, adv **77**
agréer, v tr
agrégat, nm ; ***agrégation,*** nf
agrégé, *e,* n et adj
agrémenter, v tr
agrès, nm pl **2, 36**
agression, nf
agressivité, nf **51**
agreste, adj
agricole, adj
agriculteur, *trice,* n **117**
agripper, v tr
agronomie, nf **30**
agrumes, nm pl **40**
aguerrir, v tr **106**
aguets (aux), loc adv
aguichant, *e,* adj **106**
ahan, nm ; ***ahaner,*** v intr
ahuri, *e,* adj et n
aï, nm
aide-comptable, nm ou nf ; pl ***aides-comptables***
aide-mémoire, nm inv
aider, v tr **51**
aïeul, *e,* n ; pl ***aïeuls/aïeux*** **11**
aigle, n
aiglefin ou **églefin,** nm
aigre-doux, *douce,* adj ; pl ***aigres-doux, douces***
aigrefin, nm
aigrelet, *te,* adj **51**
aigrette, nf **42**
aigreur, nf
aigu, *uë,* adj **12**
aigue-marine, nf ; pl ***aigues-marines***
aiguière, nf
aiguillage, nm **93**
aiguillonner, v tr **40**
aiguiser, v tr **106**
ail, nm ; pl ***ails*** ou ***aux*** **95**
aileron, nm
ailette, nf
ailier, nm
ailler, v tr ; ***ailloli,*** nm
ailleurs, adv **35, 206**
aimablement, adv **51, 77**
aimant, *e,* adj **51**
aine, nf **39, 204**
aîné, *e,* adj ; ***aînesse,*** nf **39, 53**
ainsi, adv **85, 206**
air, nm **51, 204**
airain, nm
aire, nf **204**
airelle, nf
aisance, nf ; ***aisément,*** adv
aisselle, nf **114**
ajonc, nm **34**
ajouré, *e,* adj
ajournement, nm **77**
ajout, nm **34**
ajustement, nm

alaise ou **alèse,** nf
alambic, nm ; ***alambiqué, e,*** adj
alangui, *e,* adj **106**
alarmant, *e,* adj
albâtre, nm **10, 47**
albatros, nm inv **120**
albinos, adj inv et n inv **120**
album, nm **63**
albumine, nf **40**
alcalin, *e,* adj
alcaloïde, nm **11**
alchimiste, n **40**
alcoolique, adj **68**
alcootest, nm **68**
alcôve, nf **68**
aléa, nm ; ***aléatoire,*** adj
alêne, nf **204**
alentour, adv ; ***alentours,*** nm pl
alerter, v tr
alésage, nm
alevin, nm
alexandrin, nm
alezan, *e,* adj **41**
alfa, nm ≠ ***alpha*** (grec) **204**
algarade, nf **106**
algèbre, nm ;
algébriquement, adv
algérien, *ne,* adj **41**
algorithme, nm **28**
algue, nf **106**
alias, adv **120**
alibi, nm
aliénation, nf ; ***aliéniste,*** n
alignement, nm **77**
alimentaire, adj **40**
alinéa, nm **40**
aliter, v tr
alizé, nm **125**
allaitement, nm **40, 77**
alléchant, *e,* adj
allégation, nf ; ***alléguer,*** v tr **106**
allégeance, nf
allégement ou **allègement,** nm
allégorie, nf **30**
allègre, adj ; ***allégresse,*** nf
allegretto ou **allégretto,** adv
et nm ; pl ***allégrettos***
allégro ou ***allegro,*** nm et adv
alléluia, interj et nm
allemand, *e,* adj et n
aller, nm
allergie, nf **30**
alliance, nf
alligator, nm
allitération, nf **118**
allô, interj **68, 204**
allocation, nf **119**
allocution, nf **118**
allogène, adj
allonger, v **40**
allouer, v tr **40**
allume-cigares, nm inv
allumette, nf **42, 49**
allure, nf **43**
allusion, nf **119**
alluvial, *e, aux,* adj ;
alluvions, nf pl
almanach, nm **28, 104**
aloès, nm inv **120**
aloi, nm
alors, adv **206**
alose, nf
alouette, nf **42**
alourdissement, nm **72, 114**
aloyau, *x,* nm **68, 93**
alpaga, nm
alpestre, adj ; ***alpinisme,*** nm
alphabet, nm **112**
alsacien, *ne,* adj et n **41**
alter ego, nm inv **68**
altération, nf **118**
altercation, nf **118**
alterner, v intr
altesse, nf **118**
altier, *ière,* adj
altitude, nf
alto, nm **68**
altruiste, adj
aluminium, nm **63**
alunissage, nm **40**
alvéole, nm
amabilité, nf **51**
amadouer, v tr
amaigrissement, nm **77, 114**
amalgamer, v tr **106**
amande, nf **204**
amanite, nf
amant, *e,* n
amarante, nf et adj inv
amarrer, v tr
amas, nm ; ***amasser,*** v tr **118**
amateurisme, nm
amazone, nf **125**
ambages, nf pl
ambassadeur, *drice,* n **76, 117**
ambiance, nf ; ***ambiant, e,*** adj
ambigu, *uë,* adj ;
ambiguïté, nf **12**
ambitieux, *euse,* adj ;
ambitionner, v tr **40, 76**
ambivalence, nf **76**
ambré, *e,* adj
ambroisie, nf **30, 76**
ambulancier, *ière,* n
âme, nf **47**
améliorer, v tr
amen, adv et nm inv **204, 214**
aménagement, nm **77**
amender, v tr
amène, adj ; ***aménité,*** nf **1, 2**
amener, v tr **39**
amenuiser, v tr **39**
amer, *ère,* adj ; ***amertume,*** nf **1**
américain, *e,* adj **39**
amerrissage, nm **40**
améthyste, nf **28**
ameublement, nm **77**
ameublissement, nm **77, 114**
ameuter, v tr
amiante, nm
amibe, nf
amidonner, v tr **40**
amincissement, nm **77, 114**
aminé, *e,* adj **34**
amiral, *aux,* nm ; ***amirauté,*** nf
amitié, nf ; ***amical, e, aux,***
adj **51**
ammoniac, nm ;
ammoniaque, nf
amnésie, nf **30**
amniotique, adj
amnistie, nf **30**
amocher, v tr
amoindrissement, nm **77, 114**
amollissement, nm **77**
amonceler, v tr **39 ;**
amoncellement, nm **49, 77**
amont, nm
amoral, *e, aux,* adj
amorçage, nm **114**
amorphe, adj **215**
amortissement, nm **77**
amour, nm ; ***amours,*** nf pl
amour-propre, nm ;
pl ***amours-propres***
amouracher (s'), v pr
amoureux, *euse,* adj
amovible, adj
ampérage, nm
amphibie, adj **30, 215**
amphithéâtre, nm **215**
amphitryon, nm **215**
amphore, nf **215**
amplificateur, nm
ampoule, nf

amputation, nf **119**
amulette, nf
amusement, nm
amuse-gueule, nm ; pl ***amuse-gueule(s)***
amygdale, nf
an, nm **41 ;** ***annuel, le,*** adj **77**
anachorète, nm **104**
anachronique, adj **104, 215**
anacoluthe, nf **28**
anaconda, nm
anagramme, nf
anal, *e, aux,* adj **204**
analgésique, adj
analogie, nf ; ***analogue,*** adj et nm **30**
analphabète, adj **112 ;** ***analphabétisme,*** nm
analyse, nf
ananas, nm inv **120**
anaphore, nf **215**
anarchie, nf **30**
anathème, nm
anatomie, nf **30**
ancêtre, nm ; ***ancestral, e, aux,*** adj **6**
anche, nf **204**
anchois, nm inv
ancienneté, nf **41, 51**
ancillaire, adj
ancrage, nm **204**
andouiller, nm **93**
andouillette, nf **93**
androgyne, adj et nm **215**
âne, nm ; ***ânesse,*** nf ; ***ânerie,*** nf **30, 47**
anéantissement, nm
anecdote, nf
anémie, nf **30**
anémone, nf
anesthésie, nf **30**
anévrisme ou **anévrysme,** nm
anfractuosité, nf **51**
angélique, nf et adj **76 ;** ***angelot,*** nm
angélus, nm inv **120**
angine, nf **39**
anglais, *e,* adj et n
angle, nm
anglican, *e,* adj **77**
anglicisme, nm
anglo-normand, *e,* adj
anglo-saxon, *ne,* adj et n **64**
angoissant, *e,* adj
angora, adj et n **106**
anguille, nf **106**
angulaire, adj **106**
anicroche, nf
animal, *e, aux,* adj ; ***animalité,*** nf **39**
animateur, *trice,* n **117**
animosité, nf **39, 51**
anis, nm inv
ankylosé, *e,* adj **104**
annales, nf pl **204**
anneau, *x,* nm **64**
année, nf **30, 52**
annelé, *e,* adj **64**
annexion, nf
annihilation, nf **28, 118**
anniversaire, nm **114**
annonceur, *euse,* n
annonciateur, *trice,* adj **117**
annotation, nf **40, 128**
annuaire, nm
annuité, nf **51**
annulaire, nm
annulation, nf **40, 118**
anoblissement, nm **77, 114**
anode, nf
anodin, *e,* adj **39**
anomalie, nf **30**
ânonner, v intr **40**
anonymat, nm **34**
anorak, nm **104**
anormal, *e, aux,* adj
anse, nf **204**
antagonique, adj
antarctique, adj
antécédent, nm
antédiluvien, *ne,* adj
antenne, nf **49**
antérieur, *e,* adj ; ***antériorité,*** nf
anthère, nf **215**
anthologie, nf
anthracite, nm **28**
anthrax, nm inv **28**
anthropologie, nf **27, 215**
anthropophage, adj et n **27, 215**
antibiotique, adj et nm
antichambre, nf **76**
anticipation, nf
anticlérical, *e, aux,* adj
antidote, nm
antienne, nf
antillais, *e,* adj et n
antilope, nf
antimoine, nm **39**
antinomie, nf **30**
antipathie, nf **30, 215**
antipode, nm
antiquaire, n ; ***antiquité,*** nf
antirabique, adj
antisepsie, nf **30 ;** ***antiseptique,*** adj
antithèse, nf ; ***antithétique,*** adj
antonyme, nm
antre, nm **204**
anus, nm inv **120**
anxiété, nf ; ***anxieux, euse,*** adj **51**
aorte, nf
août, nm ; ***aoutât,*** nm **6**
aoûtien, *ne,* n **41**
apache, nm
apaisement, nm **77**
apanage, nm
aparté, nm
apartheid, nm
apathie, nf **215**
aperçu, nm
apéritif, *ive,* adj et nm
apesanteur, nf
apeurer, v tr
aphasie, nf **30**
aphone, adj **215**
aphorisme, nm
aphrodisiaque, adj et nm
aphte, nm **112**
apiculteur, *trice,* n **117**
apitoiement, nm ; ***apitoyer,*** v tr **31**
aplanir, v tr
aplatissement, nm **77**
aplomb, nm **81**
apocalypse, nf
apocope, nf
apocryphe, adj
apogée, nm **32**
apollon, nm
apologie, nf **30**
apophtegme, nm **112**
apophyse, nf **112**
apoplexie, nf **30, 133 ;** ***apoplectique,*** adj et n
apostat, nm
apostolat, nm
apostrophe, nf
apothéose, nf **28**
apothicaire, nm **28**
apôtre, nm **6**
apparaître, v intr ; pp ***apparu, e ; apparition,*** nf **40, 53**
apparat, nm
appareil, nm **95**

B

bourreau, ***x,*** nm
bourrelet, nm **42**
bourrelier, nm ;
bourrellerie, nf
bourrichon, nm
bourricot ou **bourriquot,** nm
bourrique, nf
bourru, ***e,*** adj
boursicoter, v tr
boursier, ***ière,*** n et adj
boursouflure, nf
bousculade, nf
bouseux, nm
bousilleur, ***euse,*** n
boussole, nf **114**
boustifaille, nf
boutade, nf
boute-en-train, nm inv
boutoir, nm **71**
boutonneux, ***euse,*** adj **40**
boutonnière, nf **40**
bouturage, nm
bouvier, ***ière,*** n
bouvreuil, nm **95**
bovidés, nm pl ; ***bovin, e,***
adj et n
bowling, nm **214**
box, nm ; pl ***boxes*** ou ***box*** **204**
box-office, nm ; pl ***box-offices***
boxeur, ***euse,*** n
boy-scout, nm ; pl ***boy-scouts***
boyau, nm **68, 93**
boycottage, nm **43**
bracelet, nm **34, 39**
brachycéphale, adj et n **215**
braconnier, nm
braguette, nf **42**
brahmane, nm **28**
braies, nf pl
braillard, ***e,*** n et adj **93**
braille, nm **93**
braire, v intr ; pp ***brait ;***
braiment, nm
braiser, v tr
bramer, v intr
brancardier, ***ière,*** n
branchement, nm **77**
branchie, nf **30**
brandebourg, nm
brandon, nm
brandy, nm
branle(-)bas, nm inv **147**
braquer, v tr ; ***braquage,*** nm
braquet, nm
bras-le-corps (à), loc adv
brasero ou **braséro,** nm **68**
brassard, nm **114**
brassée, nf **30, 52**
brasserie, nf **30, 114**
brassière, nf **114**
bravoure, nf
break, nm **101, 214**
brebis, nf inv **36**
brèche, nf
bredouiller, v **93**
bref, ***brève,*** adj et adv
brelan, nm **39**
breloque, nf **39**
brème, nf
bretelle, nf **39**
breton, ***ne,*** adj et n **40**
bretteur, nm **43**
bretzel, nm **122**
brevet, nm
bréviaire, nm
bric-à-brac, nm inv
brick, nm **98, 204**
bricoleur, ***euse,*** n et adj
bridge, nm **127**
brie, nm
brièveté, nf **51**
brigadier, nm
brigandage, nm **76, 106**
briguer, v tr **106**
brillamment, adv **40**
brillantine, nf **39**
brimade, nf **39**
brimborion, nm
brin, nm
brindille, nf **95**
bringuebaler, v intr
brio, nm sing
brioché, ***e,*** adj
briquet, nm
briqueterie, nf **30**
bris, nm inv **34**
briscard ou **brisquard,** nm
brise-glace, nm inv
briseur, ***euse,*** n
bristol, nm
britannique, adj
broc, nm **36**
brocanteur, ***euse,*** n
brocard, nm ; ***brocarder,*** v tr
brocart, nm **204**
brocher, v tr **204**
brochet, nm **204**
brocoli, nm
brodequin, nm
broderie, nf ; ***brodeur, euse,*** n
broiement, nm **31, 77**
brome, nm
bronchite, nf
bronchopneumonie, nf **64**
bronzer, v intr **122**
brosser, v tr **114**
brou, nm
brouet, nm
brouette, nf **42**
brouhaha, nm **28**
brouillamini, nm
brouillard, nm **93**
brouillasser, v intr impers
brouillon, ***ne,*** adj **93**
broussailleux, ***euse,*** adj **93**
broutille, nf
broyeur, ***euse,*** n et adj
bru, nf
brugnon, nm
bruine, nf **39**
bruire, v intr ; ***bruyamment,***
adv **40** ; ***bruissement,*** nm
bruitage, nm
brûlant, ***e,*** adj **6**
brûle-pourpoint (à), loc adv
brûlot, nm
brumeux, ***euse,*** adj **39**
brun, ***e,*** adj et n ; ***brunâtre,***
adj **10, 39**
brushing, nm **214**
brusquerie, nf **30**
brut, ***e,*** adj **204**
brutal, ***e, aux,*** adj
brute, nf **204**
bruyère, nf **93**
buanderie, nf **30**
bubon, nm
buccal, ***e, aux,*** adj **43**
bûcheron, ***ne,*** n **40**
bucolique, nf et adj
budgétaire, adj
buée, nf **30, 52**
buffet, nm **43**
buffle, nm **43**
building, nm **214**
buis, nm inv **36**
buissonneux, ***euse,*** adj **40, 114**
bulldozer, nm
bulletin, nm
bungalow, nm **91**
bunker, nm
buraliste, n
bure, nf
bureaucratie, nf **30, 64, 118**
bureautique, nf

C

chahuteur, ***euse,*** n et adj **34**
chai, nm **204**
chaînette, nf **6, 39, 42**
chair, nf **51, 204**
chaire, nf **204**
chaisière, nf
chaland, ***e,*** n
châle, nm
chalet, nm
chaleureusement, adv
châlit, nm
challenger, nm **43**
chaloupé, ***e,*** adj
chalumeau, ***x,*** nm
chalut, nm **34**
chamailleur, ***euse,*** adj et n **93**
chamarré, ***e,*** adj
chambardement, nm **76**
chambellan, nm **76, 79**
chambouler, v tr **76**
chambranle, nm **76**
chambrée, nf **30, 76**
chameau, ***x,*** nm ; ***chamelle,*** nf
chamelier, nm **39**
chamois, nm inv
champenois, ***e,*** adj et n **76**
champêtre, adj
champignonnière, nf **40, 76**
champion, ***ne,*** n ;
championnat, nm **41, 76**
chancelant, ***e,*** adj **39**
chancelier, nm ; ***chancellerie,*** nf
chanceux, ***euse,*** adj
chandail, ***ails,*** nm **95**
chandelier, nm ; ***chandelle,***
nf **39, 42**
chanfrein, nm
changeant, ***e,*** adj **128**
chanoine, nm **39**
chansonnier, nm **40, 114**
chanterelle, nf **39**
chanteur, ***euse,*** n
chantier, nm
chantourner, v tr
chantre, nm
chanvre, nm
chaos, nm inv ; ***chaotique,*** adj
chapardeur, ***euse,*** adj et n
chapeau, ***x,*** nm ;
chapelier, ère, n
chapelain, nm
chapelet, nm
chapelure, nf
chaperonner, v tr **40**
chapiteau, ***x,*** nm
chapka, nf
chapon, nm
chaptaliser, v tr
chaque, adj indéf sing
char, nm
charabia, nm
charade, nf
charançon, nm **13, 114**
charbonnier, ***ière,*** n et adj **40**
charcutier, ***ière,*** n
chardonneret, nm
chariot ou **charriot,** nm
charité, nf
charivari, nm
charlatanesque, adj
charlotte, nf
charmeur, ***euse,*** n
charmille, nf **95**
charnellement, adv **41, 77**
charnière, nf
charnu, ***e,*** adj
charognard, nm
charpentier, nm
charpie, nf **30**
charretée, nf ; ***charrette,***
nf **30, 42**
charrier, v tr
charroi, nm **71**
charron, nm
charrue, nf **30**
charter, nm **214**
chas, nm inv **36, 204**
chasse, nf **9, 204**
chasse-clou, nm ; pl ***chasse-clous***
chassé-croisé, nm ;
pl ***chassés-croisés***
chasselas, nm inv **36**
chasseresse, nf et adj **114**
chassie, nf
chassieux, ***euse,*** adj
châssis, nm inv ; ***châsse,*** nf
chasteté, nf **51**
chasuble, nf
chat, chatte, n ; ***chatière,*** nf
chat-huant, nm ;
pl ***chats-huants***
châtaigneraie, nf ;
châtaignier, nm **6, 30**
châtain, adj **6**
chateaubriand ou
châteaubriant, nm
châtelain, ***aine,*** n
châtier, v tr ; ***châtiment,*** nm
chatoiement, nm **31, 77 ;**
chatoyant, e, adj **93**
chatouilleux, ***euse,*** adj
châtrer, v tr **6**
chatterton, nm
chaudière, nf
chaudronnerie, nf **30, 40**
chauffard, nm **34, 43, 64**
chauffe-biberon, nm ;
pl ***chauffe-biberons***
chauffe-eau, nm inv **147**
chauffe-plats, nm inv **147**
chaufferie, nf **30**
chaume, nm **39**
chausse-pied, nm ;
pl ***chausse-pieds***
chausse-trape ou
chausse(-)trappe, nm
chaussette, nf **42, 114**
chauve-souris, nf ;
pl ***chauves-souris***
chauvin, ***e,*** adj
chaux, nf inv **64, 204**
chef-d'œuvre, nm **110 ;**
pl ***chefs-d'œuvre***
chef-lieu, nm ; pl ***chefs-lieux*** **110**
cheftaine, nf **39**
cheik(h) ou **scheik,** nm **53, 204**
chemineau, ***x,*** nm
cheminée, nf **30**
cheminot, nm **34, 39**
chenal, ***aux,*** nm **39**
chenapan, nm **79**
chêne, nm **53, 204**
chéneau, ***x,*** nm
chenet, nm
chènevis, nm
chenevrière, nf
chenil, nm
chenillette, nf **40, 93**
chenu, ***e,*** adj
cheptel, nm
chèque, nm **204 ;** ***chéquier,*** nm
cher, ***ère,*** adj et adv **204**
chéri, ***e,*** adj et n
cherry, nm ; pl ***cherrys***
ou ***cherries***
cherté, nf **51**
chérubin, nm
chétif, ***ive,*** adj
cheval, ***aux,*** nm ;
chevalin, e, adj **39**
chevaleresque, adj
chevalerie, nf **30, 39**
chevalière, nf
chevauchée, nf **64**
chevêche, nf

chevesne ou **chevaine,** nm
chevet, nm
chevêtre, nm
cheveu, ***x,*** nm
chevillard, nm **34, 93**
cheviotte, nf
chevreau, ***x,*** nm
chèvrefeuille, nm **95**
chevreuil, nm **95**
chevrier, ***ière,*** n **93**
chevronné, ***e,*** adj **40**
chevrotain, nm
chevroter, v intr
chevrotin, nm
chevrotine, nf **39**
chewing-gum, nm ;
pl ***chewing-gums*** **214**
chez, prép **206**
chianti, nm
chiasme, nm
chiasse, nf
chic, nm et adj inv
chicanier, ***ière,*** adj
chicorée, nf **30**
chicot, nm
chicotin, nm
chienlit, nf et nm
chiffonner, v tr **40, 43**
chiffrer, v **43**
chignole, nf
chignon, nm
chimère, nf ; ***chimérique,*** adj
chimiquement, adv
chimpanzé, nm **122**
chinchilla, nm
chiner, v tr **39**
chinoiserie, nf **30, 39**
chiot, nm
chiper, v tr
chipie, nf **30**
chipolata, nf
chipoteur, ***euse,*** n et adj
chique, nf
chiquenaude, nf
chiromancien, ***ne,*** n **215**
chiroptère ou **chéiroptère,** nm
chirurgical, ***e, aux,*** adj
chistera, nf ou m
chlinguer ou **schlinguer,** v intr
chloroforme, nm **215**
chlorophylle, nf **215**
chnoque ou **schnock,** n
choc, nm **103**
chœur, nm **98, 204**
choir, v intr ; pp ***chu***
choisir, v tr
choix, nm inv **34**
choléra, nm **215**
cholestérol, nm **215**
chômeur, ***euse,*** n
choper, v tr
chopine, nf **39**
choquer, v tr **103**
choral, ***e, aux*** ou ***als,*** adj et nm
chorégraphie, nf **215**
chorizo, nm
chorus, nm inv **120**
chou, ***x,*** nm
chouannerie, nf **30**
choucas, nm inv **36**
chouchou, ***te,*** n
choucroute, nf
chouette, nf **42**
chou-fleur, nm ;
pl ***choux-fleurs***
chow-chow, nm ;
pl ***chows-chows***
choyer, v tr **93**
chrême, nm **204**
chrétien, ***ne,*** adj et n ;
chrétienté, nf
christianisme, nm
chromatique, adj **215**
chromer, v tr **215**
chromosomique, adj **215**
chronique, nf et adj **215**
chronologie, nf **215**
chrysalide, nf **215**
chrysanthème, nm **215**
chuchotement, nm **77**
chuintant, ***e,*** adj
chut, interj **204**
chute, nf **204**
ci, adv et pron dém **204**
cibler, v
ciboire, nm
ciboulette, nf **42**
cicatrisation, nf
cicérone, nm
ciel, nm ; pl ***cieux, ciels***
cigale, nf **106**
ciguë, nf **12**
ci-inclus, ***e,*** adj
ci-joint, ***e,*** adj
cil, nm ; ***ciliaire,*** adj ; ***ciller,*** v intr
cilice, nm
cimaise, nf **39**
cime, nf **39**
cimenterie, nf **30, 39**
cimeterre, nm **39**
cimetière, nm **39**
cimier, nm **39**
cinabre, nm **39**
cinémathèque, nf **215**
cinéphile, adj et n **215**
cinéraire, adj
cinglant, ***e,*** adj
cinq, adj inv et nm inv **100**
cinquantenaire, nm
cintrer, v tr **87**
cipaye, nm
cippe, nm
circoncis, adj masc inv **34**
circonférence, nf
circonflexe, adj
circonscrire, v tr ;
pp ***circonscrit, e***
circonspect, ***e,*** adj **34**
circonstanciel, ***le,*** adj **41**
circuit, nm
circulaire, adj
circulatoire, adj
circumpolaire, adj
cireur, ***euse,*** n
cirrhose, nf **28, 43**
cirrus, nm inv **43, 120**
cisaillement, nm **77, 93**
ciseau, nm ; ***ciseaux,*** nm pl **64**
ciseleur, ***euse,*** n **39**
cistre, nm
citadelle, nf **42**
citadin, ***e,*** adj et nm **39**
citerne, nf
cithare, nf **28**
citoyen, ***ne,*** n ; ***citoyenneté,*** nf
citrate, nm
citronnade, nf **40**
citrouille, nf **93, 95**
civet, nm
civette, nf
civière, nf
civil, ***e,*** adj ; ***civilité,*** nf **51**
civilisateur, ***trice,*** adj et n **117**
civique, adj
clabaudage, nf
clafoutis, nm inv **36**
claie, nf **30, 48, 52, 204**
clair, ***e,*** adj **48, 51, 204**
clairière, nf
claironnant, ***e,*** adj **40**
clairsemé, ***e,*** adj **114**
clairvoyance, nf **93**
clameur, nf
clandestinité, nf **51**
clapet, nm

clapier, nm
clapotement, nm inv **77**
clapper, v intr **43**
claquement, nm **77**
clarification, nf **119**
clarinettiste, n **42**
clarisse, nf **114**
clarté, nf **51**
classeur, nm **114**
classicisme, nm **114**
claudication, nf **119**
clause, nf **204**
claustral, ***e, aux,*** adj
claustrophobie, nf **111, 215**
claveau, ***x,*** nm
clavecin, nm
clavette, nf
clavicule, nf
clavier, nm
clayonnage, nm **40, 93**
clé ou **clef,** nf **48**
clématite, nf
clémence, nf
clémentine, nf **39**
clenche, nf
clepsydre, nf
cleptomane ou **kleptomane,** n
clerc, nm ; ***clérical, e, aux,*** adj
clergé, nm
clergyman, nm ; pl ***clergymans*** ou ***clergymen***
cliché, nm
clientèle, nf **42**
clignotement, nm **77**
climatisation, nf **118, 119**
clin d'œil, nm ; pl ***clins d'œils*** ou ***d'yeux*** **86**
clinique, nf **39, 101**
clinquant, ***e,*** adj
clip, nm
clique, nf **101**
cliquetis, nm **36**
clitoris, nm inv **120**
cloaque, nm ; ***cloacal,*** adj
clochard, ***e,*** n **34**
cloche-pied (à), loc adv
clocheton, nm **39**
cloisonnement, nm **40, 77**
cloîtrer, v tr **6, 74**
clopin-clopant, loc adv
cloporte, nm
cloquer, v intr **101**
clore, v tr **204** ; pp ***clos, e***
clôturer, v tr **6**
clou, ***s,*** nm **34**
clownerie, nf ; ***clownesque,*** adj
club, nm **214**
clystère, nm
coagulation, nf **119**
coalition, nf
coassement, nm
cobalt, nm
cobaye, nm **214**
cobra, nm
cocagne, nf
cocaïne, nf **11, 39**
cocardier, ***ière,*** n et adj
cocasserie, nf **30, 114**
coccinelle, nf **43, 134**
coccyx, nm inv **43, 120, 134**
cochenille, nf **95**
cochère, adj f
cochonnaille, nf **40, 93**
cochonnet, nm **40**
cocker, nm **104, 214**
cockpit, nm
cocktail, nm **104**
cocon, nm
cocotier, nm
code, nm ; ***codifier,*** v tr
codéine, nf
codicille, nm
codification, nf **119**
coefficient, nm
coéquipier, ***ère,*** adj
coercitif, ***ive,*** adj
cœur, nm
coffre-fort, nm ; pl ***coffres-forts***
coffret, nm
cogiter, v intr
cognac, nm
cognassier, nm
cognée, nf **30**
cohérence, nf **28**
cohésion, nf **28**
cohorte, nf **28**
cohue, nf **26**
coi, ***coite,*** adj **34, 204**
coiffeur, ***euse,*** n **43**
coin, nm
coincer, v tr
coïncidence, nf **11**
coing, nm ; ***cognassier,*** nm **34**
coït, nm **11**
coke, nm ; ***cokéfaction,*** nf **104**
col, nm **204**
cola ou **kola,** nm
colback, nm **104**
colchique, nm
coléoptère, nm
coléreux, ***euse,*** adj **2**
colibri, nm
colifichet, nm
colimaçon, nm **114**
colin, nm
colin-maillard, nm ; pl ***colin-maillards***
colique, nf
colis, nm inv **36**
colite, nf
collaborateur, ***trice,*** n **117**
collatéral, ***e, aux,*** adj
collationnement, nm **40**
collecteur, ***trice,*** n et adj **117**
collectionneur, ***euse,*** n **40**
collégial, ***e, aux,*** adj
collégien, ***ne,*** n **41**
collègue, n **106**
coller, v **43**
collerette, nf **42**
collet, nm **204**
colleter (se), v pr
collier, nm
collimateur, nm
colline, nf **39**
collision, nf
colloïdal, ***e, aux,*** adj **11**
colloque, nm
collusion, nf
collyre, nm
colmater, v tr
colombophile, adj et n **111, 215**
colon, nm **204**
côlon, nm **204**
colonel, nm **43**
colonial, ***e, aux,*** adj et n
colonie, nf **30** ; ***colonisateur, trice,*** adj et n **117**
colonnade, nf **43**
coloquinte, nf
colorant, ***e,*** adj et nm
coloris, nm inv **36**
coloriste, n
colossal, ***e, aux,*** adj
colporteur, ***euse,*** n
colt, nm
coltiner, v tr **39**
colza, nm **122**
coma, nm ; ***comateux, euse,*** adj
combativité ou **combattivité,** nf ; ***combattant, e,*** n **40, 51**
combe, nf **81**
combinard, ***e,*** adj et n **34, 81**
combinatoire, adj et nf **34, 39**

combustion, nf
comédie, nf **30** ; ***comédien, ne,*** n et adj **41**
comestible, adj et nm
comète, nf **42**
comice, n
comité, nm
commandant, *e,* adj **43**
commanditaire, nm **43**
commando, nm **43, 68**
commémoration, nf **81**
commençant, *e,* adj et n **43**
commensal, *e, aux,* n
commentaire, nm ; ***commentateur, trice,*** n **117**
commerçant, *e,* n et adj **43**
commercial, *e, iaux,* adj **43**
commère, nf ; ***commérage,*** nm
commettre, v tr ; pp ***commis, e***
comminatoire, adj **39, 71**
commis, nm inv
commisération, nf **118**
commissaire, nm ; ***commissariat,*** nm **34, 51**
commissaire-priseur, nm ; pl ***commissaires-priseurs***
commissionnaire, n **40**
commissure, nf
commodément, adv
commodité, nf **43, 51**
commodore, nm
commotionner, v tr **40**
commuer, v tr
communal, *e, aux,* adj **39, 43**
communard, *e,* n et adj **39, 43**
communautaire, adj **39, 43**
communément, adv
communicant, *e,* adj
communicatif, *ive,* adj
communication, nf ; ***communiquer,*** v
communier, v intr
communiste, adj et n
commutation, nf **118**
compact, *e,* adj
compagnie, nf **30**
compagnonnage, nm
comparaison, nf
comparaître, v intr ; pp ***comparu*** **53, 81**
comparse, n **114**
compartimenter, v tr
comparution, nf **118**
compas, nm inv **36**
compassion, nf **114, 119**
compatibilité, nf **51**
compatir, v tr ind ; ***compatissant, e,*** adj
compatriote, n
compensateur, *trice,* adj **117**
compère, nm
compère-loriot, nm ; pl ***compères-loriots***
compétence, nf
compétition, nf **118**
complainte, nf **87**
complaisamment, adv
complaisance, nf **40**
complémentaire, adj
complet, *ète,* adj **41**
complexité, nf **51**
complicité, nf **51**
complimenteur, *euse,* adj et n
compliquer, v tr ; ***complication,*** nf
complot, nm **34** ; ***comploteur, euse,*** n
componction, nf
comporter, v tr et pron
compositeur, *trice,* n **117**
compost, nm
composter, v tr
compotier, nm
comprendre, v tr ; pp ***compris, e*** ; ***compréhension,*** nf **28, 119**
compression, nf ; ***comprimer,*** v tr **39, 119**
compromettre, v tr ; pp ***compromis, e***
compromission, nf **119**
comptabilité, nf **51**
comptant, adj m, nm et adv
compte(-)chèques, nm ; pl ***comptes(-)chèques***
compte-gouttes, nm inv
compte rendu, nm
compte-tours, nm inv
compteur, nm **204**
comptine, nf **39**
comptoir, nm **71**
compulser, v tr **114**
comtesse, nf **117**
concasser, v tr **114**
concavité, nf **51**
concéder, v tr ; ***concession,*** nf
concentrationnaire, adj **40**
concept, nm
concevoir, v tr ; pp ***conçu, e*** ; ***conception,*** nf **118**
concert, nm **34**
concerto, nm **68**
concessionnaire, n **40, 119**
concierge, n
concile, nm
conciliateur, *trice,* n **117**
concis, *e,* adj **34**
conclure, v tr ; pp ***conclu***
conclusion, nf **119**
concocter, v tr
concombre, nm **81**
concomitant, *e,* adj
concordance, nf
concordat, nm **34**
concourir, v intr ; pp ***concouru***
concours, nm inv **36**
concret, *ète,* adj et nm **2, 41** ; ***concrétiser,*** v tr
concrétion, nf **118**
conçu, *e,* adj **114**
concupiscence, nf **120**
concurremment, adv **40**
concurrencer, v tr **43** ; ***concurrentiel, le,*** adj **41, 114**
condamnation, nf **118, 119**
condensation, nf **118, 119**
condescendance, nf **120**
condiment, nm **39**
conditionnellement, adv **40, 41**
condoléances, nf pl
condominium, nm **63**
condor, nm
condottiere, nm
conducteur, *trice,* n **117**
cône, nm ; ***conique,*** adj **7**
confectionner, v tr **40**
confédération, nf **118**
conférencier, *ière,* n
confessionnal, *aux,* nm **40, 119**
confetti, nm
confiance, nf
confidence, nf ; ***confident, e,*** n
confidentiel, *le,* adj **41, 116**
confiner, v tr **39**
confins, nm pl
confire, v tr ; pp ***confit, e***
confirmation, nf **118**
confiserie, nf **30**
confisquer, v tr ; ***confiscation,*** nf **118**
confit, *e,* adj et nm
conflagration, nf **39, 118, 119**
conflictuel, *le,* adj **41**
conflit, nm **39**
confluent, nm ; ***confluence,*** nf
confondre, v tr ; pp ***confondu***

convier, v tr ; ***convive***, n
convoi, nm ; ***convoyer***, v tr **96**
convoitise, nf
convoquer, v tr ; ***convocation***, nf
convulsionner, v tr **40**
coolie, nm **214**
coopératif, ***ive***, adj **64**
cooptation, nf **64**
coordinateur, ***trice***, adj et n **64, 117**
coordonnée, nf **64**
copain, **copine**, n **86**
copeau, ***x***, nm
copieux, ***euse***, adj
copilote, n
copra ou **coprah**, nm **28**
copte, adj et n
copulation, nf
copule, nf
copyright, nm **214**
coq, nm **100, 204**
coq-à-l'âne, nm inv
coquelicot, nm
coquelucheux, ***euse***, adj
coquet, ***te***, adj ; ***coquetterie***, nf **41**
coquillage, nm **93**
coquillette, nf **42, 93**
coquin, ***e***, n et adj **39**
cor, nm **204**
corail, ***aux***, nm **95** ; ***corallien***, ***ne***, adj **41**
coranique, adj
corbillard, nm **34, 93**
cordeau, ***x***, nm **64**
cordée, nf **30**
cordial, ***e***, ***iaux***, adj
cordillère, nf **93**
cordon-bleu, nm ; pl ***cordons-bleus***
cordonnerie, nf **40**
cordonnet, nm **40**
coreligionnaire, n **40**
coriace, adj et n
coriandre, nf
coricide, nm
corindon, nm
corinthien, ***ne***, adj et n **28**
cormoran, nm **79**
cornac, nm
cornéen, ***ne***, adj **41**
corneille, nf ; ***cornélien***, ***ne***, adj
cornemuse, nf
cornette, nf **42**
corniaud, nm et adj **64**
cornière, nf
cornouiller, nm **93**
corollaire, nm **43**
corolle, nf **43**
coron, nm
coronaire, adj
corporal, ***aux***, nm
corporation, nf
corps, nm inv ; ***corporel***, ***le***, adj
corps à corps, loc adv et nm
corpulence, nf
corpusculaire, adj
corral, ***als***, nm **204**
correctionnel, ***le***, adj et nf **40**
corrélatif, ***ive***, adj
correspondancier, ***ière***, n **43**
corrida, nf **43**
corridor, nm **43**
corriger, v tr ; ***correcteur***, ***trice***, n **117**
corroborer, v tr
corroi, nm ; ***corroyage***, nm **43, 93**
corrompre, v tr ; pp ***corrompu***, ***e***
corrosif, ***ive***, adj
corrupteur, ***trice***, n et adj **117**
corsage, nm **114**
corsaire, nm **114**
corselet, nm **39**
corset, nm **34, 39, 114**
cortège, nm
cortex, nm inv **134**
cortisone, nf
corvée, nf **30**
corvette, nf **42**
coryphée, nm **52, 112**
coryza, nm **125**
cosaque, nm
cosinus, nm inv **118, 120**
cosmétique, adj et nm
cosmonaute, n
cosmopolite, adj
cosmos, nm inv ; ***cosmique***, adj **120**
cossard, ***e***, n et adj **34, 114**
cosse, nf **114, 204**
cossu, ***e***, adj **114**
costal, ***e***, ***aux***, adj
costaud, adj et nm **64**
costume, nm **39**
cote, nf **204**
côte, nf ; ***coteau***, nm **6, 7, 204**
côtelé, ***e***, adj **6, 39**
cothurne, nm **28**
cotillon, nm **93**
cotisation, nf
cotonneux, ***euse***, adj **40**
côtoyer, v tr **93**
cottage, nm
cotte, nf **204**
cotylédon, nm
cou, nm ; pl ***cous***
couac, nm **74**
couard, ***e***, adj et n **74**
couchant, ***e***, adj et nm
couche-culotte, nf ; pl ***couches-culottes***
couchette, nf **42**
couci-couça, loc adv **114**
coucou, nm
coudée, nf **30**
cou-de-pied, nm ; pl ***cous-de-pied***
coudoyer, v tr ; ***coudoiement***, nm **31, 93**
coudrier, nm ; ***coudraie***, nf
couenne, nf **49**
couette, nf **42**
couffin, nm **43**
couguar ou **cougouar**, nm **74**
couiner, v intr **39**
coulée, nf **30**
couleur, nf
couleuvre, nf ; ***couleuvreau***, mn
coulis, adj m inv **34**
coulissant, ***e***, adj **114**
couloir, nm **71**
coulpe, nf **39**
coup, nm **204**
coupé, nm
coupée, nf **30**
coupe-circuit, nm inv
coupe-feu, nm inv
coupe-gorge, nm inv
coupe-ongle, nm inv
coupe-papier, nm inv
couperet, nm **39**
couperose, nf
couplet, nm
coupole, nf
coupon, nm
coupure, nf
cour, nf **34, 204**
courageux, ***euse***, adj
couramment, adv **40**
courbatu, ***e***, adj
courbette, nf **42**
coureur, ***euse***, n et adj **40**
courir, v intr ; pp ***couru***
courlis, nm inv **36**

crucial, ***e, aux,*** adj
crucifère, adj
crucifiement, nm **31, 77**
crucifix, nm inv ; ***crucifixion,*** nf
cruciverbiste, n
crudité, nf **31**
crue, nf **30, 204**
cruel, ***le,*** adj **41**
crustacé, nm
crypte, nf **215**
cryptogame, adj et nm **215**
cubain, ***e,*** adj **39**
cubique, adj
cubitus, nm inv **120**
cucurbitacée, nf **30**
cueillir, v tr ; pp ***cueilli, e,***
cueillette, nf **42, 59**
cuiller ou **cuillère,** nf **93**
cuir, nm **204**
cuirassier, nm
cuire, v ; pp ***cuit, e ; cuisson,*** nf
cuisant, ***e,*** adj
cuisinier, ***ière,*** n **39**
cuissard, ***e,*** n et adj **34, 114**
cuissot ou **cuisseau,** nm
cuistot, nm
cuistrerie, nf **30**
cul, nm ; ***culasse,*** nf **34**
culbuteur, nm
cul-de-basse-fosse, nm ;
pl ***culs-de-basse-fosse***
cul-de-jatte, nm ou nf ;
pl ***culs-de-jattes***
cul-de-sac, nm ; pl ***culs-de-sac***
culée, nf **30**
culinaire, adj **39**
culminant, ***e,*** adj **39**
culot, nm ; ***culotter,*** v tr **43**
culpabilité, nf **51**
cul-terreux, nm ;
pl ***culs-terreux***
cultivateur, ***trice,*** n **117**
culturel, ***le,*** adj **41**
cumin, nm **39**
cumul, nm ; ***cumuler,*** v tr **39**
cumulus, nm inv **39, 120**
cunéiforme, adj **39**
cupidité, nf **51**
cupule, nf
curaçao, nm **68, 114**
curare, nm
curateur, ***trice,*** n **117**
curé, nm
cure-dent(s), nm ; pl ***cure-dents***
curée, nf **30**
cure-pipe(s), nm ;
pl ***cure-pipes***
curetage, nm
curie, nm **30, 204**
curiosité, nf ; ***curieux, euse,***
adj et n **51**
curling, nm **214**
curriculum vitæ, nm inv **214**
curry ou **cari,** nm **204**
cursus, nm inv **120**
cutané, ***e,*** adj
cutiréaction, nf
cuvée, nf **30**
cyanure, nm **93**
cybernétique, nf
cyclamen, nm **49, 214**
cyclique, adj
cycliste, adj et n **215**
cyclo-cross ou **cyclocross,**
nm inv **64, 120, 215**
cyclone, nm **215**
cyclopéen, ***ne,*** adj **41**
cygne, nm **204**
cylindrée, nf **30**
cylindrique, adj
cymbale, nf **88**
cynégétique, adj
cyniquement, adv **77**
cynocéphale, nm **111, 215**
cyprès, nm inv **2, 36**
cyrillique, adj
cystite, nf
cytise, nm
cytoplasme, nm
czardas, nm inv **120**

D

dactylographie, nf **215**
dadais, nm inv **36**
dahlia, nm **28**
daigner, v tr
daim, nm **88**
dais, nm inv **36, 204**
dalaï-lama, nm ; pl ***dalaï-lamas***
dallage, nm **43**
dalmatien, nm **114**
daltonien, ***ne,*** adj et n
dam, nm **204**
damas, nm inv **34, 120**
damassé, ***e,*** adj **34**
dame-jeanne, nf ;
pl ***dames-jeannes***
damné, ***e,*** adj et n
dan, nm **204**
danaïde, nf
dancing, nm
dandiner (se), v pr
dandy, nm
dangereux, ***euse,*** adj
danseur, ***euse,*** n
dantesque, adj
dard, nm **34**
dare-dare, loc adv
dartre, nf
datcha, nf
date, nf ; ***dateur, euse,*** adj
datif, nm
datte, nf ; ***dattier,*** nm
daube, nf
dauphin, nm
dauphinois, ***e,*** adj et n
daurade ou **dorade,** nf
davantage, adv
davier, nm
dé, nm **204**
de visu, loc adv
dealer, n **61**
déambulation, nf
débâcle, nf **47**
déballage, nm **43**
débandade, nf
débarcadère, nm ; ***débarquer,*** v
débardeur, nm
débarras, nm inv ;
débarrasser, v tr **43**
débauché, ***e,*** adj et n
débilité, nf **51**
débiner (se), v pr **39**
débit, nm ; ***débiteur, trice,*** n **117**
déblai, nm ; ***déblayer,*** v tr ;
déblaiement, nm **31, 96**
déblatérer, v intr
déblocage, nm ;
débloquer, v tr **103**
déboire, nm **71**
déboisement, nm **77**
déboîtement, nm **77**
débonnaire, adj
débordement, nm **77**
débouchage, nm
déboulonner, v tr **40**
déboussoler, v tr
debout, adv
déboutonner, v tr **40**
débraillé, ***e,*** adj et nm **93**
débrayage, nm **93**
débris, nm inv **34**
débrouillard, ***e,*** adj **93**
débroussailler, v tr **93, 114**

délire, nm ; ***délirant, e,*** adj
delirium tremens, nm inv **63**
délit, nm
déloyauté, nf ;
déloyal, e, aux, adj **51, 93**
delta, nm
deltaplane, nm
deltoïde, adj et nm **11**
déluge, nm
déluré, *e,* adj
démagogie, nf **30, 106**
demain adv **206**
démangeaison, nf **129**
démantèlement, nm ;
démanteler, v tr **2, 42**
démantibuler, v tr
démaquillant, *e,* adj et nm **93**
démarquer, v tr ;
démarcation, nf **118**
démarreur, nm
démêloir, nm **53**
démembrement, nm **77**
déménageur, nm
démence, nf ; ***dément, e,***
adj et n
démener (se), v pr
démenti, nm ; ***démentir,*** v tr
démentiel, *le,* adj **114**
demeure, nf
demi, *e,* adj et adv
demi-heure, nf ;
pl ***demi-heures***
demi-jour, nm inv
demi-mot (à), loc adv
démineur, *euse,* n **39**
démis, *e,* adj
demi-sel, nm inv
démissionnaire, adj **40, 114**
demi-tour, nm ; pl ***demi-tours***
démiurge, nm
démocratie, nf **114**
démocratiquement, adv **77**
démographie, nf **30, 111, 215**
demoiselle, nf **42**
démolisseur, *euse,* n **114**
démon, nm ; ***démoniaque,*** adj
démonétiser, v tr
démonstrateur, *trice,* n
démonte-pneu, nm ;
pl ***démonte-pneus***
déni, nm ; ***dénier,*** v tr ;
dénégation, nf
déniaiser, v tr
denier, nm
dénigrement, nm **77**
déniveler, v tr ; ***dénivellation,***
nf ; ***dénivellement,*** nm
dénominateur, nm **39**
dénonciation, nf ; ***dénonciateur,***
trice, n **117, 118**
dénouement, nm **31**
denrée, nf **30**
densité, nf **51**
dentaire, adj
dental, *e, aux,* adj
denteler, v tr ; ***dentelure,*** nf **39**
dentelle, nf ; ***dentellière*** ou
dentelière, nf
dentifrice, nm
dénudé, *e,* adj
dénué, *e,* adj
dénuement, nm **31, 77**
déodorant, nm et adj
déontologie, nf **30**
dépanneuse, nf
dépareiller, v tr
départemental, *e, aux,* adj
départir, v tr
dépassement, nm **77**
dépatouiller (se), v pr
dépaysement, nm **77**
dépecer, v tr ; ***dépeçage,***
nm **114**
dépêcher, v tr **53**
dépenaillé, *e,* adj et nm **39, 93**
dépendre, v tr ; pp ***dépendu ;***
dépendance, nf
dépens, nm pl
dépensier, *ière,* adj **114**
dépêtrer (se), v pr
déphasé, *e,* adj **112**
dépiauter, v tr
dépilatoire, adj et nm **71**
dépité, *e,* adj
déplorer, v tr
déployer, v tr ;
déploiement, nm **31, 77**
dépoitraillé, *e,* adj **93**
dépoli, *e,* adj
déponent, *e,* adj et nm
déportation, nf **118**
dépôt, nm ; ***dépositaire,*** n **64**
dépotoir, nm
dépouillement, nm **77, 93**
dépravé, *e,* adj
dépréciation, nf **118**
dépressif, *ive,* adj **114**
déprimant, *e,* adj **39**
dépuceler, v tr **42**
depuis, prép **206**
dépuratif, *ive,* adj et nm
députation, nf **118**
déracinement, nm **77**
déraillement, nm **77, 93**
déraisonnable, adj **40**
dérapage, nm
dératé, nm
dératisation, nf **118**
derby, nm
derechef, adv
dérisoire, adj
dérivé, nm
dérivée, nf **30**
dermatologie, nf **30**
dermique, adj
dernier-né, dernière-née, adj ;
pl ***derniers-nés,***
dernières-nées
dérobée (à la), loc adv
dérogation, nf **118**
derrick, nm **43, 104**
derrière, prép et adv **206**
derviche, nm
dès, prép **2, 204, 206**
désaffection, nf **133**
désappointement, nm **40, 77**
désapprobateur, *trice,* adj **40**
désarçonner, v tr **40, 114**
désarroi, nm **73**
désastreux, *euse,* adj
désavouer, v tr ; ***désaveu,*** nm ;
pl ***désaveux***
desceller, v tr **120, 204**
descendre, v tr **120 ;**
pp ***descendu, e ; descente,***
nf ; ***descendance,*** nf
description, nf **118**
désemparé, *e,* adj
désert, *e,* adj et nm
désertion, nf **118**
désespérément, adv **1, 2**
déshabillage, nm **27, 93**
déshabituer, v tr **27**
désherbant, nm **27**
déshériter, v tr **27**
déshonneur, nm **27, 40 ;**
déshonorer, v tr **40**
déshydrater, v tr **27, 215**
desiderata ou **désidérata,**
nm pl **2**
design, nm
désignation, nf **118**
désinence, nf
désinvolte, adj
désir, nm ; ***désireux, euse,*** adj

désister (se), v pr ;
désistement, nm **77**
désodorisant, *e,* adj
désœuvrement, nm **61**
désolation, nf **118**
désopilant, *e,* adj
désormais, adv **206**
désosser, v tr **114**
despotique, adj
desquamation, nf **74, 118**
desquels, desquelles, pron rel
dessaisir, v tr **40, 118**
dessaler, v tr **40**
dessécher, v tr **40 ;**
dessèchement, nm **2, 40**
dessein, nm **84, 204**
desseller, v tr **40, 204**
desserrer, v tr **40, 43, 118**
dessert, nm **34**
desservir, v tr **40**
dessiccation, nf **43 (siccatif)**
dessiller ou **déciller,** v tr **93**
dessinateur, *trice,* n **39, 114**
dessouder, v tr **40**
dessoûler, v **40**
dessous-de-plat, nm inv
dessus, adv **35, 206**
dessus-de-lit, nm inv
destinataire, n
destinée, nf **30, 39**
destitution, nf **118**
destrier, nm **93**
destroyer, nm **93**
destructeur, *trice,* n et adj
désuet, *ète,* adj **41**
détachement, nm **77**
détail, *ails,* nm ; ***détaillant, e,***
n **95**
détaler, v intr
détartrage, nm **127**
détecteur, *trice,* nm et adj **117**
déteindre, v intr **87**
dételer, v tr **42**
détenteur, *trice,* n
détergent, *e,* adj et nm
détérioration, nf **118**
déterrer, v tr
détersif, *ive,* adj et nm **114**
détestablement, adv **77**
détonation, nf **118**
détoner, v intr ; ***détonant, e,***
adj **204**
détonner, v intr **204**
détournement, nm **77**
détracteur, *trice,* n
détraquer, v tr **102**
détresse, nf **114**
détriment, nm **39, 77**
détritus, nm inv **120**
détroit, nm
détruire, v tr ; pp ***détruit, e***
dette, nf **43**
deuil, nm **95**
deuxièmement, adv **124**
dévaliser, v tr
dévaluation, nf **118**
devancier, *ière,* n
devant, prép et adv **206**
dévastateur, *trice,* adj
déveine, nf **39, 53**
développement, nm **39, 43, 77**
dévergondé, *e,* adj **106**
déversoir, nm **114**
déviationnisme, nm **40, 114**
devin, *devineresse,* n **39, 118**
devis, nm inv **34**
devoir, v tr ; pp ***dû, due***
dévolu, *e,* adj et nm
dévot, *e,* adj et n ; ***dévotion,*** nf
dévouement, nm **31**
dévoyé, *e,* adj et n **93**
dextérité, nf **51**
diabète, nm ; ***diabétique,*** adj **2**
diable, diablesse, n **118 ;**
diablerie, nf **30**
diabolo, nm **68**
diacre, nm
diadème, nm
diagnostic, nm **106 ;**
diagnostiquer, v tr **103**
diagonale, nf
diagramme, nm
dialectal, *e, aux,* adj
dialoguiste, n **106**
diamantaire, n
diamètre, nm ;
diamétralement, adv **2**
diantre, interj
diapason, nm
diaphane, adj **112, 215**
diaphragme, nm **112**
diapositive, nf
diapré, *e,* adj
diarrhée, nf **27, 28, 30**
diaspora, nf
diatribe, nf
dichotomie, nf **30, 104, 215**
dicotylédone, adj et nf
dictatorial, *e, iaux,* adj
dictée, nf **30**
dictionnaire, nm **40**
didacticiel, nm
dièdre, adj et nm
dièse, nm
diesel, nm **2**
diète, nf **42 ;** ***diététique,*** adj
et nf **2**
diffamateur, *trice,* n ;
diffamatoire, adj
différemment, adv **40, 77**
différent, *e,* adj
différend, nm **204**
différentiel, *le,* adj et nm **41, 116**
difficulté, nf **77 ;** ***difficilement,***
adv **51**
difformité, nf **51**
diffus, *e,* adj
digérer, v ; ***digestion,*** nf **118**
digital, *e, aux,* adj
dignitaire, nm
digression, nf **119**
digue, nf **106**
diktat, nm **104**
dilapidateur, *trice,* adj et n **117**
dilatation, nf **118**
dilemme, nm **43**
dilettantisme, nm **43**
diligence, nf ; ***diligemment,***
adv **40**
dilution, nf **118**
diluvien, *ne,* adj **41**
dîme, nf **6**
dimension, nf **39, 114**
diminution, nf **39, 118**
dinanderie, nf **30**
dinar, nm
dindonneau, *x,* nm **40**
dîner, v intr **6, 39**
dingue, adj et n **106**
dinosaure, nm
diocèse, nm **2 ;** ***diocésain, e,***
adj et n
diode, nf
diphtérie, nf **30, 112**
diphtongue, nf **30, 106**
diplodocus, nm inv **120**
diplomatie, nf **7, 30, 114**
diplôme, nm **7**
diptère, nm
diptyque, nm
directeur, *trice,* n et adj **117 ;**
directorial, e, iaux, adj
directoire, nm
dirham, nm **28**
dirigeant, *e,* adj et n **127, 129**

douillettement, adv **41, 77, 93**
douleur, nf ;
douloureux, euse, adj
douteux, *euse*, adj
douve, nf
doux, *douce*, adj et adv **34**
douzaine, nf **39, 125**
doyen, *ne*, n **41, 85, 93**
drachme, nf **104**
draconien, *ne*, adj **41**
dragage, nm ; *draguer*, v **106**
dragée, nf **30**
dragonne, nf **106**
dragueur, nm **106**
drain, nm
draisienne, nf
drakkar, nm **43, 104**
dramatiquement, adv **77**
drap, nm ; *drapier, ière*, n **34**
drastique, adj
dresseur, *euse*, n **49, 114**
dressoir, nm **49, 71, 114**
dribbler, v
drille, nm **93, 95**
drive-in, nm inv
drogué, *e*, adj et n **106**
droguerie, nf **30, 106**
droitier, *ière*, adj
drôle, adj ; *drolatique*, adj **6, 7**
drôle, *drôlesse*, n ; *drôlerie*, nf **7**
dromadaire, nm
dru, *e*, adj
drugstore, nm
druide, druidesse, n **118**
dryade, nf **93**
dû, *due*, adj et nm **204**
dualité, nf **51**
dubitatif, *ive*, adj
ducasse, nf **114**
ducat, nm
duce, nm
duché, nm **118** ; *duchesse*, nf ;
ducal, e, aux, adj
ductile, adj
duègne, nf
duel, nm ; *duelliste*, n **49**
duettiste, n **49**
duffel-coat, nm ; pl *duffel-coats*
dulcinée, nf **30**
dûment, adv **6**
dune, nf **39**
dunette, nf **39, 42**
duo, nm **68**
duodénal, *e, aux*, adj
duodénum, nm **63**
duperie, nf **30**
duplex, nm inv **134**
duplicata, nm ; pl inv
ou *duplicatas*
duquel, pron rel
dur, *e*, adj, adv et n
durablement, adv
duralumin, nm
durant, prép **206**
durcissement, nm **72, 114**
durée, nf **30, 204**
durillon, nm **93**
durit ou **durite**, nf
duvet, nm **39** ; *duveteux, euse*,
adj
dynamique, adj et, nf **215** ;
dynamiteur, euse, n
dynamo, nf **215**
dynastie, nf **30**
dysenterie, nf **30, 215**
dysfonctionnement, nm **40,**
77, 215
dyspepsie, nf **30, 215**

E

eau-de-vie, nf ; pl *eaux-de-vie*
ébahissement, nm **26, 77**
ébats, nm pl
ébattre (s'), v pr ; pp *ébattu*
ébauchoir, nm **71**
ébène, nf ; *ébéniste*, n **2**
éberlué, *e*, adj
éblouissant, *e*, adj **114**
ébonite, nf
éborgner, v tr
éboueur, nm
ébouillanter, v tr **93**
ébouler (s'), v pr
éboulis, nm inv **34**
ébouriffant, *e*, adj **43**
ébranler, v tr
ébrécher, v tr
ébriété, nf **51, 93**
ebrouer (s'), v pr
ébruiter, v tr
ébullition, nf **43, 118**
écailler, *ère* n **93**
écaler, v tr
écarlate nf et adj
écarquiller, v tr **93**
écart, nm **34**
écarteler, v tr **42** ;
écartèlement, nm
ecchymose, nf **43, 104**
ecclésiastique, adj et nm **43**
écervelé, *e*, adj et n **42**
échafaudage, nm
échalas, nm inv **36**
échalote, nf
échancré, *e*, adj
échangeur, nm
échanson, nm **114**
échantillonnage, nm **40, 127**
échappatoire, nf **71**
échappée, nf **30, 40, 204**
écharde, nf
écharpe, nf
échassier, nm **114**
échauder, v tr **64**
échauffement, nm **43**
échauffourée, nf **30**
échauguette, nf **42, 106**
èche, nf
échéance, nf
échec, nm **103**
échelle, nf **42** ;
échelonnement, nm **40, 77**
échenillage, nm **93, 127**
écheveau, *x*, nm
échevelé, *e*, adj **39**
échine, nf **39**
échinodermes, nm pl **39, 104**
échiquier, nm
écho, nm **34, 68, 104, 204**
échographie, nf **215**
échoir, v intr ; pp *échu*
échoppe, nf **43**
échotier, nm
échouage, nm **71**
éclaboussure, nf **114**
éclair, nm **51**
éclaircie, nf **30, 51**
éclaircissement, nm **77, 114**
éclaireur, *euse*, n
éclat, nm **34**
éclectique, adj
éclipser, v tr **114**
éclisse, nf **114**
éclopé, *e*, adj
éclore, v intr ; pp *éclos, e*
éclusier, *ière*, n
écœurant, *e*, adj **61**
écoinçon, nm **114**
écolier, *ière*, n
écologiste, n **127**
éconduire, v tr
économat, nm **34**
économie, nf **30**
écoper, v tr

écorcer, v tr
écorché, nm
écorner, v tr
écossais, ***e,*** adj et n **114**
écosser, v tr **114**
écot, nm **36**
écoulement, nm **77**
écourter, v tr
écouteur, nm
écoutille, nf **93, 95**
écouvillon, nm **93**
écrabouiller, v tr **93**
écran, nm **79**
écrasant, ***e,*** adj
écrémage, nm **1, 2**
écrêter, v tr **6**
écrevisse, nf **114**
écrier (s'), v pr **93**
écrin, nm
écriteau, ***x,*** nm
écritoire, nf **71**
écrivain, nm ; ***écrire,*** v tr ; pp ***écrit, e***
écrou, ***s,*** nm
écrouelles, nf pl **42**
écrouler (s'), v pr
écru, ***e,*** adj
ectoplasme, nm
écu, nm
écueil, nm **59, 95**
écuelle, nf **42**
éculé, ***e,*** adj
écumant, ***e,*** adj **39**
écumoire, nf **39, 71**
écureuil, nm **95**
écurie, nf **30**
écussonner, v tr **40, 114**
écuyer, ***ère,*** n **93**
eczéma, nm **106** ; ***eczémateux, euse,*** adj **122**
edelweiss ou **édelweiss,** nm inv **2, 120**
éden, nm **49, 214**
édenter, v tr
édicter, v tr
édicule, nm
édifice, nm ; ***édification,*** nf **118**
édile, nm
édit, nm **34**
éditeur, ***trice*** n ; ***éditorial, aux,*** nm
édredon, nm
éducateur, ***trice,*** n et adj **117** ; ***éduquer,*** v tr
édulcorer, v tr
effacement, nm **77**
effarant, ***e,*** adj
effarouchement, nm **77**
effectivement, adv **77**
effectuer, v tr
efféminé, ***e,*** adj **39**
effervescence, nf **118**
effet, nm ; ***effets,*** nm pl
effeuiller, v tr **95**
efficacité, nf **51, 52**
effigie, nf **30**
effiler, v tr
effilocher, v tr
efflanqué, ***e,*** adj **34**
effleurement, nm **77**
efflorescence, nf **118**
effluve, nm
effondrement, nm **77**
effort, nm ; ***efforcer (s'),*** v pr
effraction, nf **118**
effraie, nf **30, 52**
effranger, v tr **76**
effrayant, ***e,*** adj **93**
effréné, ***e,*** adj **86**
effritement, nm **77**
effroi, nm ; ***effroyable,*** adj **71, 93**
effrontément, adv **77** ; ***effronterie,*** nf **30**
effusion, nf **119**
égailler (s'), v pr **93, 106**
égalitaire, adj ; ***égalité,*** nf
égard, nm
égarement, nm **77**
égayer, v tr **93**
égérie, nf **30**
égide, nf **127**
églantine, nf ; ***églantier,*** nm **39**
églefin ou **aiglefin,** nm **39**
égo, nm inv ; ***égoïste,*** adj et n
égocentrisme, nm
égoïne, nf **11, 39**
égorgeur, ***euse,*** n **106**
égosiller (s'), v pr **93, 106**
égoutier, nm
égouttoir, nm **77**
égrapper, v tr **43**
égratignure, nf
égrener ou **égrainer,** v tr **39**
égrillard, ***e,*** adj **34, 93**
égyptien, ***ne,*** adj et n **114**
éhonté, ***e,*** adj **27**
eider, nm **53**
éjaculation, nf **118, 130**
éjection, nf **129, 133**
élaboration, nf **118**
élagage, nm ; ***élaguer,*** v tr **106, 127**
élan, nm **79**
élancement, nm **77**
élargissement, nm **77, 114**
élasticité, nf **52** ; ***élastique,*** adj et nm **51**
eldorado, nm **68**
électeur, ***trice*** n **117**
électorat, nm **34** ; ***électoral, e, aux,*** adj
électricité, nf **51** ; ***électricien, ne,*** n **41**
électrocution, nf **118**
électrode, nf
électrolyse, nf **215**
électronique, nf ; ***électronicien, ne,*** n
électrotechnicien, ***ne,*** n **41**
élégance, nf **40, 76** ; ***élégamment,*** adv **106**
élégiaque, adj et n **127**
élémentaire, adj
éléphanteau, ***x,*** nm **112**
élévateur, ***trice,*** adj et n
elfe, nm
élider, v tr
éligibilité, nf **51, 127**
élimer, v tr **39**
élimination, nf **39, 118**
élire, v tr ; pp ***élu, e***
élision, nf **119**
élite, nf
élixir, nm
ellébore ou **hellébore,** nm
ellipse, nf **11, 114** ; ***ellipsoïdal, e, aux,*** adj
elliptique, adj
élocution, nf **118**
élogieux, ***ieuse,*** adj
éloignement, nm **77**
élongation, nf **106, 118**
éloquence, nf ; ***éloquemment,*** adv **40**
élucidation, nf **118**
élucubration, nf **118**
éluder, v tr
élyséen, ***ne,*** adj **41**
élytre, nm
émacié, ***e,*** adj
émail, ***aux,*** nm **95**
émanation, nf ; ***émaner,*** v intr
émancipation, nf **118**
émargement, nm **77**
émasculer, v tr

F

félon, ***ne,*** adj ; ***félonie,*** nf **41**
felouque, nf **101**
femelle, nf et adj **49**
féminin, ***ine,*** adj ; ***féminité,*** nf **39**
femmelette, nf **39, 42, 43, 46**
fémur, nm ; ***fémoral, e, aux,*** adj
fenaison, nf **39**
fendiller, v tr **93**
fendre, v tr ; pp ***fendu, e*** **78**
fenêtre, nf **8**
fenil, nm **39**
fennec, nm **43, 49**
fenouil, nm **95**
féodal, ***e, aux,*** adj
fer, nm ; ***ferré, e,*** adj **204**
fer-blanc, nm ; pl ***fers-blancs***
ferblantier, nm **34**
férié, ***e,*** adj
férir, v infinitif
fermement, adv **77**
fermentation, nf **118**
fermoir, nm **71**
férocité, nf **51, 52**
ferrailleur, nm **43, 93**
ferret, nm **204**
ferreux, adj m **43**
ferronnerie, nf **30, 40, 43**
ferroviaire, adj **43**
ferrugineux, ***euse,*** adj **39, 43**
ferrure, nf **43**
ferry-boat, nm ; pl ***ferry-boats***
fertilité, nf **51**
féru, ***e,*** adj
férule, nf
fervent, ***e,*** adj ; ***ferveur,*** nf
fessée, nf **30, 114**
fesse-mathieu, nm ; pl ***fesse-mathieux***
festin, nm
festival, ***als,*** nm
festonner, v tr **40**
festoyer, v intr **93**
fêtard, ***e,*** n **6, 34**
fétichiste, adj et n
fétide, adj
fétu, nm
feu, ***e,*** adj ; pl ***feus, es*** **56**
feu, ***x,*** nm
feuillaison, nf **95**
feuillée, nf **30, 204**
feuillet, nm **204**
feuilleton, nm **39, 95 ;** ***feuilletoniste,*** n

feulement, nm **77**
feutrine, nf **39**
fève, nf ; ***féverole*** ou ***fèverole,*** nf
fez, nm inv **125**
fi, interj **204, 207**
fiabilité, nf **51, 93**
fiacre, nm **93**
fiancer, v tr **93 ;** ***fiançailles,*** nf pl **113**
fiasco, nm **68**
fiasque, nf **101**
fibreux, ***euse,*** adj ; ***fibranne,*** nf
fibrille, nf **95**
fibrome, nm
ficelle, nf ; ***ficelage,*** nm **42, 49**
fichier, nm **96**
fichtrement, adv **77**
fichu, nm
fiction, nf **133**
fidèle, adj ; ***fidélité,*** nf **2, 51**
fiduciaire, adj
fief, nm **49**
fieffé, ***e,*** adj **49**
fiel, nm ; ***fielleux, euse,*** adj **49**
fiente, nf
fier, ***fière,*** adj ; ***fierté,*** nf
fier (se), v pr
fièvre, nf ; ***fiévreux, euse,*** adj **2**
fifre, nm
fignoleur, ***euse,*** n
figuier, nm **96, 106**
figurant, ***e,*** n **106**
figurine, nf **39, 106**
fil, nm **204**
filament, nm **77**
filandreux, ***euse,*** adj
filasse, nf **118**
filet, nm **204**
filetage, nm **39, 127**
filiale, nf **93**
filiforme, adj
filigrane, nm
filin, nm
filleul, ***e,*** n **93**
film, nm
filon, nm
filou, nm ; ***filouterie,*** nf
fils, nm inv ; ***filial, e, aux,*** adj **120**
filtrant, ***e,*** adj
final, ***e, als,*** adj **39, 204**
finale, nf **204**
financier, ***ière,*** n et adj **96**

finasser, v intr **118**
finaud, ***e,*** adj **39, 64**
fine, nf **39**
finesse, nf **39, 118**
finette, nf **42**
finition, nf **39, 118**
finlandais, ***e,*** adj
finnois, ***e,*** adj et n **43, 71**
fiole nf
fioriture, nf **93**
fioul ou **fuel,** nm
firmament, nm **78**
firme, nf **39**
fiscal, ***e, aux,*** adj ; ***fiscalité,*** nf
fissible, adj **114**
fissile, adj **114**
fissurer, v tr **114**
fiston, nm
fistuleux, ***euse,*** adj
fixation, nf **118**
fixité, nf **51, 52**
fjord ou **fiord,** nm **93**
flac, interj **204**
flaccidité, nf ; ***flasque,*** adj et nf **134**
flacon, nm ; ***flaconnage,*** nm **40**
flagellation, nf **49, 118**
flageolant, ***e,*** adj **127**
flageolet, nm **127**
flagorneur, ***euse,*** n et adj **106**
flagrant, ***e,*** adj
flair, nm
flamand, ***e,*** adj et nm
flamand, nm **204**
flambeau, ***x,*** nm **64, 76**
flambée, nf **30, 64, 204**
flamboiement, nm **31 ;** ***flamboyant, e,*** adj **93**
flamenco, nm **68**
flammèche, nf **43**
flan, nm **79, 204**
flanc, nm **34, 204**
flanelle, nf **42, 49**
flânerie, nf **6, 30, 47**
flanquer, v tr **102**
flapi, ***e,*** adj
flaque, nf **101, 204**
flash, nm ; pl ***flashs*** ou ***flashes***
flash-back, nm **214 ;** pl ***flash(e)s-back***
flatterie, nf **30, 43**
flatuosité, nf ; ***flatulence,*** nf **51**
flavescent, ***e,*** adj **118**
fléau, ***x,*** nm **68**
flèche, nf ; ***fléchette,*** nf **2, 42**

G

gustatif, *ive*, adj **111**
guttural, *e, aux*, adj **43**
gymkhana, nm **28, 104**
gymnastique, nf **101, 127**
gynécée, nm **52, 215**
gynécologue, n **127, 215**
gypse, nm **114**
gyrophare, nm **112, 127**
gyroscope, nm **127**

H

* *Les astérisques signalent un h aspiré.*

habileté, nf **51, 52**
habiliter, v tr
habilleuse, nf **93**
habitacle, nm
habitat, nm **34**
habituel, *le*, adj **41**
***hâbleur**, *euse*, n et adj
***hachette**, nf **40**
***hachis**, nm inv **34**
***hachoir**, nm **71**
***haddock**, nm **43, 104**
***hagard**, *e*, adj **106**
hagiographie, nf **30, 215**
***haie**, nf **52**
***haillon**, nm **6, 47, 93**
***haineux**, *euse*, adj **39**
***haïr**, v tr **11**; pp *haï*; **haïssable*, adj **114**
haleine, nf **53**
***haler**, v tr **204**
***hâler**, v tr **204**
***haletant**, *e*, adj; **halètement*, nm **204**
***hall**, nm **214**
hallali, nm
***halle**, nf
***hallebardier**, nm **43**
hallucination, nf **39, 43, 215**
hallucinogène, adj et nm **43**
***halo**, nm **204**
halogène, nm
haltère, nm; *haltérophile*, n **2**
***hamac**, nm
***hamburger**, nm **214**
***hameau**, *x*, nm
hameçon, nm **114**
***hammam**, nm **43**
***hampe**, nf **76**
***hamster**, nm **214**
***hanap**, nm
***hanche**, nf
***handball** ou ***hand-ball**, nm **214**
***handicap**, nm
***hangar**, nm **106**
***hanneton**, nm **43**
***hantise**, nf
***happer**, v tr **43**
***happy-end**, nm; pl *happy-ends*
***haquenée**, nf **30**
***hara-kiri**, nm; pl *hara-kiris*
***haranguer**, v tr **107**
***haras**, nm inv **36, 204**
***harassant**, *e*, adj **114**
***harcèlement**, nm; **harceler*, v tr **42**
***harde**, nf
***hardiesse**, nf **118**; **hardiment*, adv **77**
***harem**, nm **214**
***hareng**, nm **34**
***hargneux**, *euse*, adj
***haricot**, nm
***haridelle**, nf **42**
harmonica, nm
harmonie, nf **30**
harmonium, nm **63**
***harnachement**, nm **77**
***harnais**, nm inv
***haro**, nm **68**
***harpie**, nf **30**
***harpiste**, n
***harponnage**, nm **40**
haruspice, *cf.* **aruspice**
***hasardeux**, *euse*, adj
***haschisch** ou ***haschich**, nm
***hase**, nf
***hâtif**, *ive*, adj **6, 47, 111**
***hauban**, nm **79**
***haussement**, nm **77, 114**
***hautain**, *e*, adj
***hautbois**, nm inv; *hautboïste*, nm **11**
***haut-de-forme**, nm; pl *hauts-de-forme*
***haut-le-cœur**, nm inv
***haut-le-corps**, nm inv
***haut-parleur**, nm; pl *haut-parleurs*
***havane**, nm et adj inv
***hâve**, adj **6, 47**
***haver**, v tr
***havre**, nm
***havresac**, nm **118**
***heaume**, nm **39, 204**
hebdomadaire, adj et nm
hébergement, nm **77**
hébéter, v tr **1, 2**; *hébétement* ou *hébètement*, nm
hébreu, *x*, n et adj m; *hébraïque*, adj
hécatombe, nf **82**
hectare, nm
hectomètre, nm
hédonisme, nm
hégémonie, nf **30**
hégire, nf
hélice, nf; *hélicoïdal, aux*, adj **11**
hélicoptère, nm
héliothérapie, nf **215**
héliotrope, nm
hélium, nm **63**
helléniste, n
helvétique, adj
hématie, nf **114**
hématome, nm
hémicycle, nm **215**
hémiplégique, adj et n
hémisphère, nm **215**; *hémisphérique*, adj **2**
hémistiche, nm
hémoglobine, nf **39**
hémophilie, nf **30, 215**
hémoptysie, nf **30**
hémorragie, nf **30**
hémorroïdal, *e, aux*, adj **11**
***henné**, nm **43**
***hennin**, nm **49**
***hennissant**, *e*, adj **49, 114**
hépatique, adj
héraldique, adj
***héraut**, nm **204**
herbacé, *e*, adj
herbeux, *euse*, adj
herboristerie, nf **30, 39**
herculéen, *ne*, adj **41**
hercynien, *ne*, adj **41**
***hère**, nm **204**
héréditaire, adj
hérésie, nf **30**
***hérisson**, nm **114**
héritier, *ière*, n
hermaphrodite, adj **112**
hermétique, adj et n
hermine, nf **39**
héroïquement, adv **11, 77**
***héron**, nm
***héros**, nm inv **204**; *héroïne*, nf
herpès, nm inv **120**
***herse**, nf **114**
***hertzien**, *ne*, adj **41, 122**

J

laitance, nf
laiton, nm
laitue, nf **30**
laïus, nm inv **93, 120** ; *laïusser,*
v intr **11**
lama, nm
lambeau, *x,* nm **76**
lambin, *e,* n et adj **76**
lambourde, nf **76**
lambrequin, nm **76**
lambris, nm inv **34**
lamellibranches, nm pl **49**
lamentation, nf **118**
laminoir, nm **71**
lampadaire, nm **76**
lampée, nf **30, 76**
lampion, nm **76**
lamproie, nf **73, 76**
lancée, nf **30**
lance-flammes, nm inv
lance-pierres, nm inv
lancinant, *e,* adj **39**
landau, nm ; pl *landaus* **68**
langagier, *ière,* adj **106**
langoureux, *euse,* adj **106**
langoustine, nf **39, 106**
langue, nf **106**
langue-de-chat, nf ;
pl *langues-de-chat*
langueur, nf **106** ; *languissant,*
e, adj **114**
lanière, nf
lanoline, nf **39**
lansquenet, nm **39**
lanterne, nf
lapement, nm **77**
lapereau, *x,* nm **39, 64**
lapidaire, adj et nm
lapine, nf **39**
lapis-lazuli, nm **125** ;
pl *lapis-lazulis*
laps, nm inv
lapsus, nm inv **120**
laquage, nm **127**
laquais, nm inv
larcin, nm
lard, nm ; *lardon,* nm **204**
largable, adj **106**
largesse, nf **118**
largeur, nf **127**
larguer, v tr ; *largage,* nm **107**
larmoiement, nm ; *larmoyant,*
e, adj **31, 93**
larron, nm **43**
larvaire, adj
larynx, nm inv **88** ; *laryngite,*
nf **127** ; *laryngologie,* nf **134**
las, *se,* adj **204**
lasagne, nf
lascar, nm
lascivement, adv **77, 120**
laser, nm **49**
lassitude, nf **114**
lasso, nm **68, 114**
lastex, nm dép inv **134**
latent, *e,* adj
latéral, *e, aux,* adj
latex, nm inv **134**
latiniste, n **39**
latitude, nf
latrines, nf pl **39**
latte, nf **43**
lattis, nm inv **34**
laudateur, *trice,* n **117**
lauréat, *e,* n
laurier, nm
lavabo, nm **68**
lavallière, nf
lavandière, nf
lavasse, nf **118**
lave-glace, nm ; pl *lave-glaces*
laverie, nf ; *lavoir,* nm **30, 71**
lave-vaisselle, nm inv
lavis, nm inv **34**
laxatif, *ive,* adj et nm **111**
laxiste, adj et n
layette, nf **42, 93**
lazaret, nm **125**
lazzi, nm ; pl *lazzi* ou *lazzis* **43**
lé, nm **204**
leader, nm **214**
lécher, v tr ; *lèche,* nf
lèche-vitrines, nm inv
leçon, nf **114**
lecteur, *trice,* n **117**
légal, *e, aux,* adj ; *légalité,* nf **51**
légat, nm **34**
légataire, n
légendaire, adj
léger, *ère,* adj ; *légèreté,*
nf **2, 51**
légiférer, v intr **127**
légionnaire, nm **40**
législateur, *trice,* n **117**
légitimité, nf **51, 127** ;
légitimement, adv **77**
legs, nm inv ; *léguer,* v tr **204**
légumineux, *euse,* adj et nf **39**
leitmotiv, nm ; pl *leitmotiv(e)*
lémuriens, nm pl
lendemain, nm
lénifiant, *e,* adj
lenteur, nf
lentille, nf **95**
léonin, *e,* adj
léopard, nm
lèpre, nf ; *lépreux, euse,* adj **2;**
léproserie, nf **30**
lequel, pron rel et int
lesbienne, adj et nf **49**
léser, v tr
lèse-majesté, nf ;
pl *lèse-majestés*
lésiner, v intr **39**
lésion, nf **119**
lessiveuse, nf **114**
lest, nm **204**
leste, adj **204**
létal, *e, aux,* adj
léthargie, nf **28**
lettrine, nf **39, 49**
leucémie, nf **30**
leucocyte, nm **215**
leurre, nm **43, 204**
levain, nm
levantin, *e,* adj
lever, nm ; *levée,* nf **204**
lévitation, nf
lévite, nm et nf
levraut ou **levreau,** nm **64**
lévrier, nm **93**
lexique, nm ; *lexical, e, aux,*
adj
lézard, nm **34, 125**
liaison, nf
liane, nf
liant, *e,* adj et n
liard, nm
liasse, nf **118**
libanais, *e,* adj et n
libation, nf **118**
libellé, nm **49**
libellule, nf **49**
libéral, *e, aux,* adj et n ;
libéralité, nf **51**
libertaire, adj
liberté, nf ; *libérateur, trice,*
n et adj **117**
libertinage, nm **39, 127**
libido, nf ; *libidineux, euse,*
adj **39**
librairie, nf **30**
libre-service, nm ;
pl *libres-services*
librettiste, n **49**

M

masculin, ***e,*** adj
masochiste, adj et n
masquer, v tr **102**
mass media, nm pl
massacrant, ***e,*** adj **114**
massage, nm **114;** ***masseur, euse,*** n
massepain, nm
massicoter, v tr **114**
massif, ***ive,*** adj **111, 114**
massue, nf **30, 114**
mastic, nm **103**
mastiquer, v tr **102;** ***masticateur, trice,*** adj
mastoc, adj inv
mastodonte, nm
mastoïdite, nf **11**
masturbation, nf **118**
masure, nf **121**
mât, nm ; ***mâter,*** v tr **47, 204**
mat, ***e,*** adj ; ***matité,*** nf : ***matir,*** v tr
matador, nm
matamore, nm
match, nm ; pl ***match(e)s***
matelas, nm inv **34**
matelot, nm
matelote, nf
mater, v tr **204**
matérialiste, n et adj
matériau, ***x,*** nm **68**
matériel, ***le,*** adj **41**
maternité, nf ; ***maternel, le,*** adj et nf **41, 51**
maths, abrév de ***mathématiques,*** nf pl **28;** ***mathématicien, ne,*** n
matin, nm **204;** ***matinal, e, aux,*** adj ; ***matinée,*** nf
mâtin, nm **6, 204**
matines, nf pl
matois, ***e,*** adj
maton, ***ne,*** nm **40**
matraquer, v tr **102;** ***matraquage,*** nm
matriarcat, nm **34;** ***matriarcal, e, aux,*** adj
matrice, nf
matricule, n
matrimonial, ***e, aux,*** adj
matrone, nf
mâture, nf **6, 47**
maturité, nf
maudire, v tr ; pp ***maudit, e***
maugréer, v intr
maure, n et adj ; ***mauresque***
mausolée, nm **32**
maussade, adj **114**
maxillaire, nm **43**
maximal, ***e, aux,*** adj
maximum, nm ; pl ***maximums*** ou ***maxima***
maya, n et adj
mayonnaise, adj et nf **40, 93**
mazagran, nm **79, 125**
mazout, nm **125**
mea-culpa, nm inv
méandre, nm
méat, nm
mec, nm
mécanicien, ***ne,*** n **41**
mécano, nm **68**
meccano, nm dép **68**
mécène, nm **2;** ***mécénat,*** nm
méchanceté, nf **51;** ***méchamment,*** adv **40**
mèche, nf ; ***mécher,*** v tr **2**
méchoui, nm
méconnaissance, nf **114;** ***méconnaître,*** v tr **53;** pp ***méconnu, e***
mécontentement, nm **77**
mécréant, ***e,*** adj et n
médaillon, nm **93**
médecine, nf **39**
média, nm
médian, ***e,*** adj **77**
médiateur, ***trice,*** n **117**
médical, ***e, aux,*** adj
médicamenteux, ***euse,*** adj
médicinal, ***e, aux,*** adj **39**
médiéval, ***e, aux,*** adj
médina, nf **39**
médiocrité, nf **51**
médisance, nf
méditation, nf **118**
méditerranéen, ***ne,*** adj **41**
médium, nm **63**
médius, nm inv **120**
médullaire, adj **43**
méduser, v tr
meeting, nm **214**
méfait, nm
méfiance, nf ; ***méfier (se),*** v pr
mégahertz, nm inv **28, 115**
mégalithe, nm **215**
mégalomanie, nf **30**
mégère, nf **2, 130**
mégisserie, nf **30, 114, 127**
mégot, nm
méhari, nm **28;** pl ***méharis*** ou ***méhara***
meilleur, ***e,*** adj **53**
mélancolie, nf **30**
mélangeur, ***euse,*** n
mélasse, nf **118**
mêlée, nf **6, 30, 53**
mélèze, nm **2, 125**
méli(-)mélo, nm **68;** pl ***mélis-mélos***
mélodieux, ***euse,*** adj
mélomane, n
melon, nm **39**
mélopée, nf **30**
membraneux, ***euse,*** adj **76**
membre, nm **76**
mémento, nm **2, 68**
mémoire, n **71;** ***mémoires,*** nm pl ; ***mémorable,*** adj
mémorandum, nm **63, 214**
mémorial, ***iaux,*** nm
menace, nf ; ***menaçant, e,*** adj **39, 114**
ménager, ***ère,*** adj **2**
ménagerie, nf **30**
mendicité, nf **51**
mendigot, ***e,*** n
ménétrier, nm ; ***ménestrel,*** nm
menhir, nm **28**
méningite, nf **127**
ménisque, nm
ménopause, nf
menotte, nf **43**
mentir, v intr ; pp ***menti;*** ***mensonger, ère,*** adj
menstruel, ***le,*** adj **41**
mensuel, ***le,*** adj **41;** ***mensualité,*** nf **51**
mensuration, nf **114, 118**
mentalité, nf **51**
menthe, nf **204**
menthol, nm **28**
mentionner, v tr **40, 114**
mentonnière, nf **40**
mentor, nm
menu, ***e,*** adj ; ***menuet,*** nm
menuiserie, nf **30**
méprendre (se), v pr **78;** pp ***mépris***
méprisant, ***e,*** adj
mercanti, nm **76**
mercantile, adj **76**
mercenaire, adj et nm **39**
mercerie, nf ; ***mercier, ière,*** n **30**
merci, nf

N

O

P

presque, adv
presse-citron, nm inv
pressentiment, nm **77, 114**
presse-papiers, nm inv
pressing, nm **214**
pression, nf ou m **119** ; ***pressurisation,*** nf **114, 118**
pressoir, nm **71, 114**
prestance, nf
prestataire, nm ; ***prestation,*** nf **118**
prestesse, nf **118**
prestidigitateur, *trice,* n **117, 127**
prestigieux, *euse,* adj **127**
presto, adv ; ***prestissimo,*** adv **68**
présumer, v tr
présupposition, nf **118**
présure, nf **121**
prêt, *e,* adj **6, 204**
prêt-à-porter, nm ; pl ***prêts-à-porter***
prétendant, *e,* n
prétendument, adv **77**
prétentieux, *euse,* adj **114**
prétérit, nm
préteur, nm
prêteur, *euse,* n et adj **8**
prétexter, v tr
prétoire, nm **71**
prétorien, *ne,* adj **41**
prêtresse, nf **117**
preuve, nf
preux, adj m inv et nm inv **34**
prévaricateur, *trice,* adj et n **117**
prévenance, nf
prévention, nf **111** ; ***préventif, ive,*** adj
prévisionnel, *le,* adj **40, 41**
prévôt, nm ; ***prévôté,*** nf **6**
prévoir, v tr ; pp ***prévu, e***
prévoyance, nf **93**
prie-Dieu, nm inv
prière, nf
prieur, *e,* n ; ***prieuré,*** nm
prima donna, nf inv
primaire, adj
primat, nm **34**
primate, nm
primauté, nf **51**
primer, v tr et intr **39**
primerose, nf **39**
primesautier, *ière,* adj **118**
primeur, nf ; ***primeurs,*** nf pl **39**
primevère, nf **39**
primo, adv **68**
primordial, *e, aux,* adj **39**
princier, *ière,* adj ; ***princesse,*** nf
principal, *e, aux,* adj
principauté, nf **51**
principe, nm
printemps, nm inv **36** ; ***printanier, ière,*** adj **76**
prioritaire, adj
prismatique, adj
prisonnier, *ière,* n et adj **40**
privation, nf **118**
privatisation, nf **118**
privautés, nf pl **51**
privilège, nm ; ***privilégié, e,*** adj **2**
prix, nm inv **34**
probabilité, nf **51**
probant, *e,* adj
probatoire, adj **71**
probité, nf **51**
problème, nm **2** ; ***problématique,*** adj et nf
procéder, v tr ind ; ***procédurier, ière,*** adj
procès, nm inv **2**
procession, nf **49, 118**
processus, nm inv **120**
procès-verbal, nm ; pl ***procès-verbaux***
prochain, *e,* adj
proclamation, nf **118**
proconsul, nm
procréateur, *trice,* n **117**
procureur, nm
prodigalité, nf **127** ; ***prodigieux, euse,*** adj
prodiguer, v tr **107**
producteur, *trice,* adj et n **117**
produire, v pron ; pp ***produit, e*** ; ***productivité,*** nf **51**
produit, nm
proéminence, nf
profaner, v tr ; ***profanateur, trice,*** n et adj **117**
proférer, v tr
professeur, nm **49, 114**
professionnalisme, nm **40, 114**
professionnel, *le,* adj et n **41**
professorat, nm **34, 114** ; ***professoral, e, aux,*** adj
profil, nm ; ***profilé, e,*** adj et nm **204**
profitable, adj
profiterole, nf
profiteur, *euse,* n
profond, *e,* adj ; ***profondeur,*** n
profus, *e,* adj ; ***profusément,*** adv
progéniture, nf
progiciel, nm **127**
prognathe, adj **28, 106**
programmateur, *trice,* n **117**
progrès, nm inv **2, 34** ; ***progression,*** nf
prohibition, nf **26, 118**
proie, nf **73**
projectile, nm **129**
projectionniste, n **40, 129**
projet, nm ; ***projeter,*** v tr **34, 129**
prolégomènes, nm pl **106**
prolétariat, nm ; ***prolétaire,*** nm **34**
prolétarien, *ne,* adj **41**
prolifération, nf ; ***prolifique,*** adj **118**
prolixité, nf **51**
prologue, nm **106**
prolongation, nf **106, 118**
promenoir, nm **39, 71**
promesse, nf **49, 118** ; ***prometteur, euse,*** adj
promiscuité, nf **51**
promontoire, nm **71**
promoteur, *trice,* n **117**
promotionnel, *le,* adj **40, 41**
prompt, *e,* adj **81**
promulguer, v tr **106, 107** ; ***promulgation,*** nf **106**
prôner, v tr **6, 68**
pronominal, *e, aux,* adj **39**
prononcer, v ; ***prononçable,*** adj **114**
pronostic, nm **103** ; ***pronostiquer,*** v tr **103**
propagandiste, n **76**
propagateur, *trice,* n **106, 117**
propane, nm
propédeutique, adj
propension, nf **119**
prophète, *prophétesse,* n **2, 117** ; ***prophétie,*** nf **114**
prophylaxie, nf **30, 112**
propice, adj
propitiatoire, adj **71, 114**
proportionnel, *le,* adj **40, 41, 114**
propos, nm inv **34**
proposition, nf **118**
propre-à-rien, n ; pl ***propres-à-rien***

Q

R

S

scrupuleux, ***euse,*** adj
scrutateur, ***trice,*** adj **117**
scrutin, nm
sculptural, ***e, aux,*** adj
séance, nf
séant, ***e,*** adj
seau, nm **204**
sébile, nf
sébum, nm ; ***séborrhée,*** nf **27, 63, 215**
sec, ***sèche,*** adj
sécable, adj ; ***sécant, e,*** adj et nf
sécessionniste, adj **40, 114**
sèche-cheveux, nm inv
sèche-linge, nm inv
sèche-mains, nm inv
sécher, v ; ***sèchement,*** adv **2, 77**
sécheresse ou **sècheresse,** nf **2, 118**
séchoir, nm **71**
secondaire, adj
secouer, v tr ; ***secousse,*** nf
secours, nm ; ***secourir,*** v tr **36**
secret, ***ète,*** adj **41**
secrétaire, nm et f **51 ;** ***secrétariat,*** nm
sécrétion, nf **118**
sectaire, n et adj **51**
secte, nf ; ***sectateur, trice,*** n **117**
sectionnement, nm **40, 77**
sectoriel, ***le,*** adj **41**
séculaire, adj **51**
séculier, ***ière,*** adj
secundo, adv **68**
sécuritaire, adj ; ***sécurisant, e,*** adj
sédatif, ***ive,*** adj et nm **111**
sédentaire, adj **51**
sédimentaire, adj
séditieux, ***euse,*** adj **114**
séducteur, ***trice,*** n **117 ;** ***séduisant, e,*** adj
segmentation, nf **106, 118**
ségrégationniste, adj et n **106**
seiche, nf **53, 204**
séide, nm
seigle, nm **53**
seigneurial, ***e, aux,*** adj **53**
sein, nm **204**
seing, nm **34, 204**
séisme, nm
seizièmement, adv **77, 125**
séjourner, v tr **129**
sel, nm
sélect, ***e,*** adj ; ***sélection,*** nf **133 ;** ***sélectionneur, euse,*** n **40**
sélénium, nm **63**
self-service, nm ; pl ***self-services***
selle, nf ; ***sellette,*** nf
selon, prép **39, 206**
semailles, nf pl **93**
semainier, nm **39**
sémantique, nf et adj **101**
sémaphore, nm **112, 215**
semblant, nm **76**
semelle, nf **39, 42**
semer, v tr ; ***semence,*** nf **39 ;** ***semoir,*** nm **71**
semestriel, ***le,*** adj
sémillant, ***e,*** adj **93**
séminaire, nm **51 ;** ***séminal, e, aux,*** adj **39**
sémiologie, nf **30**
semis, nm inv **34**
sémite, n
semonce, nf
semoule, nf
sempiternel, ***le,*** adj **41, 88**
sénat, nm ; ***sénatorial, e, aux,*** adj
sénéchal, ***aux,*** nm
sénescence, nf **118**
sénestre ou **senestre,** adj
sénevé ou **sènevé,** nm **2**
sénile, adj
senior, n et adj
sens, nm inv ; ***sensoriel, le,*** adj **120**
sensationnel, ***le,*** adj **40, 41, 114**
sensiblerie, nf **30, 114 ;** ***sensibilisation,*** nf **118**
sensitif, ***ive,*** adj et n **111**
sensuel, ***elle,*** adj ; ***sensualité,*** nf **41, 51**
sente, nf
sentence, nf ; ***sentencieux, euse,*** adj
senteur, nf
sentimental, ***e, aux,*** adj **39**
sentine, nf **39**
sentinelle, nf **39, 42**
seoir, v intr et impers ; pp ***sis, e*** **204**
sep, nm **204**
sépale, nm
séparation, nf **118 ;** ***séparément,*** adv **77**
sépia, nf
sept, adj num et nm inv
septennat, nm **34**
septentrional, ***e, aux,*** adj
septicémie, nf **30**
septique, adj **204**
septuagénaire, adj
sépulcral, ***e, aux,*** adj
séquelle, nf **42**
séquence, nf
séquestration, nf **118**
sequin, nm
séquoia, nm
sérac, nm
sérail, ***ails,*** nm **95**
séraphin, nm **112**
serein, ***e,*** adj ; ***sérénité,*** nf **86**
sérénade, nf
séreux, ***euse,*** adj et nf
serf, nm ; ***servile,*** adj **111**
serfouir, v tr ; ***serfouette,*** nf
sergent, nm **130**
serial, nm ; pl ***serials***
sériciculture, nf
série, nf ; ***sériel, le,*** adj **30, 41**
sérieux, ***euse,*** adj et nm
sérigraphie, nf **215**
serin, nm ; ***seriner,*** v tr **86, 204**
seringa, nm **106**
seringue, nf **106**
serment, nm **204**
séropositif, ***ive,*** adj **111**
serpe, nf
serpentin, nm **86**
serpillière, nf **96**
serpolet, nm
serre-joint(s), nm ; pl ***serre-joints***
serrement, nm **204**
serrurerie, nf **30**
sertisseur, ***euse,*** n **114**
sérum, nm **63**
serval, nm ; pl ***servals***
servante, nf
serveur, ***euse,*** n
serviabilité, nf **51**
service, nm
servile, adj
sésame, nm **121**
session, nf **204**
sesterce, nm
set, nm **214**
setier, nm
setter, nm **43, 214**
seuil, nm **95**
seul, ***e,*** adj

sève, nf
sévère, adj ; ***sévérité,*** nf **2**
sévices, nm pl
sévir, v intr
sevrage, nm **127**
sex-appeal, nm ; pl ***sex-appeals***
sexagénaire, adj et n
sexe, nm ; ***sexualité,*** nf **51** ; ***sexuel, le,*** adj **41**
sexologie, nf **30**
sex-shop, nm ; pl ***sex-shops***
sextant, nm
sextuor, nm
seyant, *e,* adj **97**
shaker, nm **214**
shako ou **schako,** nm **104**
shampoing ou **shampooing,** nm
shérif, nm **204, 214**
sherpa, nm
shetland, nm **214**
shilling, nm
shoot, nm **214**
shopping, nm **214**
short, nm **214**
show, nm **214**
siamois, *e,* adj
sibérien, *ne,* adj **41**
sibyllin, *e,* adj
sic, adv
sicaire, nm
siccité, nf **43**
side-car, nm ; pl ***side-cars*** **214**
sidéral, *e, aux,* adj
sidérurgie, nf **30**
siècle, nm
siège, nm ; ***siéger,*** v intr **2**
sieste, nf
sieur, nm **204**
siffleur, *euse,* adj et n
siffloter, v intr
sigle, nm
signal, *aux,* nm ; ***signalisation,*** nf **118**
signataire, n
signet, nm **51**
signification, nf **118**
silencieux, nm inv
silex, nm inv **130**
silhouette, nf **28, 42**
silicate, nm
siliceux, *euse,* adj
silicium, nm **63, 214**
silicone, nf
sillonner, v tr **40, 93**
silo, nm ; ***silotage,*** nm **68**
simagrée, nf **30**
simiesque, adj
similaire, adj ; ***similitude,*** nf **39**
simarre, nf **43**
simoun, nm
simplicité, nf **51, 85**
simulacre, nm **39**
simulateur, *trice,* n **39, 117**
simultanéité, nf **39, 51**
sinanthrope, nm **215**
sinapisé, *e,* adj **39, 121**
sincère, adj ; ***sincérité,*** nf **2**
sine die, loc adv
sine qua non, loc adj inv
sinécure, nf **39**
singerie, nf **30, 130**
singularité, nf **51, 106**
sinistré, *e,* adj et n
sinologue, n **106**
sinon, conj **206**
sinueux, *euse,* adj **39** ; ***sinuosité,*** nf **51**
sinus, nm inv ; ***sinusite,*** nf **120**
sinusoïde, nf **11, 39**
sioniste, adj et n
sioux, n inv et adj inv
siphonné, *e,* adj **40, 112**
sire, nm **204**
sirène, nf
sirocco, nm **68**
sirop, nm **34** ; ***sirupeux, euse,*** adj
siroter, v tr
sis, *e,* adj
sismographe, nm **215**
sit-in, nm inv
site, nm **204**
sitôt, adv **206**
situation, nf **118**
sixièmement, adv **77, 124**
skaï, nm **11, 93**
skate-board, nm **214** ; pl ***skate-boards***
sketch, nm ; pl ***sketch(e)s*** **104**
skieur, *skieuse,* n **104**
skunks, *cf.* **sconse 83**
slalomer, v intr
sleeping, nm
slip, nm
slogan, nm **79**
slow, nm **214**
smala, nf
smash, nm ; pl ***smash(e)s*** **214**
smocks, nm pl **104**
smoking, nm **214**
snack-bar, nm ; pl ***snack-bars***
snob, n et adj
sobriété, nf **51**
sobriquet, nm
soc, nm **204**
social, *e, aux,* adj
sociétaire, adj et n
socio-économique, adj **64**
sociologue, n **106**
socle, nm
socque, nm **98, 204**
socquette, nf **104**
soda, nm
sodium, nm **63, 214**
sodomiser, v tr
sœurette, nf **42, 61**
sofa, nm
soierie, nf **30, 31**
soif, nf ; ***soiffard, e,*** adj et n
soin, nm ; ***soigneux, euse,*** adj
soirée, nf **30**
soixantaine, nf **120**
soja, nm
sol, nm **204**
solarium, nm **63**
soldanelle, nf **42**
soldatesque, adj et nf
sole, nf **204**
solécisme, nm
soleil, nm ; ***solaire,*** adj **51, 95**
solennel, *le,* adj ; ***solennité,*** nf **47**
solfège, nm **127**
solidaire, adj **51**
solidité, nf **51**
solifluxion ou **solifluction,** nf
soliloque, nm
solitaire, adj et n
solliciteur, *euse,* n **43** ; ***sollicitation,*** nf **118**
solo, nm **68**
solstice, nm
solution, nf ; ***soluble,*** adj **118** ; ***solvant,*** nm
solvabilité, nf **51**
somatique, adj
sombre, adj **81**
sombrero ou **sombréro,** nm **68, 81**
sommaire, nm **43**
somme, nf et nm **43**
sommeil, nm **43, 94, 95** ; ***sommeiller,*** v intr
sommelier, *ière,* n **39**

théâtral, ***e, aux,*** adj **6**
thème, nm ; ***thématique,*** adj **2**
théorbe ou **téorbe**, nm
théorème, nm **2**
théorie, nf ; ***théoricien, ne,*** n **30, 41 ;** ***théorique,*** adj
thérapeutique, adj et nf **101, 215**
thermes, nm pl **204, 215 ;** ***thermal, e, aux,*** adj
thermie, nf **30, 215**
thermocautère, nm
thermomètre, nm **215**
thermos, nm ou f inv **120, 215**
thermostat, nm **215**
thésaurisation, nf
thèse, nf ; ***thésard,*** n **34, 215**
thibaude, nf
thon, nm ; ***thonier,*** nm **204**
thorax, nm inv **34, 134 ;** ***thoracique,*** adj
thriller, nm **61**
thrombose, nf **215**
thuriféraire, nm
thuya, nm **97**
thym, nm **204**
thymus, nm inv **120**
thyroïdien, ***ne,*** adj **11, 41**
tiare, nf
tibétain, ***e,*** adj et n
tic, nm ; ***tiquer,*** v intr **204**
ticket, nm **204**
tie-break, nm ; pl ***tie-breaks***
tiède, adj ; ***tiédasse,*** adj **2 ;** ***tiédeur,*** nf
tiercé, nm
tiers, ***tierce,*** adj et n **34**
tignasse, nf **118**
tilbury, nm
tilde, nm
tillac, nm **93**
tilleul, nm **93**
tilt, nm et interj
timbale, nf **85**
timbrer, v tr **85**
timbre-poste, nm ; pl ***timbres-poste***
timidité, nf **51**
timon, nm ; ***timonier,*** nm
timoré, ***e,*** adj
tinctorial, ***e, aux,*** adj
tintamarre, nm **43**
tinter, v intr **204**
tintinnabuler, v intr
tintouin, nm
tique, nf **101, 204**
tirage, nm ; ***tirant,*** nm **127**
tirailleur, nm **93**
tirasse, nf **118**
tire-au-flanc, nm inv
tire-d'aile (à), loc adv
tirée, nf **30**
tire-fesses, nm inv
tire-fond, nm inv
tire-lait, nm inv
tire-larigot (à), loc adv **106**
tirelire, nf
tiret, nm **51**
tiroir, nm **71**
tiroir-caisse, nm ; pl ***tiroirs-caisses***
tisane, nf
tison, nm ; ***tisonner,*** v tr **40**
tisserand, ***e,*** n **114**
titan, nm ; ***titanesque,*** adj **77**
titane, nm
titiller, v tr **93**
tituber, v intr
titulaire, adj et n **51 ;** ***titularisation,*** nf
toast, nm **214**
toboggan, nm **43, 79**
toc, nm et adj inv **204**
tocade, nf
tocante ou **toquante**, nf
toccata, nf **43**
tocsin, nm **134**
toge, nf **127**
tohu-bohu, nm inv **26**
toile, nf
toilette, nf **42**
toiser, v tr
toison, nf **121**
toit, nm ; ***toiture,*** nf
tôle, nf **204**
tolérance, nf
tolet, nm **204**
tollé, nm **204**
tomate, nf
tomawak ou **tomahawk**, nm **104**
tombeau, ***x,*** nm **64, 81**
tombée, nf **30, 81**
tombereau, ***x,*** nm **64, 81**
tombola, nf **81**
tomette, nf **42**
tomme, nf **204**
tonal, ***e, als,*** adj ; ***tonalité,*** nf
tonicité, nf **51 ;** ***tonique,*** adj et nm
tonitruer, v intr
tonneau, ***x,*** nm **64 ;** ***tonnelier,*** nm ; ***tonnage,*** nm
tonnelle, nf **42**
tonnerre, nm ; ***tonnant, e,*** adj **43**
tonsure, nf **114**
tonus, nm inv **120**
top, nm
topaze, nf **125**
toper, v intr
topinambour, nm **39, 76**
topologie, nf **30**
toponymie, nf **215**
toquade ou **tocade**, nf
toque, nf **101, 204**
torchère, nf
torchis, nm inv **34**
torchonner, v tr **40**
tord-boyaux, nm inv
toréador, nm
torero, nm **68**
torgnole, nf
toril, nm
toron, nm
torpédo, nf **68**
torpeur, nf
torpillage, nm **93, 127**
torréfaction, nf **133**
torrentiel, ***le,*** adj **43, 116**
torride, adj **43**
torsader, v tr **114**
torsion, nf ; ***tors, e,*** adj **119**
tort, nm **204**
torticolis, nm inv **36**
tortiller, v **93**
tortue, nf **30, 204**
tortueux, ***euse,*** adj
torture, nf ; ***tortionnaire,*** nm **40**
tory, adj et nm ; pl ***torys*** ou ***tories***
tôt, adv et adj **204, 206**
total, ***e, aux,*** adj et n ; ***totalité,*** nf ; ***totalitaire,*** adj
totem, nm ; ***totémique,*** adj **1, 214**
toton, nm
touareg, adj inv et n **108**
touche-à-tout, nm inv
touer, v tr
touffu, ***e,*** adj **43**
touiller, v tr **93**
toujours, adv **206**
toundra, nf
toupet, nm

U

ventral, *e, aux*, adj ; *ventru, e*, adj
ventricule, nm
ventriloque, n et adj
ventripotent, *e*, adj
vêpres, nf pl 6, 53
ver, nm 204
véracité, nf 51
véranda, nf
verbal, *e, aux*, adj
verbeux, *euse*, adj
verdâtre, adj 10
verdict, nm
verdoiement, nm 31, 77 ; *verdoyant, e*, adj 93
véreux, *euse*, adj
verger, nm 204
vergeture, nf 39
verglas, nm inv 34 ; *verglacé, e*, adj
vergogne, nf 106
vergue, nf 106
vérificateur, *trice*, n 117
vérin, nm 86
vérité, nf ; *véridique*, adj 51
verjus, nm inv 34
verlan, nm 79
vermeil, *le*, adj 95
vermicelle, nm 49
vermillon, nm 93
vermine, nf 39
vermisseau, *x*, nm 64, 114
vermoulu, *e*, adj
vermouth ou **vermout**, nm
vernaculaire, adj
vernis, nm inv 204 ; *vernir*, v tr ; *verni, e*, adj
vérole, nf
verrat, nm 43, 49
verrerie, nf 30, 43, 49
verrière, nf 43
verroterie, nf 30, 43
verrou, nm 43 ; pl *verrous ; verrouillage*, nm 93, 127
verrue, nf 30, 43 ; *verruqueux, euse*, adj
vers, nm inv ; *versificateur*, nm
vers, prép 204
versant, nm 114
versatile, adj 114
verse, nf 114
verseau, nm 64
verser, v 114, 204
verset, nm 114, 204
version, nf 119
verso, nm 68
vert-de-gris, nm inv
vertèbre, nf 2 ; *vertébral, e, aux*, adj
vertical, *e, aux*, adj et n
vertigineux, *euse*, adj 127
vertu, nf ; *vertueux, euse*, adj 30
verve, nf
verveine, nf 39, 53
vésicule, nf 121
vespasienne, nf 49
vespéral, *e, aux*, adj
vessie, nf 30, 49, 114
vestale, nf
vestiaire, nm
vestibule, nm
vestige, nm 127
vêtement, nm ; *vêtir*, v tr 6, 77 ; pp *vêtu ; vestimentaire*, adj
vétéran, nm 79
vétérinaire, adj et n 39
vétilleux, *euse*, adj 93
veto ou **véto**, nm inv 2, 68
vétusté, nf 51
veuf, *veuve*, adj et n 111
veulerie, nf 30
vexation, nf ; *vexatoire*, adj 118
via, prép
viabilité, nf 51
viaduc, nm
viager, *ère*, adj et nm
viande, nf
vibration, nf ; *vibratoire*, adj
vibrionner, v intr 40
vicaire, nm ; *vicariat*, nm 51
vice, nm ; *vicieux, euse*, adj
vice-amiral, nm ; pl *vice-amiraux*
vicinal, *e, aux*, adj 39
vicissitude, nf 114
vicomte, *esse*, n
victime, nf 39
victorieux, *euse*, adj
victuaille, nf 95
vidange, nf 76
vidéo, nf et adj inv 68
vidéocassette, nf 49, 114
vide-ordures, nm inv
vide-poches, nm inv
vie, nf 30
vielle, nf
vieillerie, nf 30
vieillesse, nf 118
vieillot, *te*, adj
viennois, *e*, adj et n 49
vieux, *vieille*, n et adj 95 ; *vieil, le*, adj ; *vieillard*, nm 34
vif-argent, nm ; pl *vifs-argents*
vigie, nf ; *vigile*, nm et nf 30 ; *vigilance*, nf 127
vigneron, *ne*, n 40 ; *vigneau* ou *vignot*, nm
vignette, nf 42
vigueur, nf 106 ; *vigoureux, euse*, adj
viking, nm et adj 214
vil, *e*, adj ; *vilenie*, nf 30
vilain, *e*, adj et n
vilebrequin, nm
vilipender, v tr
villa, nf
villageois, *e*, adj et n 34, 127
villanelle, nf 42
villeux, *euse*, adj ; *villosité*, nf 43
vinaigre, nm ; *vinaigrette*, nf 39
vinasse, nf ; *vinicole*, adj 118
vindicatif, *ive*, adj 111
vindicte, nf
vingt, adj num 204
vinyle, nm
viol, nm
violacé, *e*, adj et nf
viole, nf
violence, nf ; *violemment*, adv 40
violet, *te*, adj et nm 41
violoncelle, nm 49
violoniste, n
vipère, nf
virée, nf 30
virago, nf 68
virevolte, nf ; *virevoltant, e*, adj
virginal, nm ; pl *virginals* 127
virginité, nf ; *virginal, e, aux*, adj 51, 127
viril, *e*, adj ; *virilité*, nf 51
virtuel, *le*, adj 41
virtuosité, nf 51
virulence, nf
virus, nm inv 120
vis, nf inv ; *visser*, v tr 120, 204
vis-à-vis, nm inv et loc prép
visa, nm 121
viscère, nm ; *viscéral, e, aux*, adj 120
viscosité, nf 51 ; *visqueux, euse*, adj
visée, nf 30, 204

W

X

Y

Z

INDEX

Cet index renvoie à :
– **des notions orthographiques** (accord, genre, adjectif, etc.)
– **des mots grammaticaux** (*quand, beaucoup, dans,* etc.)
– **des formes graphiques** (*-ain, -ill,* -cc-, etc.)

La barre oblique signale le phénomène de l'alternance graphique dans la dérivation : -x-/-ct- *(connexion/connecter)*
Les tirets indiquent la place de la graphie dans le mot (au début, à la fin ou à l'intérieur).
Les numéros en gras renvoient aux paragraphes de l'ouvrage.

A

B

C

D

E

F

G

H

I

J, K, L

M

P

Q

R

S

T

Conception graphique : ESPERLUETTE

Couverture : Patrice CAUMON

Coordination artistique : Thierry MÉLÉARD

Fabrication : Jacques LANNOY

10077831 - VI - 107 - CSBL - 90° - T.C. - Juillet 2000

Imprimé en Italie par G. Canale & C. S.p.A. - Borgaro T.se (Turin)